金安平 著 凌云岚 杨早 译

合肥四姊妹

克和题

生活·讀書·新知 三联书店

父亲张武龄，字冀牖、吉友

母亲陆英摄于上海，时约一九一六

一九一六年在上海。左起：兆和、寅和、万老师、宗和、允和、元和

允和在弈棋，元和在其身后欲以手帕蒙其眼，摄于一九二四年

父亲与四个女儿在苏州九如巷，
前排充和、允和，后排元和、兆和

一九二九年，父亲与张家六兄弟。
立者左起：定和、寅和、宗和、宇和、寰和、宁和（前排坐者）

大姐元和

二姐允和

兆和在中国公学读书

调皮的充和

二十世纪三十年代，姐弟们来到外婆家扬州陆府

二十世纪三十年代，张宗和（左四）、张兆和（左五）与张充和（右一）等在苏州天平山

三姊妹与三连襟。前排：元和、顾传玠；后排左起：允和、周有光、沈从文、兆和

全家福。左起，前排：周晓平（允和子）、沈龙朱、沈虎雏（兆和子）；
二排：元和、允和、兆和、充和；三排：顾传玠、周有光、沈从文；
四排：宗和、寅和、定和、宇和、寰和、宁和

一九四六年，三连襟在上海。

左起：顾传玠、沈从文、周有光

二十世纪六七十年代，张充和与傅汉思合影

周有光与张允和在北京家中

晚年的沈从文与张兆和

元和饰柳梦梅、充和饰杜丽娘

元和与允和共演《游园》

四姊妹合影，一九四六年。

前左起：允和、元和；后左起：充和、兆和

目 录

给景迁

致　谢

　　我要向张充和表示最深的谢意，她为此书付出了大量的时间和心力，在过去的几年中令我受益良多。她总是及时地尽量回答我所有的问题，并和我分享她关于书法和昆曲的知识。因为她，我有了将许多事情一一道出的愿望。

　　张家四姐妹中的其他三个，元和、允和、兆和，以及她们的弟弟定和、宇和、寰和都表现出慷慨和耐心。他们为我找来所能想到的一切资料，包括日记、信件、书籍、家庭刊物、诗词、照片，他们对往事的点滴记忆，帮助我完成此书。我同样要感谢元和的女儿凌宏，她提供了养母凌海霞未曾出版的回忆录，还有兆和的孙女沈红，她为我寄来祖父祖母的照片。

　　在这几年里，我从以下朋友处获得了不少帮助：高家龙（Sherman Cochran）、徐维恩（Vivienne Shue）、白谦慎、夏春涛、柯必德（Peter Carroll）及陈晓蔷等人。他们不单为我的写作提供了寻找重要资料的线索，同时也帮助我寻觅一些很难找到的资料。

　　当我在合肥的时候，安徽社会科学院的翁飞给了我不少重要的提点。两位地方史专家程如峰和马骐，以及张家姐妹的堂弟张曦和，陪我到合肥城西近五十公里外的张家祖屋。在这两个大院中，依稀能看见旧时代的遗迹：两棵梧桐树——那是慈禧太后赐给张家姐妹的曾祖父张树声的，奖赏他襄助清政府镇压了十九世纪六十年代的太平天国起义；一间部分已被烧毁了的仓库；一栋两层楼的建筑，它曾经是小姐们的闺房。真感谢他们带我去那儿。

　　从我一开始写作此书，经纪人 Andrew Wylie 和 Zoe Pagnamenta 就热情支持，他们总是在最需要的时候给我鼓励。Scribner 出版公司的 Nan Graham 和 Sarah Mcgrath 给了我充足的时间来写作此书，并费了很多心血为全书润色。Jane Fletcher 对全书的编辑校订也非常精细和耐心。

　　我的儿子 Yar，帮助我解决了很多电脑问题。女儿 Mei，仔细阅读了较早的稿本。我的丈夫史景迁（Jonathan Spence），读了大量的草稿并和我一起讨论推敲。在漫长的写作过程中，他始终是最理解我的人。虽然给了我这么大的帮助，他却从未干涉过我的写作。只有富于同情心的谦谦君子，才能表现出他这样的体恤。我愿将此书献给他。

金安平

二〇〇二年三月二十二日美国康涅狄格州西港

(West Haven, Connecticut)

张氏家族成员表

张树声：曾祖父

张华奎：祖父，张树声的长子

张武龄：张华奎的独子，四姐妹的父亲

陆　英：张武龄的元配，四姐妹的母亲，她还为丈夫生下了五
　　　　个儿子

韦均一：张武龄的继室，四姐妹的继母

张元和：长女

张允和：次女

张兆和：三女

张充和：四女

张宗和：长子

张寅和：次子

张定和：三子

张宇和：四子

张寰和：五子

张宁和：六子，张武龄和韦均一的儿子，四姐妹同父异母的
　　　　弟弟

姻兄：

顾传玠：元和的丈夫

周有光：允和的丈夫

沈从文：兆和的丈夫

傅汉思（Hans H.Frankel）：充和的丈夫

在那条河中，冥河此岸的远处，

水的流动也充满愉悦，

在阳光下不停闪烁。

——华莱士·史蒂文生（Wallace Stevens）

《康涅狄格的万河之河》

序　言

　　本书的主角，是中国四个姐妹及她们的家庭。张家四姐妹生于一九〇七年至一九一四年之间，至今都还健在。[1] 通过她们的共同回忆，老中国社会的风情和人事都得以重现。十九世纪六十年代，中国因为太平天国起义而陷入漫长的、破坏性极强的内战，四姐妹的曾祖父帮助清朝军队镇压太平军立下大功，并因此为她们这个大家族带来了荣誉、财富和显赫的社会地位。本书将从十九世纪这位老人的故事开始，以他的四个曾孙女对过去那个世纪的反思告终——她们四个共同经历的这个世纪中，社会习俗和个人预期变化巨大，内外战争频仍，但在无常的人生之后，有些事情仍然存留下来。

　　我着手写这本书纯属偶然。一次，四姐妹中最小的一个——充和，来我们家里吃饭。在此之前，我们曾见过几次面，她和她的丈夫傅汉思，二十世纪六十年代曾是我丈夫史景迁在耶鲁的老师。我很尊重她，又有点敬畏。充和因学识渊博而颇有名望，人们会因艺术、书法及中国戏曲史方面的问题向她请益；此外，遇到需考释或校正的各类问题，从书画的题跋阅读到版本鉴定，从解释一首古诗中的典故，到辨识十八世纪某件奏折上君王的手迹，大家都会请她解答。老辈学者们如果经过新英格兰地区，一定会到她位于北港的居所稍作停留。受新式教育培养的年轻一辈学人，读过的《诗经》篇章屈指可数，过眼的汉朝史书也就是十几二十篇传记，看到老辈学者如此推重充和，才会对她肃然起敬。我们实在太过浅薄，无法领略充和的渊博。

当天晚餐的气氛相当欢愉，我的母亲也在场，我们吃了鱼，要不就是虾。这样轻松愉快的氛围，促使充和开始讲述她叔祖母的故事。充和在八个月大时，就过继给了叔祖母。叔祖母是个素食的佛教徒。她经常解救将下油锅的鱼虾，并命令仆人从市场上买回鱼虾放生。附近饭馆的厨师们一旦发现去放生的仆人，立刻会备好渔网和篮子在稍远处等着，那些鱼虾随后便变做他们菜单上的美味。充和很会讲故事，但是我想在座的可能只有她丈夫和我能够听懂她说的大部分内容。我丈夫只能听懂标准国语，我妈妈则耳背。充和的中文带着合肥口音，而且语音轻柔。

此后数月，我几次去拜访充和。我们相处甚欢。我喜欢听她说话，破译她话中的机锋和双关语，能给我很大的乐趣。如果我一时理解不了，她也乐于解释那些妙语和对子的精妙之处。这就是我们友谊的开始。但是，为什么最终我决定写她的整个家庭？我早已了解，只要能研读和论述两千余年来中国哲学家的著作，我就会心满意足，为什么还要来描述一个当代家族的历史呢？

我知道，充和才思敏捷，学养深厚，且将严谨和灵活集于一身，正是这些激发了我最初的兴趣。从孔子时代开始，学者和哲人们就不断用文字来表达他们对学问的热爱和永无止境的渴求。他们讨论着一个人为何求学，如何求学以及求学之路是否有迹可循。他们为这些问题撰述专著，并让门人弟子记录下他们的言论。从我读研究所时开始，就对"学"的主题颇有兴趣。和充和在一起，我可以面对面地问她：她怎样获得学问，求学之途是如何开始的？谁给了她求学的机会？谁鼓励过她？哪些人是她的老师？她的父母是怎样的人？她的兄弟姐妹和她一样造诣深厚吗？皇权统治的瓦解，和二十世纪二三十年代的政治、思潮是否改变了中国人的求学方式？

我也很想进一步了解充和的叔祖母，她年纪轻轻就当了寡妇，过着深居简出的生活，每年只有一两次短期外出。我很好奇她如何持家，打理她偌大的田产。谁来帮忙？她又怎样监督帮忙的人？作为一个没有孩子的寡妇，是否有人想占她的便宜？我也很希望了解她的慈悯和信念——她坚信要为所爱的人竭尽所能，然后才听其自然发展。稍后我认识到，充和的父母也有同样的信念，最终，这帮助我去了解她三个姐姐的性格和各自的人生轨迹。

充和的姐姐也引发了我的兴趣。当我得知她和我一样，有三个姐姐时，我情不自禁地想去拜访她们。充和告诉我她的父亲将整个家从合肥搬到了上海，然后又搬到苏州。随后叔祖母收养了她并把她带回合肥，她和她的兄弟姐妹一年中只有一两次短暂见面的机会。这种状况一直持续到充和十六岁返回苏州的家。后来我见到了充和的二姐允和和三姐兆和，她们都住在北京。

那是一九九六年七月一个闷热的早晨，我花了很长的时间，才找到允和位于后拐棒胡同的住所。在此之前，充和告诉过我一些关于允和的事，但是允和与我想象的完全不同。她刚刚出院回家，一个月前心脏的老毛病几乎夺走她的性命，但从她的言行举止中，我丝毫看不出这场疾病的影响。允和充满活力，声如洪钟，说话时带着些颤音。她连说带比画，诉说了许多家族故事，沉浸在往昔的情

绪之中。从她那里，我了解到她们父母的事情，她们儿时的奶妈和
保姆，以及一个庞大的配角群，包括在苏州张家进进出出的亲戚、
朋友、仆人和教师。

　　随后妹妹兆和到来，加入了我们的谈话，她看起来腼腆而不擅
言辞。因为嫁给了著名小说家沈从文，她在四姐妹中最出名。沈从
文曾暗示他将自己的婚姻生活场景写入了小说，从而引起了公众对
于张兆和的兴趣。一九四九年，沈从文成为文坛运动的受害者，当
共产主义文艺批评家们要求他创作更适应新时代的作品时，他停止
了写作。二十世纪八十年代，他恢复了名誉，旧作也得以重新面
世。当他作品的新选本出现在书店里时，人们对兆和的兴趣也被重
新提起。但兆和看起来对声名在外很不习惯，加上与允和在一起，
就越发显得沉默寡言。虽然她也回答提问，并不时和允和开开玩
笑，但在整场谈话中，她宁愿让允和充当主角，我断定这两姐妹平
时的关系也是如此。当天下午晚些时候，允和不情愿地回房间休
息，兆和则自愿留下和我聊天。在她姐姐小睡的时间里，兆和补充
了很多关于她自己和她家庭的事情，但是，她仍然保持含蓄，有些
拘谨。这以后，在一九九六年的夏天和一九九七年，我又几次到她
们家中分别拜访了这两姐妹。一九九七年，兆和的身体显得有些虚
弱，而允和仍像以前一样不知疲倦，唯一不同的是，她似乎每次谈
话时都不想让我离去。我们总谈到下一次拜访，但彼此都很清楚这
可能是最后的相聚。

　　四姐妹中的老大，元和，是我最后拜访的一位。我曾经去加利
福尼亚的奥克兰（Oakland）看过她几次，她一度住在那里，后来搬
到了康涅狄格和女儿住在一起。元和像允和一样开朗而有活力，但
在某些方面两人又恰恰相反。允和个性坦率固执，而元和则不，她
告诉我许多关于她们家族的信息和故事，却从不加以褒贬，也很少

谈到自己。她是四姐妹中最高深莫测的一个，我只能通过她的妹妹逐渐开始对她的了解。

除了和张氏四姐妹及她们仍健在的三个兄弟的长时间谈话，我还有幸阅读了允和从二十世纪八十年代开始写的日记，她的弟弟宗和在二十世纪二十年代到三十年代的日记，兆和夫妻四十年间的往来信件，及张家的家庭刊物《水》上面刊登的他们兄弟姐妹的文字。《水》是由允和、兆和共同编辑的，已有五年的历史。（自从我上次到北京访问她们后，允和已经出版了三本关于张家旧事的散文集，书中有很多内容和她的口头叙述及《水》上的单篇文字都重合。）这些资料构成了本书的主干，也启发了我去深入了解一些相关主题：例如他们的故乡合肥的地方史；他们的曾祖父张树声的功绩和志向；二十世纪二十年代到三十年代上海的政治和文化；她们的父亲创办的学校；民国时期的女子教育状况；抗战时期的中国；书法艺术；南方曲种昆曲的历史——这是因为张家四姐妹都受过良好的昆曲训练并有舞台经验。

这本书的前半部将围绕着张氏家族的故乡，他们的祖先，以及四姐妹童年时的守护人展开，这些人中包括了她们的父母、保姆以及后来收养充和作孙女的叔祖母。这位叔祖母是个极有心智和修养的聪明女性，在认识或仅仅是听说过她的人眼中，她的行为举止谨守礼法，堪为楷模。四姐妹的母亲也是这种人，在她们和五个弟弟还很小的时候，母亲就去世了，但在孩子们的心目中，她仍是完美的化身，是他们生命中慈悲的精灵。她们的父亲是富有的地主，没有做过什么大事，但眼界相当开阔。他尽量让孩子们接受最好的教育，并慷慨地将家产用于他在苏州创立的女子学校。

保姆们几乎都是合肥农村的寡妇，在丈夫死后，她们必须支撑整个家庭。这些妇女没受过教育，但是对于现代制度和时尚有着坚定的看法，她们有情有义，虽然生活一度陷入绝境，但仍懂得如何找寻快乐。

本书前面的几个章节可以独立成篇，但也是有意帮助读者了解那些可能影响到四姐妹生活的诸种因素。比如说，她们的曾祖父的事迹，他为张家所带来的一切；她们的父亲将家庭搬到上海的决定；母亲的早逝——这一切事情都有助于我们了解四姐妹，换句话说，这些事情，与计划和机遇、个人努力和地域性格，时代影响和他人作用，远古亡魂和现代精神都有着密不可分的关系。

书的后半部分是关于四姐妹自身的故事，我没有按照编年史的方式来写四姐妹的传记，而是试图照昆曲的演出形式来排列它，也就是说，在一出长达五十四折的戏中，选择一两出来演。所以，我只选取对于每个姐妹最为重要的故事来写，同时，这些故事还要能把我们带入中国文化史和社会史。

元和的故事，是一个职业昆曲艺人妻子的故事。其实在他们夫妻相识之前，这个男人已经退出了舞台。在那个年代，一位名门闺秀和一个戏子之间——即使是退出舞台的戏子——发生感情是不可理喻之事，因为那时候戏子的社会地位相当低下。想必是元和对昆曲和舞台的热爱促使她决心下嫁给这个男人。所以虽然元和对之满怀个人憧憬，但这场婚姻中仍有很多不为人知的困扰，使得她到现在也不愿提及。

允和的故事是一个永恒斗士的故事，虽然身为女性，她却有着英雄气概和沙场老将的不屈精神。尽管她有那么强的个性，但在经历了最猛烈的政治风暴之后，她的情感和身体竟然都没有留下什么创伤，实在像个奇迹。

兆和的生命也和她丈夫、小说家沈从文联系在一起。他们经常通信，这些信件在历经战乱和"文革"之后仍保存下来，使我们得以通过这些信件了解到一场真实的现代婚恋。同时，由于沈从文是一位非凡的作家，他的信中也留下了很多生命和人际关系中复杂不可解的现象，包括梦境、渴望、无力和断裂。

本书以充和的故事结束，正是我和她之间的友谊促使我开始写作此书。在最后一章，我试图了解她怎样取得了作为学者的自信，如何掌握到治学之道，她又怎样将技能和学识转化成艺术。在这本书里，我在书法的历史和戏曲演出的美学园地中穿行，只有一个目的：希望能够了解我们谈论过的一种境界——"悬"。用充和的话说，就是"凌空"。她说，书法大家善用手腕表达"悬"，出色的昆曲演员则将其化在姿态之中，而优秀的诗人，能用文字传达这种境界。

资料来源：本书注释大都为作者已出版或尚未出版的书面资料。其他相关资料来自访谈。

注　释

[1]　目前四姐妹中只有充和仍健在。

第一章　婚礼

　　一九〇六年，扬州人陆英嫁给了合肥人张武龄，给她送嫁妆的队伍从四牌楼一直延伸到龙门巷，足足排了十条街。陆英的母亲为了准备这些嫁妆，花了十年的时间。当一切打点完毕，女儿出阁不久，她也因操劳过度而离开人世。

　　家族中一位祖母辈的人还记得陆英出嫁时的样子，当她的盖头一掀、珍珠面帘被挑开的一刹那，所有的人都震惊于她眼睛的美丽。那是一双光芒四射的凤眼，似乎预示着新娘的红颜薄命。果然，陆英在婚后十六年去世，她总共怀孕十四次，为张家留下了九个孩子。

　　民国以前，像陆英这样的新娘保持着神秘感，喜怒不能形于色。婚礼当天的很长一段时间，她的脸都被盖头遮着，端坐在轿子上。到了张家，拜完祖先，婚礼接近尾声，新娘要离开家祠，被搀扶着进入洞房时，客人才能一睹新娘的真面目。即便在这个时候，新娘也应该保持矜持，显得极不情愿告别她的少女时代和娘家生活。不像现代新娘，在婚礼上会向客人挥手致意，面对镜头展开微笑，旧社会的新娘总是双眼含泪，随时都像要哭出来。当她步入洞房时，喜娘会搀扶她慢慢前行。按照惯例，新娘的亲属不会出现在婚礼上，所以喜娘都是新郎家族的成员。她们必须已婚，是所谓的"全福人"，判断标准是看她是否多子多福、家庭圆满。

在婚礼上新娘只有一个真正的体己人。她既不是新娘的亲戚，也不是她的密友，而是父母为护送她所雇用的伴娘。这个伴娘经验丰富，口齿伶俐，能够说出成套的吉祥话。她是婚礼上新娘的陪衬，在新娘最需要她的时候，她又能滔滔不绝的，借助自己的口才帮助新娘度过难堪时刻。在结婚之前，新娘深藏在自家的闺房中，大门不出二门不迈的，在这种大场面上自然会保持沉默。她很不习惯抛头露面，成为众人好奇围观的对象。即将到来的洞房之夜和随后她必须独自面对的新生活，都会令新娘心情紧张。

在陆英去世后很长一段时间里，张家的妇女仍津津乐道于她的盛大婚礼。人们记得陆英和新郎在婚床上坐下，女宾客们在房间各处撒下花生和铜钱，祝福他们多子多孙。这个时候伴娘唱着一支小曲：

> 小小秤杆红溜溜，
> 我替新人挑盖头。
> 盖头落床，
> 子孙满堂。
> 盖头落地，
> 买田置地。[1]

陆英从扬州远道而来，那是一个位于大运河边充满活力的商业城市。她的嫁妆沿长江而下两百余公里，然后越过苏皖边界到达安徽的芜湖，从这里转入运河支流，离合肥还有一百三十多公里的水路和旱路。我们不清楚到底有多少人护送陆英一行人和嫁妆，也不知道这些人是合肥张家派去的或是扬州陆家雇用的。同样，我们也不知道沿路的土匪是否制造过麻烦。带着这么多贵重的财物上路，俗话说"窥斑知豹"，这支队伍应该很容易成为强盗的目标。

张家所在的省份安徽，境内极不安定。黄淮流域经常发生水灾，夹带着旱灾和蝗灾，使得安徽的北部即淮北一带极端贫困，社会动荡不安。淮北人无力预防灾难或改变自身环境，当灾荒降临，他们就往江南城市逃难，情况稍有好转时再返回故乡。有清一代，他们大抵重复着这样的生活，方志上将他们描述成既悍且惰，又好斗的一群人："农苦而不勤。播种既毕，旱涝皆听之于天"，同时又"动辄招群相斗，锱铢争较"。安徽其他地方的人和他们的邻省江苏、浙江都把淮北人看做祸害。他们觉得，淮北人随处可见，这些人要不就是强盗，四处抢劫；要不就是乞丐，到处乞讨，到处流浪——反正非匪即丐。[2]

在十九世纪，山东、河南的部分地区及安徽的大部分地区都受到土匪捻军的蹂躏。最初捻军和一般的盗贼一样，干的是杀人、抢劫、勒索、绑架以及走私等勾当。到了十九世纪五十年代，他们的暴力活动升级为造反。一八六八年，清政府在淮军的帮助下，镇压了捻军的暴动，但他们的残余力量仍构成当地匪患。结果，大部分安徽农村的富户不得不雇用乡勇，修建围墙和壕沟来保护财产和田地。在围墙内，生命相对安全一些，但在外面，强盗随时可能出现。他们夺取钱物作为通行费；也绑架人质索要赎金。六十年前，当一个有钱人家的妇女或女儿要出门，去拜访二三十里之外的亲戚时，她们还多半选择步行，不敢坐轿子，穿着朴素，使自己看起来就像雇用的保镖们的家属一样。[3]

一九〇五年至一九一〇年间，不只是淮北，全安徽的民众日子都不好过，而张武龄结婚的这一年——一九〇六年——年头特别坏，洪水、旱灾、暴风以及蝗虫轮番来袭。有四十个县遭受了自然灾害，洪水侵袭了全省三分之二以上的地区。饥饿逼得人们铤而走险，抢劫成风。例如在徽州城内，农民成群结伙地抢劫米店。最严重的事件发生在芜湖：四月，一群亡命之徒打劫了一艘从东边过境的粮船；十一月，上千的饥民闯入当地大户人家，抢劫粮食和其他一切东西。[4]

陆英和她的家人就是在这个时间段穿越芜湖的，这段旅程中的困难危险可想而知。令人惊讶的是，在这样的动乱中，婚礼还是照常举行。为什么张家一反常态，不怕麻烦地让武龄迎娶一个扬州的新娘？四十年来，张家总是和当地的刘家、唐家、周家和李家联姻。扬州远在三百三十公里之外，属于另一个省份江苏，而且那里的方言与合肥完全不同。为什么陆家也同意了这门亲事呢？他们明明很清楚，要将足以与两家地位相称的大批嫁妆运到那么远的地方，将是多么艰险的一件事。

我们只知道，张武龄的祖父张树声，也娶了一位陆姓人家的女子。陆英家祖籍合肥，清代某年才迁往扬州。或许，这两个陆家有所关联。还有另外一种解释。张家的女眷们说，陆英不是寻常女子。虽然才二十一岁，她已经因为聪明伶俐、善于理家和做事得体而声名在外。相形之下，她的姐姐姿色才情都略逊一筹，因此没有被张家看上。

在旧时代，不仅是新娘的家庭会为即将到来的婚期寝食难安，新郎家也有大堆事情操心：作为陌生人的新媳妇能否担当主持家务的大任；还有"后嗣"问题，即新妇能否为夫家开枝散叶。[5] 在张家，长辈们对这场婚事格外关注，因为武龄是家族中最重要的长房长孙。武龄的祖父张树声有八个弟弟，所以张氏家族一共分为九房。武龄是张树声这一房的继承者。虽然他是从第五房过继来的，但在家族谱系里，他一旦过继，就被看做是张树声的孙子，长房的继承人。他的嗣父，是张树声三个儿子中的长子，其元配夫人没有子嗣，小妾也只生下一个女儿。嗣父四十九岁便已去世，当时武龄只有八岁。武龄的嗣母急于让他传宗接代，这也意味着他的妻子必须有能力照顾这个才满十七岁的新郎，并协助他打理庞大的家产。此外在一九〇六年，虽然张树声的几个儿子均已过世，但他们的妻妾（总共五个寡妇）都还健在，亦未分家。张武龄的妻子也得担负起照顾她们的责任，同时主持大量家庭事务，管理众多账房、保姆、佣人、厨子、门房和花匠等等。

按照合肥的风俗，新娘通常比新郎大，陆英比她的丈夫大了四岁。[6] 陆张两家的财富和地位都称得上门当户对，而陆英丰厚的嫁妆显示出她的父母对这场婚姻的重视。在张家妇女们的回想中，丰富的陪嫁品应有尽有：从金银珠宝到各式各样的奢侈器物、家居用品，凡是人们能想象得出的物事一应俱全，连畚箕上也悬挂着银链。婚礼后的三天，陆英的娘家兄弟上门拜访，张家的仆役们都得到了女家慷慨的赏赐。总之，陆英的父母从头至尾都倾尽全力，他们的豪举赢得了张家上下的欢心。可以说，陆英盛大的出嫁，是父母对她最后的呵护。这种做法，无非是要保证女儿在夫家的新生活有一个最佳的开端。

在张家人的记忆中，陆英始终令人难以捉摸。她是家庭的主心骨，众人的楷模，但却没有人能精确地形容她。她的子女还能回忆起她在世时的家庭氛围——祥和、宁静，无人有任何怨言。他们说那全是母亲的功劳。子女们记得她所营造的氛围，但却记不清她这个人、她说过的话或她的样子，他们的记忆无法落实。陆英是十八世纪历史学家章学诚所说的"静女"。她的长处在于贞静谦和，谨守礼节。章学诚称"女子佳称，谓之静女"，因为"静则近于学矣"。

在章学诚的时代，文人鼓励女性吟诗作赋、帮助她们刊行作品蔚然成风。章学诚将这种人称为"无耻妄人"，说他的女弟子"何其动耶"。他认定这种冒险行为是巨大的蛊惑所致——男人欺骗女人，女人又欺骗她们自己。他指出那些男人都是伪君子，因为他们在爱才的外表下暗藏色欲："彼假借以品题，不过怜其色也。无行文人，其心不可问也。呜呼！"被他们蛊惑的女性则"逾闲荡检"，笔下所写无非是"春闺秋怨，花草荣凋"。章学诚所尊敬的女性都是"静女"，她们知所当止。[7]

"静女"一词最早出现于两千五百年前的诗歌总集《诗经》。《诗经·国风》第四十二篇第一节写道：

> 静女其姝
> 俟我于城隅。
> 爱而不见，
> 搔首踟蹰。[8]

多少个世纪以来，评论家们对这个女性评价不一。连她有德与否，都无法取得一致。诗中说这个女子在城墙边等候情人。一个评论家认为这个等候的女子并没有现身和情人见面，因为她觉得自己尚未准备好：她认为必须自我修养完善之后，才有资格成为对方的妻子。另外一个评论家则坚持"此淫奔期会之诗也"，说诗中的女性是轻浮女子，因为可敬的女性不会在城墙边私会情人。随着时间流逝，头一种解读逐渐成为正统，到了章学诚的时代，对于"静女"

这一概念已没有了歧义。

章学诚相信静女的传统早已存在，并非源自两千五百年前的周朝，因为那时的女性已可以当皇室的史官（女史）和礼仪祭祀官（女祝）。这些女性的言辞和文字都必须谨慎得体，节制有加，以符合社交礼仪。沉默寡言因此逐渐成为妇学和妇德的表现。但后世君王不再任用女官，女性越来越退缩到家庭这个小圈子里，人们越来越不明白祖先所说的妇学究竟指什么，更少人能了解沉静所能起的积极作用了。章学诚写到，他那个时代的任何女性只要稍稍聪颖灵巧，或对文学有所涉猎，便以才女自居。她炫耀自己的才华，洋洋自得，而不明白女性真正的学问是以"礼"为本的妇学。在章学诚看来，他那时的女性过分看重自己那点儿微不足道的才气，不明白吟诗作赋并非过往妇学的分内之事。[9]

也许章学诚夸大了古代中国妇女的能力，但是他的妇学之说颇令人信服。他相信妇学曾是静穆而庄严的，因为它关乎历史和礼仪，是培养女史、女祝的教育。千百年后，从前那种静穆庄严的妇学已经变得模糊不清，越来越多的轻佻女性热衷于炫耀自己的小才气。在章学诚看来，当女性放弃了妇学，她们也就丧失了生活的艺术。这种艺术，既合乎道德又具有美感，可以抵挡"死亡之激流"，同时也能对抗生命洪流，是一种奇妙的力量——能"力挽狂澜，掉头向后，奔向自己的源头"[10]。这种观念早在《易经》中就已存在，但是人们很难对它做出明确的定义和解释。章学诚建议大家多参考古代贤惠女性的事迹，因为"德隐难名，必如任姒之圣，方称德之全体"。太任是周文王的母亲，太姒是他的妻子，而周文王是周朝的开国始祖，也是中国最有名的贤君。这两个女性是《诗经》中几首诗歌的主题，其中一首诗说"思齐大任"，赞扬她庄重肃静，尊敬婆婆太姜。她的媳妇太姒，继承了婆婆的美德，带给文王很多后代，"太姒嗣徽音，则百斯男"。太姒也是一位"窈窕淑女"，当她年轻的时候，文王为了追求她煞费苦心："求之不得，寤寐思服"。我们被告知，太姒拥有娴静的美德，从不自我炫耀。[11]

儒家总是把太任和太姒的故事与文王联系在一起，看上去正是她们的影响，使得文王成为贤君："不闻亦式"、"不谏亦入"。也许，陆英对她的丈夫和孩子具有类似的影响力。她敬爱婆婆，她的四个女儿都继承了她的"徽音"（美德），她还生了五个有出息的儿子，丈夫也品行端正。但这些只是显而易见的事实，她肯定还有更多别的美德。

陆英婚后一年，一位名为秋瑾的女性，受徐锡麟刺杀安徽巡抚案的牵连，在邻省浙江被处死。秋瑾做事一向率性而为，是性情中人。一九〇四年她抛下丈夫和一双儿女远赴日本，她在诗中这样描写自己的去国之举："他日见余酒诗友，为言今已扫浮尘"。在日本，她学习制造炸弹，穿着西式男装照相，吸引了大批中国学生去听她的演讲。秋瑾性烈如火，具有领袖魅力。一九〇六年她回国，帮助表兄徐锡麟储备弹药，招募年轻人准备干革命。徐锡麟刺杀巡抚后，秋瑾受牵连下狱。当局宣称她策划同一时刻于绍兴举事，在走过场的审讯之后，秋瑾被斩首处决。有些人觉得她咎由自取，但是很多中国人都被秋瑾惨烈的牺牲打动，将她视为烈士。她死后几个月，其诗集就被整理出版，并很快再次印行。[12]

陆英肯定听说过秋瑾，甚至可能读过她的著作。她会怎么看待秋瑾，怎么看待后者对传统中国家庭毫不留情的控诉？秋瑾控诉自己的娘家和婆家，控诉中国可怕的婚姻制度让女性嫁给一个可能是衣冠禽兽的陌生人。秋瑾曾经写过："到了过门的时候，用一顶红红绿绿的花轿，坐在里面，连气也不能出。到了那边，要是遇着男人虽不怎么样，却还安分，这就算前生有福今生受了。遇着不好的，总不是说'前生作了孽'，就是说'运气不好'。"[13]

秋瑾描述的婚姻也有可能就是陆英的婚姻，虽然陆英从未表明两者之间有无相似之处。凭什么说一个女人不管嫁到的丈夫是好是坏，都要当作前世宿命来接受？秋瑾对这种说法嗤之以鼻。陆英能接受这种观点吗？毕竟，中国人在很多时候都用这种宿命论来解释问题，用在女人身上，也用在男人身上。陆英会感同身受秋瑾的痛苦吗？她是否被秋瑾和秋瑾的死亡打动过呢？

注　释

[1] 陆英的婚礼：允和从祖母和家中的仆人处了解到母亲陆英婚礼时的种种细节，多年后她将这些细节写入了自己的日记。这支小曲也是在她的日记中发现的。在我采访充和时，她补充说明了传统社会士绅家庭的婚礼习俗。小时候，她曾经参加过几次这样的婚礼。

[2] 淮北人：裴宜理（Elizabeth Perry）在《华北的叛乱者和革命者，1845—1945》（*Rebels and Revolutionaries in North China, 1845—1945*）一书中对此问题进行了详细研究。她对淮北农民的分析，参见该书第43—47页。

[3] 安徽的盗匪：四姐妹的弟媳妇周孝华，出身于合肥大户人家，她告诉我当时盗匪的情形。

[4] 1906年，安徽：参见《安徽近代史》，第360—361页。

[5] 新郎家及新娘家的忧虑：公元前二世纪，《诗经》韩婴注中提到："嫁女之家，三夜不息烛，思相离也。取妇之家，三日不举乐，思嗣亲也。"（韩婴：《韩诗外传集释》卷二第三十三章，第76—77页）

[6] 新娘比新郎年纪大的习俗：采访允和时得知。又参见萧克非等编《刘铭传在台湾》，第282页。刘铭传是台湾第一任巡抚，他也是合肥人。他的妻子比他大六岁，据传记所言，新娘比新郎大的习俗在合肥一带相当普遍。要进一步了解刘铭传，可参见该书第25—28页。

[7] 章学诚关于"静女"的论述：见《文史通义》卷五《妇学》，第41—43页。

[8]《诗经·国风·邶风》中《静女》第一节。关于对这首诗的两种解读，第一种见毛亨《毛诗郑笺》第二卷，第15b—16a页；第二种见朱熹《诗经集注》，第21—22页。

[9] 章学诚论妇学：《文史通义》卷五，第40—41页。

[10] 罗伯特·佛罗斯特 (Robert Frost) 的诗《小溪西流》(*West Running Brook*)（译注）。

[11] 太任和太姒：见《诗经·大雅·思齐》。

[12] 秋瑾：史景迁 (Jonathan Spence) 在他的《天安门：知识分子与中国革命》(*The Gate of Heavenly Peace*) 一书中对秋瑾有生动的描述。另可参见房兆楹 (Fang Chao-ying) 所著秋瑾传略，载于 *Eminent Chinese of the Ch'ing Period, 1644—1912*, edited by Arthur W. Hummel，第169—171页。

[13]《敬告中国二万万女同胞》，《近代中华妇女自叙诗文选》，第161页。

第二章　生育

　　秋瑾就义的那个夏天，陆英有了身孕。一九〇七年底，父母婚后一年，元和出生。虽然是个女孩，陆英的婆婆还是乐得合不拢嘴。因为她自己没有小孩——《易经》称这种女人为"承筐无实"。[1] 她的独子是过继来的，丈夫和小妾也只生了个女儿。一九〇七年，元和的奶奶已经五十好几，"盼孩子盼得快要发疯了"。在她看来，"男孩子好，女孩子也好"，能生女孩，就能生男孩，所以不论男女，一律欢迎。她挺有福气，到她去世前，一共有了六个孙儿，三男三女，但元和始终是她的心肝宝贝。

　　元和一断奶，就搬进奶奶的房间里住了。每天，这一老一小的早饭和午饭都不和其他家庭成员一道吃，而是设在楼上自己的厢房里。也许正因为这样，兄弟姐妹们总觉得元和有点神秘兮兮。她不仅容貌出众，也比他们更为从容自信。老奶奶在世时，元和享有不受打骂的特权。她的父母这样做是为了不让老奶奶难过。仆人们也小心翼翼，即使是元和惹人生气，也只能由着她。在元和的记忆中，只有一次例外。一天下午，她和奶妈并坐在床边上，元和无缘无故地打了一下奶妈的手，奶妈也回敬了她一下。你一下，我一下地，仆人和小主子这一大一小，从游戏变成了较劲。元和跳下床，声称要上楼找奶奶告状，奶妈没有阻止她，而元和也只是虚张声势，并没有把威胁变成现实。

元和能清楚记得她的奶妈，是因为她直到五岁才断奶。奶妈姓万，长方脸，皮肤白皙，牙齿洁齐。她是个沉默稳重的人，她是元和的"妈"——元和就是这么叫的。奶妈掌管元和的房间，她总是坐在矮凳上看着元和玩耍。元和有很多罕见的玩具，包括一些西洋货：一只洋铁蝴蝶，一拉它就翅膀一扇一扇地，发出咯嗒咯嗒的声音；一辆发条火车，能够沿着椭圆形的轨道跑来跑去。在玩玩具时，元和会不时跑到"妈妈"那里，站在她两腿中间，吸上几口奶。奇怪的是，虽然被视为掌上明珠，元和还是学会了各种实践技能，并能够自立。这位大小姐很爱表现，也很在乎别人的眼光，但她并不是温室里的花朵。

元和七岁时，她的奶妈回合肥乡下的老家去了，不久就染上重病身亡。在安徽，大户人家的子女断奶之后，按惯例请一个"干干"来代替奶妈。干干白天带小孩，晚上则和孩子一块儿睡觉；孩子不听话时由干干管教她，生病时由干干照料。她是孩子的保姆、看护人，也是他们忠实的伙伴。干干通常从这家已有的仆人中挑选出来，她们必须忠心耿耿，通情达理，换句话说，她们是靠得住的妇女，元和的保姆兼看护陈干干就是这样一个人。[2]

多年来，陈干干一直是元和奶奶的贴身女仆。她还记得陆英当新娘时的模样。事实上，在少爷少奶奶的婚礼之后，陈干干和其他两个女仆就玩了一场假结婚，还用上了庆典中剩下的飘带和糖果。陈干干在游戏中扮新郎，穿戴起少爷的靴帽，另外两个仆人则分别扮成新娘和伴娘。观众们前几天刚刚看过婚礼实况，所以这三个表演者都很卖力，力图重现当时的场景。伴娘走在新娘后头，一路撒下染得红红绿绿的花生、核桃，她护卫着新娘走出轿子，一路搀扶着她，先拜堂、再入洞房。但是刚刚玩到新人喝交杯酒，老太太午觉醒了。她叫陈干干服侍她起床，这场好戏戛然而止。

陈干干到张家时，已经生了三个儿子和一个女儿。张家一般从合肥乡下，或者是邻近县份如巢县、舒城、无为、庐江等地选聘佣人。这些仆人能说他们家乡话，能煮家乡口味的饭菜，也遵循相似的风俗习惯，这使主仆之间相处更加容易。陈干干来自无为县，无为在合肥东南一百多公里之外。她被认为是"全福人"，因为她有三个儿子，而且丈夫也健在。

张家的干干，几乎都是二三十岁就成了寡妇的女人。丈夫死后，农妇一般只能依靠自己过活，她们中的很多人都选择去当女佣。这样，她们的本事马上就能有用武之地，不论是煮饭煮菜、针头线脑、扫地抹屋，还是服侍老人小孩，也能借此过上较为安定的生活。倘能找到稳当的主家，她们可以就此安顿下来。时间一长，就把主人家当做了自己的家。这事颇具反讽之处：一个女人为了养家，不得不抛下自己的小孩给亲戚照料。她几乎会将余生全都消耗在雇主家中，在主人家"一待就是十年，甚至几十年"，照看主人的老母、妻子和孩子们，直到年老力衰时才返回乡下。这时候，她自己的孩子早已长大成人，而且常常死在她前头。不管她有多么强烈的母爱，都只是给了别人的孩子。

陈干干不是个寡妇，可是她丈夫没法靠种田养活六口之家，她只能去张家当仆人来贴补家用。我们不清楚陈干干隔多久能回一次无为的家，据元和说，在她离家上大学之前，陈干干从来没离开过她。陈干干跟着张家先搬到上海，又搬往苏州。她本可以留在离家更近的合肥，另找一户人家。陈干干从没告诉元和她为什么跟着张家——是为了工钱，还是基于情感。据张家的孩子们说，这些保姆并不乐意分析事情的原委，她们相信自己的所作所为纯属必要。元和举了个例子——这是陈干干亲口讲的。陈干干说，她生最后一个孩子时，家里没有旁人，她靠在门边，手里紧抓着把长扫帚杆子，就这样把孩子生了下来。这是她的第五胎，是个女孩。她一落地，陈干干就捡起胎衣蒙在婴儿脸上。几分钟后婴儿就死了，而母亲照样过着日子，"就当没有生她"。讲述这一幕时，陈干干没有流露出任何感情，也绝无悔意，只是加了句："那年年成差，娃娃是养不活的，倒不如让她早点去重新投胎，投到好人家去。"

陈干干这样的女性"像大自然一样强壮"。即使遇到可能勾起她们痛苦回忆的人事，她们也能摆脱自怜自怨的情绪。陆英生第二胎时，陈干干可能就是产房中照顾生产的妇人之一。这次，陆英又生了个女儿。

陆英的第二个女儿叫允和，一九〇九年七月底某日，她在拂晓时分静静降临人世，一生下来，脖子上就被脐带紧紧缠绕了三圈。接生婆使尽浑身解数来抢救这个生命：拍打、用冷热水轮番浸泡她，最后还用上了人工呼吸法——"那时是新的玩意儿"，却都没有效果。屋里的女人们已经准备放弃了，说看样子老天爷不让这女孩活。但允和的奶奶拒绝就这么算了。她端坐在紫檀嵌螺钿的圈椅上，像一尊佛，只是没有那么安详。她又是哀求，又是命令房中的女人，一定要将婴儿抢救回来。允和自己在多年以后，从别人的回忆中重新拼凑起当天发生的故事：

> 一个喜欢抽水烟的圆圆脸、胖乎乎的女人说："让我抽几

袋水烟试试看。"大家心里都嘀咕:方法都使尽了,你又有什么神通,从来也没有听说过喷烟会喷活了婴儿。但是谁也不敢反对。

于是乎这一个女人忙着找水烟袋,那一个女人忙着搓纸芯,一大包上等皮丝烟已经端正好了。胖女人忙着点起烟来。

收生婆小心地捧起了婴儿。胖女人抽了一袋又一袋的烟,喷到婴儿的脸上。又是一个钟头过去了,产房里除了抽水烟的声音,什么声音也没有。收生婆心里数着一袋一袋的烟,已经五十多袋了。

抽烟的胖女人虽然过足了烟瘾,但是她很疲倦,汗从脖子一直流到脚跟。收生婆更是疲倦,捧着我,两只手酸得要命。别的女人忙着替她们俩擦汗。这么个大热天,谁也不敢用扇子。……大家望着老祖母,希望她改变主意。老祖母坐得笔直,把她的驼背都几乎伸直了。她把眼睛睁得圆圆大大的……巍然不动。

……时钟响亮地敲了十二点,老祖母闭上了眼睛。她是信佛的,嘴里想念佛,但是产房是个不洁净的地方,不能念。老祖母夺取婴儿的战斗是没有希望了。她知道这些女人只要她一声命令,马上就会停止这种艰苦的工作。

收生婆捧着婴儿,手酸得抬不起来。她把婴儿放到她的扎花布的围裙里,深深地喘了一口气。为了解除她的疲劳,她默默地算着喷烟的次数,是整整一百袋烟了。她无可奈何地对老祖母说:"老太太,已经一百袋烟了。老太太,您去歇歇吧?"她说着说着,就把围裙里的婴儿不经心地抖落到脚盆里去了……

老太太眼里满是泪水,伤心地说,"再喷她八袋烟,我就去休息。"老太太手里平常总有一串佛珠,珠子有一百零八颗。她相信一百零八才是功德圆满。胖女人无可奈何地再抽烟，喷到脚盆里。她决定以后要戒烟，这烟抽得太不顺利了。她抽了喷，喷了抽，喷得又利落又爽快。……一袋、两袋、三袋、四袋，时间更是飞快地过去。

老祖母颤巍巍地站起来，走到脚盆边。孙女儿是完了，看她最后一眼吧，总是我的后代。她老人家泪眼模糊地向烟雾中的孙女儿告别。她似乎看见婴儿的小尖鼻子在掀动，小嘴似乎要讲话。……小瘦手似乎也要举起来。[3]

允和不记得她奶妈的名字了，只记得她眼睛和鼻子的模样。允和说，在她三岁之前，除了奶妈和家里的厨子，没人特别喜欢她。她夜里哭个不停，早上鸡没叫又开始哭，怎么会有人喜欢这么一个瘦骨嶙峋的爱哭的小东西呢？但是允和享有奶妈的爱，对那个年纪的她来说，这就足够了。允和说奶妈爱她，就像一首合肥民歌中小伙子爱他新娶的小媳妇一样：

> 高楼高楼十八家，
> 打开门帘望见她。
> 粉白脸、糯米牙，
> 板子鞋、万子花，
> 大红袄子四拐揸。
> 回家去问我的妈，
> 卖田卖地娶来家。
> 热水又怕烫了她，
> 冷水又怕寒了她；
> 头顶又怕跌了她，

嘴含又怕咬了她，

烧香又怕折了她，

不烧香又怕菩萨不保佑她。[4]

允和的奶妈在她三岁半时就离开了张家，那时才刚刚过完年。奶妈被送回家是因为一场事故，对此允和至今仍觉自责。据允和回忆，事情发生在大年夜。当天晚上，她的奶妈给她讲了老鼠嫁女的故事。奶妈说乡下姑娘多半在腊八（阴历十二月初八）出嫁，而老鼠则在除夕嫁丫头。新郎小老鼠穿着新马褂，骑着小白马，很气派地走在队伍前面。在它后面，跟着几十抬箱的嫁妆，八只健壮的小老鼠穿着马甲，抬着轿子。轿子里坐着新娘，戴着时新头面，手里拿着大红手巾。这支队伍敲敲打打，小锣小鼓叮咚作响，热闹非凡。允和完全给迷住了，于是奶妈将绒花插在糕饼上，把它们放在高高的橱柜顶，告诉允和这是给老鼠新郎新娘的礼物。过了几天，允和几乎都忘了这场游戏，奶妈去收拾那些给老鼠的礼物，她踩着的凳子倒了，奶妈跌下来，摔断了腿。几天后，她回家养伤，从此没人知道她的下落。

家里的仆人说，允和的妹妹兆和出生时，母亲陆英哭了。兆和是老三，老三还是女儿。这次，连老祖母都打不起精神了。更糟糕的是，次年陆英生了个男孩，可是一出生就夭折了。之后的几个月，家里都是愁云惨雾的。兆和生得不是时候，没有给家里带来任何欢乐。兆和说自己是个无足轻重的孩子，跟姐姐们没法儿比。没有人特别宠她，也没有人盯着她。她说正因如此，她长得很结实，有很多自己的时间，比姐妹们更自由自在，能多做些孩子们喜欢的事情。

兆和完全想不起奶妈的样子，只记得奶妈走后自己很难过。厨子们教她一个解忧的法子，说唱这首歌会让人快活些：

　　早早来，

　　早早去，

　　省得奴家挂煞挂心怀。

所以每天，兆和都坐在自己的小板凳上，一遍又一遍地哼唱着这支黄色小调。

　　刚刚出生的儿子夭折后的一年，陆英的丈夫决定举家迁往上海，并在法租界租下一幢两层楼的房子。就在那时，陆英发现自己又怀孕了，而且这次有种种好兆头预示会生男孩。张家在合肥望族李家的一位远亲，担保陆英这次肯定生儿子，而且一定可以养大。此人的话颇有说服力，因为她自己生下的全是男孩。这位远亲年纪和陆英差不多。婴儿出生前，她派两个信使给这位充满期待的母亲带来了金银打造的礼物，希望陆英能沾沾她的福气，同时也让张家见识一下自己未卜先知的能耐。大家已经说好，一旦生下男孩，就让李家收为养子。当然，这种名义上的认养，不会把孩子从陆英身边带走，所以事情更要办得体面周到，才能皆大欢喜。而且，这能使两个家庭关系更加亲密。所以，带来的礼物当中包括一把金锁，这个小饰物象征着李家能够将小生命永远拴在身边。李家派来的使者在张家附近的旅馆住下，等待着好消息。充和出生的那天，陆英一言不发，产房里也听不到贺喜之声。李家派来的两个女仆带着给新生儿的礼物，一声不吭地回去了。

　　充和的第一个奶妈姓高，她嫁给了一个鸦片鬼，因为长期被毒烟环绕，高奶妈的奶水都干了，所以充和常常因为吃不够奶而哭泣。一天晚上，她和母亲独自待在楼下，母女俩都哭得一塌糊涂——充和是饿了，陆英则是累坏了，或许还因为没儿子的失望。当时充和刚满八个月，她的叔祖母听到两人的哭声。第二天，叔祖母问陆英她能不能正式过继这个孩子，把她带回合肥去，当做自己的亲孙女养。陆英同意了。

充和的养祖母很早以前就成了寡妇，她自己有个女儿和一个外孙女，但她们在充和出生前都已经死了。张家的许多人都认为她收养充和是为了给自己找个伴，但充和坚信，她的叔祖母这么做是出于对她母亲的爱怜和同情。事情还未最终定下前，叔祖母想去找个算命先生，算一算她和充和的命是否相合。她已经失去了女儿和外孙女，她希望能得到神明指点，告诉她是否能带大这个孩子，看看将两人的命运联系在一起会不会妨克充和。但是陆英对这位长辈说："充和有她自己的命。该她的就是她的，别人妨不了她。"有了陆英的这句话，充和就此离开家人，来到合肥，开始了自己的生活。

注　释

[1] 见《易经》"归妹"卦。

[2] 陈干干：这段材料来自对元和的采访。元和最近写了一些关于奶妈和陈干干的回忆文章，发表在《水》（张家的家庭杂志）上，参见《水》第十五期（2000 年 12 月 31 日），第 9 页。

[3] 允和的出生：引用自允和早期的手稿，文字和后来正式出版的《最后的闺秀》中第 5—8 页的内容略有出入。

[4] 合肥民歌和奶妈：据我和允和的谈话。这段回忆后来也见于《最后的闺秀》，第 9—12 页。

第三章　择居

　　一九一二年初，张武龄决定举家从合肥搬迁到上海。和张武龄一起走的，有张树声这一支的三房人，包括他的妻子和三个尚在幼龄的女儿，他同父异母的妹妹，五位年老的孀妇和几个堂兄弟姐妹，再加上三个女儿的奶妈，一大群仆人和无数行李。

　　从随行的这一大群依靠他养活的人口来看，张武龄去上海并不是想去追求冒险或出名。虽然以他的财力，要在上海过舒适日子并不成问题，但是肯定比不上住在合肥。在合肥，自从武龄的祖父张树声在十九世纪六十年代协助清政府平定太平天国和捻军之乱以来，张家就是当地名声显赫的大户人家。张武龄搬到上海，也不是想成为一名社会活动家，尽管这座城市能为激进分子或政治改革家提供很多机会，但他对此没有兴趣。在合肥，他是在家里跟着塾师学习，而不是在革命者聚集并招募新人才的公学或军校上学。事实上，武龄在上海五年，从未加入任何政治组织，也没发表过任何文字。那么，他究竟为何搬离合肥？是因为预见到了安徽的黯淡前途吗？

对于安徽的民众来说，二十世纪头十年的生活完全没有救济和保障。税收高得离谱，部分原因是清政府在对外战败后欠下了大笔债务。例如在一九〇五年到一九〇七年之间，安徽每年要向北京政府缴纳一百多万两的白银，用于庚子赔款。这还不包括朝廷练兵所需的军费，建设新式学校和修造公路铁路，以及其他公共工程等方面的经费。为此安徽每年还要分摊四十五万两白银。[1]

自古以来，政府收入的最大部分来自土地税。十九世纪五十年代，为了筹措镇压太平天国叛乱所需军费，北京的官员们设计征收货物运输税，名为"厘金"。茶叶、烟草、酒、药物、米和瓷器等商品都要征收厘金。厘金通常都在商品售出前征收，滥收现象极为严重。一件货品在运输过程中，有可能经过好几道关卡，被征好几次厘金税。到二十世纪初，安徽的货物在到达目的地之前，竟会被课税三十余次。这段时期，政府还征收很多其他的商业税，例如开店税、土地契税、牙帖原额税、学租、芦课、牛马猪羊税、卫赋、花布税、漕粮等。有人写道："柴炭酱醋有捐，下至一鸡一鸭一虾，凡肩挑背负日用寻常饮食之物，莫不有捐。"[2]

重税加上天灾，迫使安徽的一些民众成为不法之徒，还有人聚众暴动。一九〇六年，芜湖各商家相继罢市。一九〇八年，滁县全县罢市。一九〇九年，宿州的乱民怒气冲冲地捣毁了盐局，但地方官还是不肯降低盐税，于是群众再次捣毁了盐局。[3]

清廷覆灭前的五年中，安徽出现了不下十次的大规模抢米风潮。但是在满族的统治者看来，因为绝望而暴动的农民，对朝廷的威胁远不如那些拥有一定资产的读书人，这些男女知识者聚集在学校或家庭中讨论刺杀计划，或设法渗入军队内部。安徽早期的此类聚会大多发生在长江沿线的通商口岸安庆和芜湖一带，这些地方的排外情绪比较强烈。集会充满政治性，有着明确的议程，通常针对外国侵略的问题，如英国和意大利商人收购安徽的煤矿开采权；或者俄国对东三省的占领等等。但一九〇四年之后，安徽爱国运动的反满倾向逐渐加强，同时也变得更加隐秘。[4]

在孙中山一九〇五年成立革命团体同盟会之前，安徽的激进分子便已经成立了自己的革命团体。一九〇三年五月十七日，安徽爱国会在安庆的一个藏书楼举行了第一次聚会。上海的《苏报》这样报道：

> 同时到者：大学、武备、桐怀公学各学堂约二百人，外来者合计三百人以外（是日大雨，到者故止此数。书楼甚窄，多立门外而听）。[5]

这个组织的主要发起者陈独秀首先发表演讲，警告世人，国家危机一触即发。倘若这一代中国人再不联合起来，扭转中国积弱的国力和心态，那么全体中国人终将沦为奴隶，甚至比牛马不如。这次集会两年后，即一九〇五年，安徽革命党人试图在北京火车站刺杀清朝出洋五大臣。但计划出现纰漏：用以刺杀五大臣的炸弹在预定时间之前爆炸，革命志士反被炸死，五位大臣中只有三人受了轻伤。一九〇七年，几位安庆巡警学堂的年轻官员，在安徽巡抚前来视察时刺杀了他。起义很快被镇压下去，但无疑已令各地的满洲官员胆战心惊。

清廷最终倒台，看起来像是各省联合行动的结果，似乎整个过程中各省之间、革命者和军队之间都曾严密协调，各省咨议局也对此心照不宣。事实真相比这种表象要复杂得多，以致难以拼凑出它的全貌。一九一一年十月十日，武昌城内的一小群革命党人仓促发动起义——就在之前一天，当地警察意外地破获了武昌革命党的指挥部。次日，附近驻扎的新军中有六镇（相当于师）决定共同响应。到十月底，五个省的新军诸标（相当于团）参加暴动。十一月初，安徽邻近的两个省份脱离清政府。一九一一年十一月八日，安徽咨议局正式宣告独立。

革命给安徽带来新的混乱。安徽宣告独立那天，一名革命党的领袖在咨议局的支持下，强迫清廷任命的安徽巡抚交出官印。但不到三天，新任都督也丢掉了他的官位。由于他要求全省所有的官员和军人都剪掉他们的辫子，结果商家罢市，省会安庆的民众拥到督练所，要求新都督辞职。人们请回原来的巡抚，让他复任。这并不是因为民众爱戴他，而是因为他们了解他，知道他不会有什么出格举动，至少绝不会要求人们剪掉辫子。[6]

原来的巡抚也没能维持多久，两天不到，浔军就涌入省城，将军械库和藩库洗劫一空。巡抚跑到一所天主教堂中避难，然后设法逃出城去。直到一九一三年，革命势力与各种拥护满清的独立派系之间的拉锯战才告一段落，那时满清的末代皇帝溥仪早已退位。接下来的十年，军阀掌握了该省的政权，安徽民生陷入更加凋敝黯淡的境地。

在张武龄决定离乡背井时，他还无法预见到这些。一九一二年的春天，没有人能知道各种力量会将历史推向何方。革命刚刚爆发，一个帝国结束了，但也有复辟的可能。野心家们开始蠢蠢欲动，但要预言他们的影响还为时过早。武龄未曾留下任何的记录，说明他当时的所思所想。但据我们的了解，从他稍后的见解看来，虽然当时他无法确定未来怎样——也许是一场大难即将来临，武龄还是乐意看到这种大变革。他天性和缓，但一生中也有两三次壮举，这些举动通常发生在旧秩序的崩溃之后。外部世界的动荡往往带给他改变的动力，所以当清朝灭亡时，他便收拾行囊，将整个家搬到了上海。

张武龄离开老家，也使他得以回避许多宗族内部的问题。在张武龄那个时代，张家像许多过于庞大安逸的家族一样，家族内部滋生着懒散和堕落的风气。张武龄在一九一二年的搬家，很可能是为了摆脱这种风气的影响。他本来可以留在老家，改革家族事务，但当时他还只有二十三岁，在家族中辈分又低，怎么也轮不到他来出头。而且，武龄并不像有些人那样，好为人师，或是相信道德说教可以改变人们的行为。

如果张武龄是想为自己的孩子找一个良好的成长环境，他为什么会选择上海？这座城市从不掩饰它的唯利是图和纵情声色，这座城市对人世的苦难也已变得视若无睹。在二十世纪的第二个十年中，上海是一个道德沦丧，但又充满着精神活力的城市。这种活力来自于商品交易与观念交流，各种标准互相冲突，不同诉求彼此对立，却都能被上海所容纳。在同一座城市里，既充斥着大量的"嫖界指南"，也开设有当时最为进步的女校。在同一家书店里，黄色刊物与革命书报并列杂陈，在上海商家的眼里，一切商品都是平等的。上海流行开"花榜"来评选妓女的色艺，以前科举考试中第者才享有的功名，现在分给了那些最美丽最有才能的高级妓女。这种暧昧的情形在上海由来已久，也许从十九世纪四十年代上海成为通商口岸时就开始了。[7] 当时上海被分成了三个相邻的独立区域：华界、公共租界和法租界。在这种环境中长大的人，有些成为寡廉鲜耻的空心大少，有的则成为谨慎惕厉的向善之人。

从十九世纪九十年代到一九一〇年，读书人和宣传家都开始视新闻传媒为普及知识和提高人民政治觉悟的最快捷与最直接的途径，他们纷纷来到上海，出版他们的刊物和报纸。[8] 这座城市的吸引力在于它众多的可能性和丰富的资源。在这二十年间，所有最进步的报纸都诞生于上海。对那些敢于挑战言论尺度的人而言，外国租界也提供了一个避难所，使他们免受政府迫害。《苏报》案就是当时极为重要的一个案例。《苏报》馆位于公共租界内，当清政府下令该报停办，并以发表煽动言论为由逮捕其主笔的时候，对六名被告的逮捕、审判和拘禁都是由公共租界的统治机构执行的。两年内，除了一人死在狱中，其余五人都先后获释。

张武龄早年就受到了报刊的影响。我们不知道他读过哪些在上海出版的报纸，但在二十世纪的头十年，至少有十五份报纸和刊物在安徽散布传播，人们还能订阅到若干种上海发行的报纸。武龄的孩子们后来回忆，二十世纪二十年代，当他们还在少年时代，他们的父亲就至少订了二十份报纸——"有全国性的，也有地方小报，他全都要看"。

《安徽俗话报》的创办者——著名的激进派陈独秀——在该报的创刊号中，描述了一九〇四年住在安徽的人无报纸可读的情形：

> 别说是做生意的，做手艺的，就是顶刮刮读书的秀才，也是一年三百六十天，坐在家里，没有报看，好像睡在鼓里一般，他乡外府出了倒下天来的事体，也是不能够知道的。譬如庚子年，各国的兵，都已经占了北京城，我们安徽省徽州颍州的人，还在传说义和团大得胜战。那时候若是有了这种俗话报看，也可以得点实在信息，何至于说这样梦话呢？[9]

对于大多数住在内地各省的人来说，报刊颇有其实际用处。报纸上有好消息也有坏消息，它告诉人们哪里开战了，谁占了上风；

盗匪是否猖獗，哪儿可以避难等等。报刊还介绍新的知识门类，以及组织利用这些知识的新方法。总之，报刊让读者心里有了一把尺子——可以和别人比比，看看自己在这个世界上的位置；再看看自己和别人在学识上的差距。报纸使读者明理，虽然不直接导向政治行动，但能使一个人比较愿意求新求变。

传媒很可能是促使张武龄下定决心，举家迁往上海的原因之一。在合肥，生活变得令人倦怠，他想开始一种新的生活。上海拥有合肥所缺乏的活力和速度。那里是一片辽阔的天地，内涵丰富，而且有很大的发展空间。对于身边的外国人和外国事物，人们既有羡慕也有不满，这使上海充满焦躁的情绪，对于某些人特别是年轻人来说，这也是上海的魅力之一。

张武龄能够完成这次迁移，因为他有足够的财力，他之所以下此决心，也是受了家风的熏陶，让他始终关注外面更广阔的世界，并相信变革将使得未来更好。在当时，他并不知道自己的这一举动所包含的全部意义，这一举动改变了孩子们的命运——他们拥有的朋友和教育环境，他们读的书，他们欣赏的音乐和戏剧，他们所选择的生活，他们情感延伸的范围都因此不同。这次搬家意味着武龄的孩子，不管是生于一九一二年之前或之后，其成长的过程将完全不同于张家其他八房的子弟们。即使是充和，虽然从上海跟着叔祖母回到了合肥，在合肥城西的张家祖屋长大，这种区别仍然存在。武龄的孩子，从来不属于大家族，也无需逼迫自己遵从大家族的规矩。不过老家的影响在他们的生活中仍然存在：比如对于祖先的记忆，以及他们的父亲离家时带出来的——一种我们可以称为"合肥精神"的东西。

注　释

[1] 安徽的捐税：《安徽近代史》，第 359 页。

[2] 厘金：《安徽现代革命史资料长编》，第 38—40 页；《宣统政纪》卷七十一，转引自《安徽近代史》，第 359 页。

[3] 参见《安徽近代革命史》，第 57 页。

[4] 安徽近代爱国运动：参见《安徽近代史》，该书第 335—351 页详细描述了安徽近代激进青年的活动。又见 Lee Faigon 的《陈独秀》（Chen Duxiu），第 39—59 页。

[5] 转引自《安徽现代革命史》，第 84—85 页。

[6] 独立与剪发：见《安徽近代史》，第 376—379 页。

[7] 上海文化的"暧昧"：参见 Gail Hershatter，Dangerous Pleasures，第 14—20、165—169 页；Yeh Wen-hsin，The Alienated Academy，第 55—59 页。

[8] 上海的报纸：参见《安徽现代革命史》，第 108 页。

[9]《安徽俗话报》第一期，转引自《安徽现代革命史》，第 84 页。

第四章　合肥精神

　　张家祖籍并不在合肥，约在十五、十六世纪（明代），张家先祖从合肥南边邻省江西迁移到此。世代以来，张家的祭桌上一直供奉着这位先祖的牌位，但关于江西老家的记忆却早就消逝了。张家四姐妹中有三个是在苏州长大的，但她们自认是"合肥人"：她们说着一口合肥话，带大她们的奶妈也都是合肥人。虽然只是从别人口中听闻合肥的点点滴滴，她们对那个世界仍然颇为熟悉。

　　合肥位于安徽省的中部，在淮河和长江之间。[1] 早在两千七百年前（春秋时代），军事家已经认识到它在战略上的重要意义。合肥地跨两个势均力敌的国家吴国和楚国，自然成为两国拉锯战的要冲。商贾跟随军队而来，因为发现物资交易中有利可图。战争期间他们贩卖军火和粮食，战争的间歇期他们又买卖木材、皮革和山珍海味。在中国的历史上，特别是在中国的分裂时期，例如二世纪末期和十世纪初，合肥多次出现类似的局面。[2]

　　据古籍记载，合肥一地原属楚国。在中国人的想象中，楚国意味着色彩与明暗，滑稽突梯的"楚狂"，以及对非理性的偏好。哲学家庄周、诗人屈原、养士千人的刘安，都为绚丽神秘的楚文化增色不少。但直到十九世纪下半期，合肥才声誉鹊起。在清朝军队镇压太平天国和捻军之后，新型的精英阶层在此地崛起。他们中大多数人发迹的方式迥异于传统的士绅阶层。后者往往要接受传统的儒家教育，获得科举功名以证明其饱学，才能成为上层阶级的一员。而这些新兴阶层则多半出身行伍，不是所谓正途出身。但正是这些人给合肥争得了前所未有的荣光，武龄的先辈便在其中。

十九世纪五十年代之前，张家只能算是下层士绅。他们土地不多，家族成员中偶有几人能通过县试，因此在乡人眼中算得上书香门第。武龄的曾祖父是个秀才，但他的九个儿子中，只有老大——武龄的祖父张树声[3]，也中了个秀才。如果不是因为国内爆发战争，张树声大概会静待去省城参加下一轮的"乡试"，他的兄弟们则等着下一次县试或府试，他们将与几千年来的中国士人一样，为了同一个目标努力：通过科举考试以取得仕途资格。

十九世纪中期，太平天国和捻军的叛乱改变了一切。张家兄弟有四人率领团练投入另一个合肥人李鸿章麾下，与官军并肩作战（李鸿章后来成为中国最重要的政治家，同时也是满族统治者的股肱之臣）。当最后一支叛军被剿灭后，张家兄弟中一人战死，其他三人获得丰厚的赏赐，并很快被任命为政府官员。在兄弟当中，张树声因其赫赫战功而声名最盛。他的军事指挥能力受到李鸿章的赏识，而此时李的保举对于清廷很有影响力。清廷授予张树声"卓勇巴图鲁"的称号，任命他为直隶按察使。随后，他又不断获得提拔，历任漕运总督、广西巡抚、江苏巡抚、安徽巡抚、两广总督，最后官至直隶总督。

在参加了镇压太平军的合肥人中，张树声的飞黄腾达并不少见。他的四个邻居——一个小贩、一群流浪汉的头子、两个赤贫的农民——也走上了相同的道路。他们立下的战功带来功名和官位，而战争中的掠夺又帮助他们聚敛了大批私人财富，在合肥置下良田数万亩，在长江南部城市中也拥有大量地产。虽然他们几乎是文盲，在获得财富和权力之后，他们也学习着使自己举手投足看起来更像士绅阶层，并像上流社会的人一样来经营家业。他们重新修订家谱，彻底美化自己的家世；雇用专家来替他们收集书籍、古玩和字画。[4]

这些人也捐钱来整修学校和贡院，在这段时间内，张树声和他的那几位乡邻捐资建立了肥西书院。除了资助教育，这些合肥的新贵们还资助了很多其他地方事业：贫困救济和设置义庄；修桥补路；挖塘修堤坝、修复庙宇祠堂及古迹等。当时他们中的大多数在外省任职，他们只能捐助财物：银钱、土地、贡院用的桌椅之类、庙宇祠堂内的乐器和祭器等。而其他那些通常被认为应该由地方士绅阶层主管的事情，如平息地方上的事端、监督公共工程、组织赈灾等，他们就只能交给自己的家族成员或亲戚，以及地方上其他小士绅来主持了。[5]

总的来说，合肥的这些新贵做的正是很多世纪以来尽责的士绅阶层必须做到的事情：关照地方事件、关注家乡利益、资助地方的社会事业等。但在气质和作风上，他们与传统士绅有明显不同。与后者相比，新贵们处世更为灵活，也更富冒险精神，他们喜欢打破常规，不害怕变革和新法；他们更坚韧果断，不论是在战场上厮杀，或是掌管一个省的事务都能游刃有余，而且在冲突中不易被击垮；此外，他们见多识广，比传统士绅的兴趣面更广泛，也更善于处理各种大问题。他们喜欢行动，喜欢亲力亲为，没有耐心空谈理论。

刘铭传是张树声的同侪，也是靠战功发迹。十九世纪五十年代，当太平天国的起义军横扫过安徽境内，并狂热地希望在中国建立一个基督王国时，刘铭传却在安徽县西部靠近大潜山的地方闹得沸反盈天。一八五四年，他杀了一名老是勒索他寡母的恶棍，自己也因此成了逃犯。逃亡后的两年，官府放火烧了他在四屋郎子的老家，当晚，他的母亲在一棵桂树上上吊自杀。这一惨剧刺激刘犯下了更严重的系列罪行，他结交了不少私枭和逃兵，组成一支自己的队伍。他们在大潜山脚下安营扎寨，在当地抢劫勒索。最后，在一八五八年，邻州六安的知州设下陷阱，抓获了他。如果不是因为战争的爆发，二十二岁的刘铭传在那一年必然会被当做普通罪犯处死。但是那位六安知州觉得他还是可用之材，于是和他达成协议：只要他加入官军，就可以保全性命。地方史作者在描述这一情节时，颇具侠义传奇之风：

> 知府素重刘铭传侠义有为，劝其投军，为清廷效劳立功赎罪。刘铭传深感不杀之恩，投入清营，接受任务回乡办团练。[6]

也许为了避免一死，刘铭传已别无选择。一旦下定决心效忠清政府，刘就再也没有改变，但许多和他有着同样遭遇的人就难说了。在十九世纪五十年代，太平军在安徽大举进攻，合肥地区和皖北的很多小镇及乡村都筑圩寨来加强当地的防御，这些防御工事有的高达三米多，底下四面环绕着很深的壕沟。本地的捻军土匪把这看做可乘之机：他们可以利用这种防御设备建立自己的基地，还可以向当地居民征收田税。为了说服一个地区归顺他们，捻军的头领可能诉诸武力，也可能说服当地团练首领，从而和平接管。[7] 但一旦政府军队赶跑捻军，这一地区又会马上投向清廷。在一八五三年到一八六三年间，一城、一镇或一乡，在清廷和叛乱者之间几度反复的现象并不少见。在这种非常时期，一个地区的团练首领和士绅阶层首领往往成为决定性的角色。有些人出于自己的利益和捻军太平军对抗；有些为地区安危忧虑，一厢情愿地用自己的方式保卫乡里。在合肥的民间传说中，一八五八年刘铭传投清之前，他和其他几个来自肥西的强人，曾经聚在一起讨论是否该投靠太平军。在聚会时，一阵狂风突然刮断了本当用来悬挂反旗的旗杆。参加聚会的一位老塾师说这是个不祥之兆，所以当晚他们各自回家，准备次日一早与太平军对阵。[8]

一上战场，刘铭传立即脱颖而出。一八五九年，他在平定捻军叛乱的战争中几次取得大捷，那年年底，他获得第一个官衔——都司。刘铭传最擅长的就是打仗。几年以来，他一直在与各路人马作战，包括清军、太平军、捻军、地痞无赖，甚至其他地方团练。李鸿章曾说他手下的合肥将领们加入正规军队之前，过的是"寇至则相助，寇去则相攻"的生活。[9] 连他们的女人也适应了这种生活节奏，地方史记载每当刘铭传的营寨遭到攻击时，他的妻子都在忙于制造弹药。[10]

刘铭传真正时来运转是在一八六一年。那一年，征讨太平军的主帅曾国藩，劝说李鸿章组建淮军，主要任务是帮助清政府保护上海免受任何攻击。曾国藩非常器重李鸿章，当李上京应试时，曾经在曾国藩门下受业，并进入过曾国藩的私幕；曾国藩也知道李鸿章在老家合肥办团练的经验相当丰富。在接受命令后不久，李鸿章将刘铭传的铭字营收编麾下，成为淮军初建十三营中的一支。看起来，李鸿章和刘铭传在一八六一年之前互相并不熟悉，他们几乎没什么共同点，各自的社交圈也大不一样。李鸿章高中进士，曾担任翰林院的编修；刘铭传则只在村塾里读过一点书，被乡人视为"无赖"。[11] 但李鸿章在选拔人才时，考虑的不是家庭背景和教育程度。他总是说"今世乏才，岂乏翰林科目耶"。[12]

作为军队首领，李鸿章很有他自己的一套。他要求被提拔的人必须忠诚勇敢，不能让他失望；作为回报，他让这些人以自己的方式作战，并听任他们在战争中聚敛财物。李鸿章的办事风格很适合刘铭传。在对太平军和捻军作战时，刘铭传取得了一等男爵的爵位，而且掠夺了大笔银两，足够他买下万亩良田——他获得如此大的回报，是因为李鸿章自己通过刘铭传的战功声誉日隆。如果刘铭传就此解甲归田，那么他的功业也不过如此，和古往今来的英雄豪杰相比，并不特别突出，他和李鸿章的关系也就只是纯粹的利益关系。但因缘际会，他的事业并没有随着一八六八年捻军被镇压而结束。事实上，刘铭传在今天最为人熟知的事迹是他成为台湾的第一任巡抚后的治绩——一八八四年，他击败了侵略台湾的法国军队，并在岛上实行了经济和教育方面的改革，同时还为一个庞大的交通网络打下了基础，包括铁路、电报和现代邮政等事业。[13]

李鸿章曾说，在他的麾下，淮军各营的军官"联翩而起"，他们都很有才干，"不可谓非才"，而且他们不同于"乡党自好之流"，因为他们"忧国如家视远若近"。[14] 但是情形何以如是？一个像刘铭传这样的煽惑下层民众滋事的暴徒，怎么会为国家大事而忧心忡忡？他是怎样从一个游侠变成一位政治家，怎样从一名惯盗变成一位开明改革家的？张树声的一生也许可以提供一些线索。张刘二人"联翩而起"，在战场上展示出自己的才能。和刘铭传一样，张树声有着对中国未来的直觉和远见，而且也充满干劲。但张树声又是另一种合肥人，他更严肃，比起刘来魅力稍减，也不那么起眼。张树声也在对太平军的战争中积累下大笔财富，但他太忙于工作而无暇享用它们。刘至少有八个小妾，而张只有一个丑妾，就这一个，还是他晚年时一位有钱的朋友赠送给他的。

通过他的曾孙女的回忆和墓表的记载，我们知道了一些张树声自己家庭的情况。他的父亲张荫谷是一个严厉、坚毅的人。[15] 在十九世纪四十年代到五十年代，合肥本地的领导人经常和各种叛乱力量私自签订协议，张荫谷却拒绝这样做。同时，他也很清楚自己不能依靠政府军队来保护乡土，所以他组织团练，建筑堡寨，保护自己的财产并竭尽全力保卫邻里。他在这个动荡不安的日子里，随时做好准备，并告诉乡民也这么做。贼人的威逼利诱从未动摇过他的主张，在这方面，他的长子非常像他。

张树声的妻子是张家历史上另一个强人。当太平军第一次打到肥西张家祖屋附近时，这个女人勇敢地直面敌人。张家的男性全都跑到附近的山中躲藏起来，因为如果留下来，他们必死无疑（太平军攻占一个镇子或进入一个乡村时，从来不饶过任何一个男性士绅，但他们会放过女人）。充和从她的养祖母那里听来了这个故事，据她说，当时张树声把自己最小的弟弟托付给了妻子，这个小弟才五岁，因为太小而无法和其他家人一起逃跑。当太平军攻来时，他们搜遍了整个大院，用矛到处乱戳。五岁的孩子被小心地藏起来，并被告知无论发生什么事也不能出声。士兵走了之后，人们发现这个孩子脖子上流着血，不过还活着。张夫人马上从现杀的鸡身上取下一块皮，贴在伤口上止血。孩子的命被保住了。现在已无从知晓这些细节是否全部属实，但是故事表明这位女性是坚强能干的，很配得上张树声。

张树声身后没有留下任何私人著述，没有书信、诗词，连为朋友或同事撰写的墓志铭都没有。事实上，我们现在能看到的张树声的文字几乎全是公文性质的——他写给皇帝的信件和报告。这些都是公文，使用正式的措辞和格式，但令我们吃惊的是，这些公文仍然展示了很多他的想法与行动，他的风采与性格，以及他是如何辨同考异、权衡轻重的。这个人长期为自己、为邻里、为整个清王朝的存亡而作战，因此他比同时代的其他人更清楚这个国家面临的紧迫问题。他能感觉到危机真实存在并迫在眉睫，它们会威胁到中国的存亡。但张树声并不是个悲观主义者：他锲而不舍地试图找到解决问题的方法。在十九世纪八十年代早期，他曾担任两广总督，他的儿媳，充和的养祖母也随同前往。当时她还年轻，嫁给张树声的二儿子没几年。她的公公给她留下了很深的印象："虽然他有位称职的机要秘书，但他收到由邮驿传来的公文、信函后，必定一一过目，然后才交与机要秘书，所以他总是忙得不可开交。"因为毕竟无法事必躬亲，他的秘书会为他处理很多事情，书信通常也由秘书代笔。但这些信的内容都是张树声授意的，同时他总是要把来往信件过目一次，免得被误导或蒙蔽。

张树声的工作几乎占用了他除睡眠之外的所有时间。中国南方的夏季是很难熬的，天气炎热干燥、蚊虫成堆。这些蚊虫隔着薄袍子也能咬人，它们成群结队地在人身边和头上环绕。张树声一边阅读一边打蚊子，手上常常沾满鲜血。他还有个特殊习惯，就是工作时一边吃蘸糖的粽子，一边用朱笔修改秘书们的草稿。有时候不小心，他会把粽子放进砚台而不是糖碗里，结果胡须会被染上一道道的红色。

从《张靖达公奏议》中，我们可以看到他所关心的诸多问题，以及这些问题的范围和性质。大部分问题需要他即查即办：比如征收土地和商业税；边防和海防；各地匪患；为建造轮船、兵工厂和学校募集资金；推荐有功之臣。另外有些是张树声觉得需要加以矫正的事情，多与地方风俗有关。然后就是最基本的问题：教育改革、清政府对待境内外外国人的政策、如何更有效率地学习西方知识和技术。从他讨论这些问题的文字中，我们可以看出，他不喜欢墨守成规，但只有在不违背礼仪的情况下，权宜之计才能被接受。他写道：

> 抑臣尝深观古今人才，其笃实纯谨、斤斤自守之士不免墨守旧说，不达权变……迂拘扞格，不堪任事。[16]

张对比了这种"纯谨"、"迂拘扞格"之士和"急功近利之徒"，后者德行较弱，但才能更强：

> 急功近利之徒杂然并进，虽干力奔走，足以取办一时，洎乎济当大任，未有不抉藩篱而赡国是者。[17]

最理想的情况是，这两种人——善于行动者和有学问的人——合并在一起，因为正像张树声指出的那样，一个人学习是为了致用，本没有中西之分，但中国人只知其所当然，而西方人却能知其所以然。他对光绪帝说：

> （西人）秉性坚毅，不空谈道德性命之学，格物致知，尺寸皆本心。得由格物而制器，由制器而练兵，无事不学，无人不学，角胜争长，率臻绝诣。[18]

张树声注意到"西人"观察自然界的事物（"格物"）以拓展他们的知识（"致知"），并将此运用于富国强兵，而不是用于对道德性命之学的研习。这一点和传统儒家完全不同。儒家的思想家从十一世纪以来就在探究"格物"、"致知"的道理，但最后他们的结论是一致的，对知识的探究使一个人返回自身，达到自我认识和自我完善。张树声是读着这些学者的著述长大的，但是现在，目睹了西方国家取得的成就，他觉得应该有另一种为学之道。对他来说有一点很明显，中国人和西方人都致力于对知识的探求，但是前者最终导致内省之道，关注精神修养和内在道德；后者则勇于征服世界。有人宣称这两种文明之间的差别纯属捏造，但事实并非如此。这是他想传达给皇帝的一种观点。西方国家如此强大，以至于"英法各国皆不过当中国一省之地，挟其兵轮枪炮跨海东来，无不雄视中土"。[19]

张树声知道，朝廷正在努力应付这种时局，"开厂造船，设局简器，讲求效法"。[20] 但是，他也观察到"积有岁年，而步其后尘，不能齐驱竞捷"的现实。他相信这是因为中国学习西方只是"得其形似"而已，靠这种形似，中国"不能开径自行"。张树声觉得，要掌握西方知识，学生应该早早就开始适应西式教育。"不从学堂出者，大抵皮毛袭之，枝节为之，能知其所当然，不能明其所以然也。"

最终，张树声力主在广东省筹建一所理想的西式学校。学堂在一八八二年一月动工，一年之后，他报告皇帝学堂已经竣工。这所学堂有前后楼房四进，其中有二十二间宿舍，此外配有浴室、厕所、厨房，一所更楼和一间茶房。总共花费了一万六千四百七十两白银。他在给皇帝的报告中写道：

> 现在学馆章程亦已斟酌核定，并在闽省学堂及各处选调精通外国语言文字算学者派充教习，俟学生学有进境，再延西师接教。馆中所需书籍器具均已分投购置，即当招选学童，刻期开馆。[21]

在这份奏折中，张树声再次强调西学的重要性，甚至暗示西学或许优于中学："泰西之学覃精锐思，独辟户牖，然究其本旨不过相求以实际，而不相骛于虚文。"他重新回到"格物致知"这个概念，对中西之学的差异描述相当精辟：

格物致知，中国求诸理，西人求诸事。考工利用，中国委诸匠，西人出诸儒。求诸理者形而上，而坐论易涉空言。委诸匠者得其粗，而士夫罕明制作。[22]

在总结中，这位总督呼吁，对什么是西学要有全新的理解，知道西学所讲的是"斯世需用之事"。他相信，中国人一旦破除了对西学的"鄙夷不屑之意"，进而全面"通晓洋务"，然后"则人材之兴庶有日也"。

在他的议论中，张树声区分了西学和西学产生的一些不良后果。他还注意到了欧西的精神和欧洲各国行为上的分歧：欧洲人"务实"且"秉性坚毅"，但他们对中国的所作所为却是掠夺性的。基于这种观察，他提出几条实践性的建议：一味模仿西方，中国将一无所获，但是中国人必须理解西方强大的原因。西方人贪婪而富于侵略性，所以中国必须强大起来，以阻止西方人的侵略行径。[23] 他的意思是，一个国家必须首先强盛起来，才能取得足以与列强理论的位势——这种观点是荒谬的，因为斗力削弱了理性的力量，但是对于十九世纪八十年代的中国而言，人们别无选择，必须接受这一观点。

在这场实力的较量中，中国究竟要如何表现，才能不被西方轻视？这是一八八三年张树声面临的问题。那一年，法国加紧了在越南北部的侵略，同时其军队逐渐靠近中国边界，离张树声任总督的广西省很近。张树声写了几封奏折给光绪，报告了前线的情况，并敦促皇帝早日做好准备，以防备法国的侵略。[24] 一八八四年，双方即将摊牌。张树声倾向于对法作战，因为根据他在边界的探子的报告，如果中方行动快速果断的话，有很高的胜算。京城对此的反应不一。一群被称为"清流党"的年轻保守派主战。[25] 但是这些官员在外交和实政方面几乎没有任何经验，主战只是基于理念，将真刀真枪的战争看做道义之战。另一方面，李鸿章则致力于推动与法国的和谈，他声称中国的海军还没有做好和欧洲军队一搏的准备。

这已经不是第一次张树声和他的老上级意见不一了。随着两人年齿渐增，所负责任日益加重，两人的差异也越发分明。舆论认为，李鸿章在实际需要面前太快屈服；面对慈禧太后和她的支持者，他也太轻易任人摆布。反之，张树声的品行，在他生前一直没有非议。[26] 他不像李鸿章那样有名，所以也没有引来那样多的关注。当然，由于李鸿章所担任职务的性质和范畴，他常常不得不采用一些灵活的手腕、耍耍心机。即便如此，他们的风格仍截然不同，他们的思维模式和思考层次都不一样：他们中的一人善于诡谲机变，另一个则完全相反。

张树声关于法国问题的多次上奏，全都没有回音。一八八四年初，他因病辞去了总督一职，但仍奏准驻守防营，督办广东军务。清廷选派了一名清流党人的领袖来接替他的职位，并准备作战。同时，李鸿章修改了他和法国的协约，以致法国认为中国清政府不守信用，而事实上，这是因为李鸿章在皇帝、太后面前隐瞒了条约的若干条款。

一八八四年八月二十三日，战争最终在福州港爆发。开火后不到十五分钟，法国海军就击沉或重创了几乎全部中国木船，只有两艘幸免于难。到下午，他们还摧毁了福州船厂。中国军队的指挥官是第一个逃走的。在战前，清廷曾命令沿海省份予以支援。广东出动了船队和军队。但是北方港口的指挥者李鸿章，却称无空闲船队可调，即使有，他也不会笨到把船队派到福州去送死。

现在已经无法考证下令派出广东舰队增援的，是张树声还是新任总督。八月，张知道自己时日无多。他连连向北京上奏，在奏疏中可以看出他愈发焦虑了，因为情势更加严重，他也注意到了更多的问题：军官们目无法纪，上司向下属索贿，人民和流氓无赖一样。[27] 他最后一封奏折文词剀切令人感动。这是他在十月二十六日口述给秘书的，也就在那一天，张树声逝世。他写道："发折以后，遍征医药，无如求效愈急，病势愈深，上念君恩之高厚，下为时事之艰难，焦灼五中……"他自述生平："臣以寒素起自兵间"，感恩"列圣拔于庸众之中"，又被朝廷重用。现在"外患日亟，寰海骚然，皇太后、皇上宵旰幽劳，而臣犬马余生，竟先填沟壑，报效无期也"。

虽然即将离开人世，张树声还是再次强调了最令他焦虑的一些事情：

> 数十年来，俄罗斯侵轶于北方，日本窥伺于东海，英吉利由印度缅甸以规滇藏，法兰西据西贡海防而谋滇粤，睢盱恫伏，日益难制。而中国蹈常习故，衣冠而救焚，揖让而拯溺，其何以济耶！近岁以来，士大夫渐明外交，言洋务，筹海防，中外同声矣。

> 夫西人立国，自有本末。虽礼乐教化远逊中华，然驯致富强，具有体用，育才于学堂，论政于议院，君民一体，上下一心，务实而戒虚。[28]

张树声希望清廷明白，中国在面对西方侵略时，只学会它们的技术是不够的。一八八四年十月法国人将目标从福州转向台湾，清政府再次不知所措。看起来，中国从它屈辱的历史中没有吸取任何经验——她只是瞪大眼睛看着不断重复的悲剧。张树声相信中国如果要跟西方竞争的话，必须"有本末"。就像他说的，"通筹全局，取琴瑟不调甚者，而改弦更张之"。同时代人也有类似看法，不同的是他们的读者是普通人，而张树声的读者是皇帝。在信的末尾他写道：

　　　　中外臣工同心图治，勿以游移而误事，勿以浮议而隳功，
　　尽穷变通久之宜，以奠国家灵长之业，则微臣虽死之日，犹生
　　之年矣！[29]

　　今天读到张树声充满激情的奏疏，实在有些讽刺意味，让人不
敢相信的是他临死时还怀抱希望。在这封折子中他告诉皇帝，生命
的最后一夜，他通宵未眠，一直在为福州和台湾的局势担忧："此臣
所以终夜感愤，虽与世长辞，终难瞑目者也。"

　　多年以前，湘籍儒帅曾国藩到山东剿灭捻军时，曾有机会和淮
军的将领合作。他发现这些合肥人"虽有振奋之气，亦乏忧危之
怀"，他写道：

　　　　（余）窃用为虑，恐其不能平贼。庄子云："两军相对，哀
　　者胜矣。"鲁仲连所言，以忧勤而胜，以娱乐而不胜，亦即孟
　　子"生于忧患，死于安乐"之指也。其后余因疾病，疏请退
　　休，遂解兵柄，而合肥李相国卒用淮军以削平捻匪，盖淮军之
　　气尚锐。

　　淮军的胜利让曾国藩深感意外，按照儒家和道家骄兵必败之
说，这是不可能的事。淮军的胜利让曾国藩不得不重新评价自己的
结论，他写道：

　　　　余专主忧勤之说，殆知其一，而不知其二也。聊志于此，
　　以识吾见理之偏，亦见古人格言至论，不可举一概百，言各有
　　所当也。[30]

曾国藩在这段话里，表达了那个时代的许多精英共同的矛盾心理。[31] 他用一种"既困惑又佩服的目光"打量像刘铭传和张树声这样的人。他认为这些将士是靠他们的"振奋之气"赢取战功。但是像大部分中国人一样，曾国藩一直相信忧患意识是一种美德——居安思危，为自己德行之不完备而忧虑，为不能止于至善、己立立人而忧虑；担忧自己不能未雨绸缪；也担忧自己过于顺利没有经过忧患。早在孔子创立儒家学说之前，这种理念就塑造出中国精神的一个特质——或许在评论家或局外人看来，这种精神太过悲观消极，太过自我保护，但它确实是中国人为人处世的基本原则。所以虽然曾国藩被合肥人显现出来的锐气所打动，他还是不愿意接受这一风格。他最终确信，勇往直前和持重观望未必不能兼容，但是他并没有就此提出新的名言说论。

曾国灌对合肥精神的理解还不够深刻，因为在张树声这样的人身上，我们看到的不仅仅是振奋之气，更看到了他们一种强烈的"忧危之怀"。张树声勇于向前，但也有如履薄冰的谨慎；不过他总是有足够的勇气去求新求变。他告诉别人，自己出身行伍，并非学究。但是他对中国和西方的分析鞭辟入里，他的言论既不充满道学气，也不是玄言空谈——证明他是真正的鸿儒。

在张武龄的时代，张家没有多少人记得张树声了。两三个跟随他参加过太平军之战的老仆人还能描述他的风采，此外记得他的就是他的儿媳——充和的养祖母了。在十九世纪八十年代她曾跟随张树声到过广东。所以，主要是通过这个女性，然后再是充和，关于张树声的记忆得以在这个家族中留存。另一个重要因素是，充和与养祖母回到合肥老家，张树声的牌位就供奉在她们住的大院中。儿时的充和有个小伙伴，两人玩捉迷藏时，充和会爬到张树声的供桌上，将她小小的身躯隐藏在这位祖先的牌位之后。

注　释

[1] 这里所说的合肥是指的合肥县，而不是合肥这座城市本身。直到二十世纪早期，合肥还只是庐州府管辖的五个县中的一个。当民国政府废除了府（州）这一行政区域后，庐州的首府改名为合肥城。张家最初居住在合肥县，在十九世纪七十年代，张家姐妹的曾祖父在首府也修建了一所豪华的大宅院。

[2] 合肥古代史：参见《合肥史话》，第5—13页。

[3] 张树声：《清史列传》54：12b—15a有张树声的传记。李鸿章也曾为他作过一篇小传，载于《张靖达公奏议》卷首。

[4] 合肥将领的出身：王尔敏在《淮军志》第137—187页讨论了这个问题。又见《肥西淮军人物》，第29—30、109—111、126—128页；刘广京、朱昌峻等编：《李鸿章评传：中国近代化的起始》，第30页。

[5] 合肥新贵在家乡的作为：参见《庐州府志》，13：31—33；又见张仲礼《中国绅士》(The Chinese Gentry)，第57页。

[6] 刘铭传年轻时的事迹：参见《合肥文史资料》第117—118页；又见《肥西淮军人物》，第30—31页。

[7] 安徽的捻军：参见 Chiang Siang-tseh，《捻军》(The Nien Rebellion)，第32—44页。

[8] 旗杆：参见《肥西淮军人物》，第31页。

[9] 见王尔敏：《淮军志》，第118页。

[10] 参见《肥西淮军人物》，第31页。

[11] 参见《合肥史话》，第36—37页。

[12] 见王尔敏：《淮军志》，第216页，在该书的第216—224

页，王尔敏还讨论李鸿章是如何统领淮军的。

[13] 刘铭传在台湾：参见 *Eminent Chinese of the Ch'ing Period, 1644—1912* (hereafter, *ECCP*), edited by Arthur W.Hummel, vol.1，第 526—528 页。同时可参见萧克非等：《刘铭传在台湾》，第 205—240 页。

[14] 参见王尔敏：《淮军志》，第 385—386 页。

[15] 关于张荫谷：其生平可参见李鸿章《张荫谷墓表》，见《肥西淮军人物》，第 15—16 页。

[16] 《张靖达公奏议》，第 476 页。

[17] 同上。

[18] 同上书，第 283—284 页。

[19] 同上书，第 284 页。

[20] 同上。

[21] 同上书，第 306 页。

[22] 同上书，第 306—307 页。

[23] 同上书，第 283、306、558 页。

[24] 同上书，第 333—338、431—440、447—454、478—480 页。

[25] 关于清流党：参见 Lloyd E.Eastman's discussion in *Throne and Mandarins*，第 16—29 页。

[26] 他在共产党的历史叙述中所受到的批评主要来自他和李鸿章的交往。

[27] 1884 年 8 月张靖达的信件：见《张靖达公奏议》，第 536—539、542—543、546—547 页。

[28] 遗折：《张靖达公奏议》，第 558—559 页。

[29] 《张靖达公奏议》，第 560 页。

[30] 曾国藩对合肥将领的评价：《曾文正公日记》，第 55—56 页。王尔敏在《淮军志》中引用了这段日记，第 223—224 页。

[31] 时代精英的看法：Paul A.Cohen 的 *Between Tradition and Modernity* 及郝延平、王尔敏的《中国的中西观念之演变》（引自《剑桥中国史》第十一册，第二部分，第 142—201 页）。

第五章　祖母

　　充和的养祖母兴兴头头地从上海回到合肥。《列子》说："游乎游乎。"一些人旅行时"观其所见"，有些则是"观之所变"，而游览的最高境界是"至游"——也就是"取足于身"，所谓的"游之至也"。[1] 老夫人带着养孙女回到合肥，就是为了寻求这种境界。

　　养祖母老家是在肥东，后来嫁到了肥西。充和从来都不知道养祖母的名字，因为那时候，小孩子家问自己的长辈叫什么名字，是一种不懂礼数的做法。不过，如果男性先人去世后得到了皇帝赐予的谥号（比如张树声死后谥"勇烈"），那么后辈称呼他的谥号倒是完全合乎礼节的。同样，儿孙辈也能知道长辈的法名，所以，还是个孩子的充和就知道养祖母的佛教法名是"识修"——认识和修行。

　　识修的父亲李蕴章，是李鸿章的四弟。[2] 史学家们很少提到李蕴章，因为他从来没有担任过什么官职，也不像大哥和五弟那样以挥霍无度或滥用家族势力而出名，蕴章生平完全没有任何事迹，足以引起流言蜚语和稗官野史的兴趣。近二十岁时，他因为一场重病而失明。但是事物的颜色和形状，远近深浅他都清楚记得，早年读过的经典书籍也熟记于心。识修告诉充和，她的父亲会在家里的庭院中踱来踱去，在脑中暗自计划怎样修建花园，或增加某处建筑，然后指导工匠把这些设计在图纸上画出来。

我们从李鸿章的家书中了解：因为兄弟们都出门在外，李蕴章成了一家之长，主持家务之外，他还负责监管兄弟们的孩子。李鸿章告诫自己的长子，凡事都要和四叔商量着办，如果学业上有什么问题，更要向四叔请教，他还特别强调不能违拗四叔的意愿。蕴章有两个妻子，但不曾纳妾。原配夫人在结婚后不久就去世了，第二个妻子宁氏给他生了十八个孩子，其中有四个男孩和七个女孩都长大成人。李蕴章把子女的教育看得比什么都重要，他的女儿还记得家庭教师们如何在父亲的极度关注下兢兢业业地教书。李蕴章可以从孩子们的表现来判断教师的好坏；而且他不用看书，就知道孩子们的书背得对不对，因为那些书他早已熟记于心了。有一段时期，李蕴章让孩子们自学，因为他找不到合适的家庭教师——这意味着在那段时期，他自己担任教师的工作。

充和的养祖母和自己的家庭教师互相颇有好感。但是结婚之后，他们就不能再见面了，因为士绅人家的已婚妇女，除了自己娘家或夫家的亲戚，不能见别的男客。不过有次回娘家时，识修的家庭破了一次例，安排她在远处看了他一眼。很多年后，她告诉自己的养孙女，当时她站得很远，几乎看不清老师的样子，却不禁泪流满面。

识修是李蕴章的第四个女儿。我们不了解她的姐姐、六妹、七妹和八妹的情况，不过她们会时不时到合肥来探访她。在充和的记忆中，识修比她的姐妹们更有学问。她不能提供这方面的确凿证据，但是从她养祖母的言行举止、所读的书籍和教导中可以判断出这一点。

识修有个很有名的兄长——李经世，年纪轻轻就头角峥嵘，可惜不到四十就早逝了。李鸿章很偏爱这个侄子，在一封家书中他写道："此子在群从（侄）中最为老成正派，守家令器。"[3] 李鸿章对如何改革中国社会有比较激进的想法，这些想法他在自己的孩子面前都不曾谈过，可是对经世却毫不隐瞒，在给这位侄子的信中李鸿章写道："国家种族之竞争愈烈，故吾之古伦理，愈不适于世用。"[4] 在李鸿章看来，这种"古伦理"是传统家庭的基石，与国家和个人的关系无关。李鸿章认为过重的家累会使得国家实力削弱，因为中国正要在现代世界中争得一席之地，但个人为了家庭负担，无法为国效力，国家自然无法强盛。在信的末尾，李鸿章提醒侄子不要忘记，在将来只有"适者"才能生存。经世的回信现已不存，我们只能靠想象来推测，他对伯父此言的领悟到了什么程度。从李鸿章信中的口气来看，经世应该能够理解他的意思，因此在信中他根本不需要长篇累牍地论证和解释自己的观点。

识修不可能参加此类讨论，在那个时候，年轻女子不会关心国家大事，就算她关心，也只能在背地里暗自思量。但是识修是李鸿章的侄女，张树声的儿媳。她生于一个政治家庭，又嫁入一个政治家庭，她必然有自己的政治观点，特别是她的国家正面临重重危机。十九世纪八十年代，法国侵入越南，在中国应不应该采取更强硬态度的问题上，识修的伯父和公公意见不合。这时，识修夫妇都在中国南部，和张树声住在一起。她也认为中国应该向法国宣战。识修和她公公在一张桌子上吃饭，虽然张树声或许了解一些越南北部战争的机密消息，但想来不会将这些透露给儿媳。充和的养祖母还能忆起，在那些岁月里，广东夜晚的酷热让人挥汗如雨，老将军却整夜埋头研究成堆文件的情形。单凭她看见的这种情形，就足以令她对张树声信服不已，他是不是优秀的政治家或军事决策者，反而不那么重要了。

在传统社会中，士绅阶层的女性必须遵循很多规范，识修也不例外，但如果关涉到充和，她倒是愿意变通一下。充和把她的祖母描绘成一个开通的人，但这一说法值得商榷。识修在处理自己的事情时，的确是开通的。她就像孔夫子的自述那样，"毋必，毋固"。[5] 在这一点上，识修称得上开通。二十世纪三十年代之前，孩子的婚姻通常由家长安排，但识修却没有包办养孙女的婚事。她也没有强迫充和成为佛教徒，甚至没有要求她吃素。

然而在其他方面，识修是保守的——比如说她为充和择师的标准，或是对于传统礼法的坚持。她愿意重金聘请的，是能够教她的养孙女研习传统经典的老师。充和的老师中，朱谟钦先生教的时间最长，他原本是个考古学家，其束脩高达一年三百银元，这可是笔大数目，当时一名仆人的年薪不过二十银元左右。[6] 朱先生靠这笔薪水足以供养父母和自己的五口之家。刚开始他把妻儿留在故乡山东，后来他发现这份工作可能持续几年时间，他就把家搬到了合肥，住在离张家宅院几条街远的地方。除了关注充和的学业之外，识修也很注重教导她学习待人接物之道。比如，她绝不允许充和在坐立行走时显出慵懒的样子。充和还被教导在长辈面前必须保持恭敬之态，绝不能在他们谈话时插嘴。

识修很少提及女儿和外孙，但他们的死，加深了她对一切生命所怀的慈悲之心。花园中死了只青蛙或小鸟，识修都会为它们祈祷。她会以梵文默念佛经，相信这会使得死去的小生命升入净土世界。这应该不是她婚前在娘家的旧习。李家对佛教一向怀有戒心，避免其教条和修行行为将家人引入信仰之途。在一封给识修父亲李蕴章的信中，李鸿章列举了一些对健康有害的习惯，他特别警告自己的兄弟不要"终年饱食肉类"，以免削弱人体的免疫能力；但是他又说，这并不意味着完全放弃肉食。他眼见"方今各派提倡素食者渐众，且集会素食者有之"，认为这种风气颇危险，因为会让人不知不觉中信仰佛教。他的这种担忧反映出某些儒生对佛教深怀的疑虑，他们认为佛教的负面影响会超过任何一种疾病。在信的结尾，他提醒识修的父亲："吾弟慎勿轻信迷于信佛也。"[7]

从以上情况看来，识修在父亲的管教下，应该不会与佛教有任何接触。可能是在婚后，她才接受了佛教的影响。她的丈夫张华轸收集了大量佛教经典，并把这些佛经和他喜欢的小说诗词都放在自己的书房中。夫妻俩可能曾在一起研习佛教经典，讨论那些难解的篇章，甚或互相辩难。在情投意合的士绅阶层婚姻中，夫妻会把分享学术上的兴趣当做一种闺房乐趣。宋朝女词人李清照曾有一篇细腻文字，记述她和丈夫共同度过的那些良宵，他们在一起鉴赏青铜器或书法作品，修补刚刚收来的古籍，或是抄写从朋友处借来的善本。[8]

我们不知道识修的丈夫是否虔心向佛，也许他对宗教的兴趣，与他生活中的其他兴趣一样，只是打发时间的一种方式。张华轸在张家的历史中是个谜样的人物，对于他的父母、妻子，他大概都有负所望，因为他几乎一事无成。他甚至没有通过县城里最初级的科举考试，按照习俗，他在归途的最后二十公里是步行的，并从偏门进了父母的家，跪在祖宗牌位前祈求原谅。此后，他再也不参加科举考试并从不谈论它，他的家人听其自便，或许是因为他哥哥华奎已经展示出不错的前途。

华奎也许稍早于华轸参加童生考试，他在一八八四年考中举人，六年后他又在京城通过了会试，没有辜负其父母和先人的最高期望。他下面的两个弟弟似乎都乏善可陈，充和只回忆过一个关于华轸的故事。这个故事很是奇怪，颇多不能自圆其说之处，结局也令人难以置信。一次，当华轸在扬子江下游航行时，他的船翻了。不知道是靠自己游泳，还是趴在一块浮木上，华轸漂流了好几里远，才靠了岸。当邻近村庄的农夫发现他时，华轸已不省人事。获救后，华轸写信回家告知他如何脱险，身在何处。当这封信到家时，他的家人还以为他早已身亡。他们都认为是华轸对佛祖的虔诚保佑了他逃过此劫。

识修悟道的过程与她丈夫的不同。如果没有奇迹的发生，华轸不会悟道。而识修的悟道源自痛苦，并混杂着罪恶感。她觉得是因为自己的前世不修，才导致女儿和外孙的早夭。虽然无从知晓前世造了什么罪孽，但她觉得今生的悲剧肯定是根源于此。识修爱护所有的生命并尽最大努力去保护他们，不管对方是上门的乞丐或是谷仓中的老鼠，她以此作为赎罪的方式。她从不曾改变信仰，不过有时候她的仁慈看起来颇为荒谬。在她的生日或佛教节日，她会叫仆人从小贩那儿或市场上买回整篮的活鱼活虾，并带到城东门外的河边放生。河水会把鱼虾带到附近的沟渠中，在那里聚集了当地饭馆的厨师，等候着他们今天的猎物。仆人们从不告诉识修，她在这些固定的慈善行为中屡屡受骗，充和对此事也保持沉默。一次，识修叫她的仆人去一个小贩那里买下他篮中所有的野鸭放生，他回禀主人其中一只已经死了。识修命他埋掉死了的鸭子。稍后，当充和向那个仆人问起鸭子埋在何处时，他回答"进了五脏庙"，这当然意味着，鸭子成了他的晚餐。

识修的行为和儒家经典中描写的不谋而合，早在公元前四世纪，孔夫子的传人孟子就讲述过一个贤臣如何被自己的手下欺骗的故事：子产命令管理池塘的小吏把鱼放掉，他相信鱼已经"得其所哉"，结果鱼却被小吏烹食了。在孟子看来，子产只是被自己的手下看似合理的言辞欺骗了，因此这个事件无损他的英名。换句话说，鱼的最终命运与子产的为人无关，从子产想将鱼放生就可以看出他是个善人。孟子的观点同样适用于识修，我们可以说识修已然为了拯救鱼类野禽尽了最大的力，只是一旦被放生，它们就只能听天由命了。

当充和与识修住在一起的时候，有两位尼姑会在固定时间来探望她们，一个来自南京，另一个来自扬州。扬州来的尼姑以前是卖给张家的一个丫头。识修的女儿成婚时，这丫头作为陪嫁随同出嫁。当她到了新主人家，女主人的丈夫（识修的女婿）对她产生了兴趣并想娶她作妾。得知此事后，丫头剪掉青丝，出家为尼。虽然她是个美丽聪明的女子，但是找不到其他出路。如果选择作妾，她的生命同样会在悲剧中终结。元配夫人，即她侍奉的小姐，会对她充满怨恨，而作为一个母亲，出于保护女儿的本能，识修也会嫌弃她。宝性——这是她的法号，没有走上这条路。相反，她以尼姑的身份回到合肥，识修很快为她在扬州"找"到一家尼姑庵（她可能向庵中捐了一笔可观的钱）。在这种安排下，宝性找到了一条出路，某种意义上她也有了一个家，有一批信徒需要她的教诲和关心。

虽然出家已久，但不管何时回到张家，宝性还是称呼识修"老太太"。当充和认识她时，宝性已经四十多岁了，虽然年华已逝，又剃去一头青丝，她仍然是个美女。宝性每年至少来拜访识修一次，每次都会带来礼物：给充和的是云母雕就的兔子灯或鱼灯；给识修的是一些可以转赠合肥亲友的胭脂水粉，还有棕榈丝编成的竹柄牙刷，因为佛教徒从来不用动物毛发做成的牙刷。

识修雇用的女仆，不是从小就当上丫头，就是年纪轻轻已成了寡妇。识修觉得这些女性和她有某些相似，生来就是苦命。她们都吃素，每天在佛前祈祷。这些共同的东西使得她们同病相怜，完全忘了主仆之别。充和记得有个叫何大姐的和一个叫如意二姐的，当充和认识她们的时候她们已经头发花白。她们都已有了退休后可以栖身的小庙，但是女主人还在世时，她们宁愿推迟正式出家的时间。她们在张家做些轻松的家务，而一旦她们剃度，识修绝不会再让出家人做这些杂役。

充和还记得，有位老居士，常来大厅的佛堂前上香，这所佛堂与其他房屋分离。老居士留着辫子，从来不用火柴，而是用打火石点香。充和说他害怕火柴，觉得火柴快速燃烧的能量来源于邪魔的威力。每天做完了他在张家的例行公事后，他就挎着个篮子，在附近巡视，按照充和祖母的吩咐，拾取所有废弃的字纸。每每捡满了一篮后，他就独自来到后花园的亭子边，将捡来的字纸烧掉。

不仅是无依无靠的女性会投靠到识修门下，有些人家的孩子天生有缺陷，有些人则根本无力抚养孩子，他们也会把孩子送到识修家中。其中有个法号叫长生的盲女孩，大概是两三岁的时候，被遗弃在张家的祠堂门口。充和的奶妈钟妈发现了她，当时是个寒冷的冬夜，她身上只盖着些干树叶。钟妈后来说她一见到这个女孩，就觉得她不是常人：阔耳方脸，生来福相；虽然在寒风中躺了几个小时，身上似乎还散发着热气。这孩子被抱进房间，仆人们马上给她洗澡剃头，确保她身上没有虱子了，才抱到女主人面前。没有了头发，长生的相貌更加不俗：她的脸像佛祖一样发着红光。充和的祖母一眼就看出这孩子的不平凡处，当她稍稍强壮一点，就把她交给一个尼姑看护。从那天起直到女施主识修去世，长生所受的供养源源不断，米、衣服、钱财被定期送到抚养她的庙宇中。

长生长大后具有不少天赋。当她还是孩子时，住持就教她诵佛号。在学习过程中，长生总是默记老师停顿翻页的地方，所以稍迟一点，她就能像老师一样在适当地方停顿、翻页，看起来就像她真的在照着佛经诵读一样。长生还学会了唱偈文和吹箫，充和说在她唱偈文时，会用手足轻打节拍，告诉充和它们代表什么乐器。年纪稍长，她就能在宴席和葬礼上演奏，来为尼庵增加收入。充和的祖母去世后，由于失去了外部资助，这些收入对于长生来说就更加重要了。

充和记得还有一些被遗弃的残疾儿童受到祖母的帮助，她会替他们找一个家或是帮他们学会某种谋生手段：一个盲女孩被送到制刷厂工作；一个聋女孩被安置在邻近的庙里为尼姑管理菜园子。充和说："我想，大家都知道，如果孩子天生命苦，我祖母会尽力帮助他们找到活路，所以才有那么多人把孩子遗弃在我们家院子里。"

识修一生中有大半时间孀居，不过在那些日子里，她上无公婆要伺奉，下无子女要抚养。她选择了和张家其他各房分屋而居，虽然他们就住在近处的肥西，并且常常来拜访她。她在管家及其助手们帮助下管理财务，并借助简单的佛教教旨安身立命。她心怀慈悲，对生命蕴涵的灵气颇有感应。照理说上天应该庇护这样一位女性，然而不然，一次又一次，上天考验着她的意志、耐心和判断力。

当识修的丈夫张华轸去世时，他唯一的小妾决心绝食殉节。虽然已是十九世纪末期，在大部分中国人眼中，她的自尽还是一种美德。这类女性被称为"烈女"，即"夫死殉节者"。烈女的牌位可以进入夫家的祠堂，她的名字也被载入地方志中。此时她是否身为妾侍已不重要。在她临终时，地方官员都要上门探望，拜倒在床前以示尊崇。

这位不寻常的小妾，身世已不可考。没有人记得她是怎么入门的，也不清楚华轸娶她是出于情感呢，还是只是为了生个儿子。以他这样的身份，讨一两个小妾是极为寻常的事；他的父亲和哥哥都置有一妾。华轸的妾没能给他生下一儿半女。华轸一过世，她也就失去了所有依靠。但是她很明白，如果选择殉节，至少在死后，她能拥有一定的地位。决心一旦下定，就无人能阻挡她，而且也没人会这么做。即使是元配夫人识修，出于信仰一向将生命看得很珍贵，此时也屈服于传统社会规范，不再坚持己见。当家人确定华轸的妾决定殉节后，他们停止给她供水，并且尽一切可能帮助她快速结束生命。

华轸的妾成了节妇，他的夫人识修成了另一类节妇。她并没有急于结束生命，也不求一举得名。只是洁身独处，直到离开人世。

有时识修会和充和的奶妈钟妈商量事宜，有所决定后再让钟妈去执行。钟妈是没受过教育的乡下人，但是在处理要紧的事情，比如有关礼俗的事时，她总是和女主人步调一致。她能了解主人的意旨，然后按自己的方式处理事情，而识修几乎从不过问。

识修每晚八点左右就寝，凌晨三点天还没亮就起床。充和说，她小时候一直睡在祖母卧室后面的一个房间里，和钟妈同床。钟妈和识修同时起床。当钟妈给识修梳头时，识修会背诵诗词或是吟诵经典古文。有时候两人会谈天或安排当天的工作。梳洗完毕后，识修就到卧室前她专用的佛堂去做早课。她将佛经放在书架上，其中某些经书，像《法华经》，有好几卷，她每天念一卷，念经时保持莲花跏趺的姿态。她独自祈祷，独自研习，只有道明师（那位南京的尼姑）到来时，才会有人和她一起研读佛经。五到六点时，她会吃点儿小点心，通常是加了核桃和冰糖的薄粥，七点钟时早课结束。下午三点之后，她会再到佛堂做功课，时间略短于早课的时间。

几乎每天早晨，识修都带充和到大院后面的"小花园"里去散步。亭子边种着杏、梨和石榴树。有时识修会给充和讲一个中国古史中的故事，或一段张家旧事；有时她会问问充和学习的情况；但通常只是随意走走。返回后，她们会共进早餐，不过各自占用一张桌子，充和坐在自己的小桌子边，而祖母坐在只摆了素食的大桌子旁。充和喜欢祖母桌上飘来的强烈的味道，比起她自己的食物来，祖母的豆腐乳和面筋似乎更有吸引力。有时，祖母会分给她一些浸过豆腐乳汁的锅巴。识修在合肥家中有两间厨房，一间烹调一般菜肴，一间则专烧素菜。不单如此，连锅碗瓢盆和筷子都各自分开。每年一到两次，她会出外旅行，比如到苏州充和的家中、她上海的七妹家中或南京的师妹处，她总是带着自己的厨子和专用炊具，那厨子本人也吃素。

每天早上八点，识修开始处理当日的事务，充和则到二楼的大书房去上课。识修雇有两组下人，一组负责管理家务，一组则管理地产。家里的男仆包括两个看门人，两个厨子，一个挑水的，一个负责收集焚烧垃圾的，一个给客人上茶的，还有一个专门给充和磨墨，再加上识修雇来给账房、管家、老师打下手的若干人等。女仆中，除了何大姐、如意二姐、钟妈和一个给钟妈打下手的年轻保姆外，还有几个洗衣的、打扫的，以及一个裁缝。识修只穿棉布衣服。充和也是如此，不过她有几套丝、绒制的好衣裳，用于出席特殊场合。这个裁缝在张家已待了几十年了；按早先的流行标准，衣服讲究绲边、刺绣，给女眷做套衣服，裁缝和他的学徒们得花费一个来月，现在的活计就简单多了，他们说："现在做衣服就是把几片东西缝在一起，实在是小意思，一天就能做一套，跟做给死人穿的冥衣差不多。"

张家在城里的宅子，长、宽各占一条街，四周高墙环绕，即使街道上失火，火势也能被挡在墙外。里面三个院子一字排开，由两条长长的小径分隔开来。中间的院落是居家所在，共有五进，每一进都有自己的院子、正厅、起居室、独立的正门和侧门。对于整个宅子来说，头两进就像通往户外的门廊。仆人会将客人的轿子停放此处，在厢房中备好茶水，然后端上大厅伺候。留宿的男客可以下榻正厅旁边的两间厢房。剩下的三进院落住着张树声的三个儿子及其家人。充和的父母刚成家时住在第四进，就在识修所住的第三进之后，不过一九一二年他们搬走之后，这个院落就始终空着，里面只有狐狸和老鼠，据说还有祖先的亡灵。第五进也空着，张树声小儿子的后人也选择了在别处安家，他们的产业多在芜湖。只有当这两房的人回来时，第四、五进院落才会打开。平时这里冷清至极，仆人把这里当做储藏室，而充和则把这里当做冒险的乐园。

住宅右侧的院落有着多重功能。这里有两间厨房：大的一间主厨房在第一进住房的右边，烧素菜的厨房则靠着第三进识修的住所旁。厨房后面整齐地码着引火物、干草和煤炭。饭后，佣人们和他们的子女喜欢聚集在大厨房里，听人说故事或闲谈。有几个仆人曾跟随张树声去过南方。其中有个老男仆十三岁就到了张家。他见过长发披肩的太平军。他说，那时为了逃生，必须翻越城墙，藏身于尸体堆中。

仆人们都住在这宅子里，有些还带着家眷。他们并没有集中居住在一个区域，而是住在各自的工作区域附近。所以厨子住在厨房旁，裁缝和学徒们住得靠近女眷。何大姐和如意二姐住在第三进院落里，就在识修佛堂的对面。管用水和柴火的男仆住在住房区的后面。

住宅左边院落里的建筑物是各种宗庙：这里有张家最著名的先人张树声的祠堂；一座供奉孔圣人的藏书楼，孔子的香案和牌位设在一楼；此外还有正式的大佛堂。我们无从知晓这样的布局是经由先人设计，还是经年累月逐渐成形。但可以想象识修在这里会很有归属感，因为三间庙祠中供奉的都是她最仰慕的人。

充和记得最清楚的是张树声祠和藏书楼，她分别在这两个地方玩耍和读书。从街上走向张树声祠时，会经过庭院，两侧种着两棵玉兰树；接着是五级台阶，然后可以看到香案。香案左边列着一排张树声的营旗，右边停放着两具棺材。这是为宅子中的两位年迈的女性——充和的祖母和张树声的侧室预备的，后者年事已很高了。香案和牌位的右后方，有一道小门通向两层高的藏书楼。第一层既是教室又是老师的住所。前面几个房间是张家子弟受教之所，老师住后面房间里，一日三餐则在孔子的供桌前。真正藏书的地点是在二楼。楼前的庭院中有个椭圆的花台，种着梧桐、正在花期的苹果树和李子树，还有桂花、绣球花和兰草。

合肥的宅子只是张家地产的一小部分。据充和说，张家的地产如此之多，以至于他们从来不能以"亩"作单位衡量。这些地产遍布安徽省内合肥和芜湖附近的乡下，以及江南几个大城市中。取代"亩"这种计量方式的，是看每年在田地中播了几千担种子（一担约六十公斤）。他们也雇用了许多人帮助管理田产，充和至今仍能清楚地记得这些人的编组状况和各自的职责，因为祖母去世后，她也得雇用帮手来管理继承的田产。充和说祖母总是用同一个人做管家，他名叫刘杰平。刘杰平手下有两个朝奉负责估价，朝奉又靠自己手下的四名"跑乡"提供信息来完成工作。跑乡主要负责跑腿的工作，他们从一个乡村到另一个乡村，调查每个雇农的情况，包括田地的情况、土质好坏、天气条件以及可能对年成产生影响的各种状况。他们把调查结果上报，朝奉根据这些情况决定每年该向每户雇农收取多少租子，再上报给管家，由管家转呈地主，也就是充和的祖母。

作为大管家，刘杰平还有其他职责。他负责为识修起草大多数的商务信函。他一大早就穿上正式的长袍，来到识修那进院落的正厅。识修会告诉他信该怎么写，他听候吩咐时无需做任何笔记。当天稍后他就拟出草稿，交给识修过目并修改。大家对刘杰平所知甚少，他在张家宅子中有自己的住所和仆人。他还是个瘾君子。充和的祖母每天都要见他，然而她也不清楚刘杰平或其他下人做事是否诚实忠心，换言之，她并不清楚所收的租金是多或少。充和认为，由于祖母很少过问此事，很有可能某些朝奉或手下会借此机会两面搜刮，牟取私利。

看来识修并不在意手下是否揩油。她天性大方，讲究礼节，所以从来不和下人斤斤计较。再说，这也是张家的家风。她小叔子年轻时，曾对一位替张家采买物品的仆人说："婊子养的才不揩油呢。"

不过在别的方面，特别是充和的教育问题上，识修却非常谨慎。就像她的父亲为孩子教育所做的一样，识修为她的孙女四处寻访良师，一旦发现他们不称职会马上辞退。先生多是经人推介而来，识修不会事先与他们会面，也从不干涉他们的课程；事实上她几乎从来不面晤先生们，这也是民国前上层社会女性遵循的礼数之一。虽然没有直接接触和现场观察，通过充和的学习进度，识修就能判断出先生的授课能力。在两人都空闲的时间里，识修会考孙女背诵一段《孟子》的篇章，或从《史记》及《后汉书》中挑出一段故事要充和阐释其意义。她还会检查充和的窗课，从老师的评语和批改中她可以看出先生的表现如何。

事实上识修就是孙女的启蒙老师。充和刚刚学会说话，就开始学背诗了。不到六岁，她就能读写不少单字，能背诵《三字经》及《千字文》这两本蒙学书。从六岁到十六岁，她有过好几位先生，其中还有一位中过举。最优秀的老师是来自山东的考古学家朱谟钦先生，他在张家待了五年，从充和十一岁一直教到她年满十六离开合肥。

充和一天中的大部分时间都是和先生在书房度过的，从早上八点到下午五点，中间有一个小时的午餐时间。除了重要节庆日外，每十天仅有半天的休息时间。一年到头，这样的学习从不间断，一直持续了十年之久。究竟是学什么，需要这样长久的投入呢？主要是《汉书》、《左传》、《史记》等史书、唐诗宋词，还有四书：包括《论语》、《孟子》、《中庸》、《大学》。充和得先学会阅读时如何标点句读断句，因为所有的经典书籍都是没有句读的。先生会检查她点得是否正确，却很少告诉她所读字句的意思。解释书意是不需要的，因为"书读千遍，其意自见；点断句读，其意自明"。等年纪稍长，充和开始学习对对子和写作古诗文。

她读书的地方在藏书楼的一楼。楼上就是藏书之处，不过除了她之外，家里人鲜有涉足此处的。她常常偷跑到这里，在满是灰尘的家具和数以千计的书卷中玩耍，那些史籍、散文和诗集中有很多善本。充和记得那里还收藏了上百块用来印刷的笨重的木版。她想这些应该是她亲祖父张华奎的庋藏，而非养祖父收集的，因为前者最热衷于收藏。

张华奎奉命前往四川上任前，大部分时间待在北京。当时他的父亲张树声，不是驰骋于沙场就是在外省担任行政职务。树声需要华奎代他在京师打探各类消息，例如谁正得势，谁在失势，或朝廷对日本、法国发表了什么言论等，以免他在处理相关事务时判断错误。在京城替父亲打探消息时，华奎利用空暇时间收集了大量书籍、字画和古青铜器。四川以雕刻书版闻名，所以当他到彼处任职时，将姚鼐的《古文辞类纂》十五卷的雕版全部收齐，这成为他收藏中的极品。[9]一八九六年从四川返乡时，华奎雇了好几艘船来运载这些沉重的木版。那几天，扬子江上的旅人可以看到这壮观的一幕，船只载着沉甸甸的姚鼐的《古文辞类纂》的木版，伴着大批的水手和护卫，载沉载浮地向东航行。最终书版安全靠岸，不过它们的主人却在不久后就去世了。这些珍品便日复一日地沉睡于书房一隅，无人关注。后来，有个粗心的后人开始变卖它们，只要有买主上门，便拆零售出。

十七世纪的文人张岱曾撰文描述家中的三万余册藏书如何在一

夜之间化为乌有：

> 大父去世，余适往武林，父叔及诸弟、门客、匠指、臧
> 获、巢婢辈乱取之，三代遗书一日尽失。[10]

二十年后，张岱自己的数万卷藏书也在顷刻之间化为乌有，当
时明亡在即，张岱逃难在外，他家中的藏书被乱兵抢走，用作冬天
的燃料。张华奎的大部分藏书，包括《古文辞类纂》的木版在内，
遭受了类似的命运。有些书被后人卖掉牟取近利，有些则在战乱中散
佚。张家的珍藏，包括古董家具、青铜器、字画、陶瓷几乎都这样散
失了。充和说她儿时张家的家道已经开始中落：她的父辈没出什么大
人物，甚至连当官的都没有。不过她认为"瘦死的骆驼比马大"：[11]

> 家道虽然不比从前，但还很过得去，生活和旧时没有两
> 样；不过到后来，这样的状况也维持不下去了。这笔账当然可
> 以算到日本人和内战头上，但子孙不争气也是原因。

充和说明了自己这房是如何中落的。她过继后的两年，家族中
的第九房要求识修过继他们家里一个十一岁大的男孩。此举看似厚
道，像是要给识修和她的亡夫提供一个继承人，实际却别有动机。
九房的人想让他们家的人成为长房即张树声这一房中的一员，他们
知道识修一旦过世，这个男孩便能继承包括大批田产在内的遗产。
识修从来不想过继儿子，她已经有了充和做伴，但是和传统社会中
的大部分寡妇一样，最后她不得不屈服于夫家人加在她身上的压
力。所以，那个男孩正式成为她的继子，而充和是她的养孙女，按
照辈分，那个只比充和大九岁的男孩成了她的父亲。

　　从一开始，识修就认识到自己犯了个错误。别人硬塞给她的这个男孩对读书完全没有兴趣。他的生父给他请了个老师，与充和一样，他的大部分时间也在藏书楼度过，跟着老师学习经籍。但是他的心很野，天性懒惰。所以虽然随时处在老师监督之下，他还是没学到什么。到了快二十岁的那几年，他开始想方设法逃避老师和养母。同时，他还染上了赌博和逛妓院的恶习。他从未戒掉这些恶习，即使在成亲之后，他仍然保留了一所私宅，在那里寻欢作乐，并专门雇人在门口把风。

　　识修可能知道她的嗣子背地里干了些什么，但却无力改变自己的状况。她必须接受这一事实：这个男孩是她和丈夫的唯一继承人，遗产必须任他挥霍。她也明白她的嗣子绝对不会分给充和任何一点好处，虽然按照他和识修的关系来看，他与充和应算父女。所以她在遗嘱中特别指明，田产本来就是要留给她的女儿和其后代的，现在就改由充和继承，算是充和应得的遗产。这一举动用心良苦，族人似乎也没有怨言。直到今天，充和仍然保留着这些地产的契据。她说，不论这些契据是否还有实际意义，都给她一种希望，让她有独立自主的感觉。即使是在生活最困难的抗战期间，她仍旧怀抱梦想，计划着胜利后在自己的土地上过向往的那种生活。也许她的祖母对此早有预见，所以尽一切努力，要让充和在失去其庇护后仍能衣食无忧。

　　充和能回忆起很多类似的事情，祖母作为一家之主，总是能带领家人安然渡过难关，化解各种敌意与难堪。识修为人机警，而在这类事件中，她表现出来的慈悲和公正更为人称道。当她的继子成婚时，新娘居然是位庶出的小姐。通常这种情况下，两家人都会觉得尴尬，因为没人确定应该怎样礼遇为妾的亲家母。大部分人都会看不起姨太太，不论她们年长与否。而且姨太太几乎都出身贫寒，即使她们想充体面，也没有必需的经济能力。识修帮助新娘的母亲解决了所有问题。她说服了新郎的父亲（属于第九房）出资给新娘准备了体面的嫁妆。婚礼办得很是铺张，张家的亲友和仆人，从上到下都被事先告知，不能称呼新娘的母亲为"老姨太太"。

识修也帮助调解张家宗族女性成员中的矛盾。每当婆媳之间、妯娌之间或者各房之间发生冲突，她会耐心倾听她们的抱怨和不满。识修会努力为这些矛盾找出一条和解之道。在有些时候，例如媳妇受了婆婆的气时，她所能做的也就是安慰一下对方。她小叔家两个年轻的寡妇决心分家析产，识修充当了公证人，出面仲裁。充和回忆道：

那场面很是隆重。我和祖母来到芜湖，目的地约在从合肥到上海的半途上，张家在那儿有产业，那两位寡妇当时就住在那儿。当时我大概十一二岁。整个分家过程是在内佛堂里进行的。只有五人在场：祖母、两位寡妇、我保姆钟妈和我，没有男性。我不清楚田地和房子是怎么分配的，不过却清楚记得分配一箱箱金银珠宝的场面。动手分配的人是钟妈，像我祖母这样有身份的女人，可万万不能亲自动手。祖母在一旁监督着，看钟妈先分配好金条、银箔，然后用碗来分珠宝——给这位寡妇一碗，再给另一位一碗。整个过程看来十分轻松，左一份，右一份；左一碗，右一碗；有些珍珠散落在地上，滚到地板的裂缝里面去了。

我记得两位寡妇最关注的是一盒珠宝。有个账本专门记录盒里的东西，写了满满一本。我瞥了一眼，记得每页原有八栏，再细分为三十二格，一格一物。祖母草草翻阅过后，对两位寡妇说，既然她俩共有一子，理应将这盒珠宝留给这个兼祧两房的独子。祖母随后命令仆人把珠宝盒送回就在对街的中国银行。两位寡妇对此都无话可说。

这两个寡妇都是张树声第三个儿子张华斗的儿媳，充和解释了为什么她们两人会共有一个儿子：

> 她俩中居长的那位来自芜湖，出身富户魏家。很小就和张华斗的长子订了婚。结果未婚夫在婚前一年即早逝，当时她年仅十三。但是双方的家长都认为她已是孀妇，这意味着她必须遵循寡妇应该遵循的礼法，终生不得再嫁。这事荒谬至极，但是这还没完。等到她长到适婚年龄，她未婚夫的弟媳又生下了一个儿子，双方父母就安排她过门。于是在同一天内，她出嫁、收养孩子并成为寡妇。那天早上，她穿上嫁衣，抱着亡夫的灵位成亲。几个小时后，她换上一套衣服，正式过继她妯娌的儿子，这样她的亡夫才不至于绝后。这天将尽时，她又穿上麻衣，奉命在灵前举哀，就像刚刚失去爱夫的女人一样。

这位寡妇在家里始终是个孤苦无依的人。她的妯娌从来不让自己的儿子接近她。事实上，后来她的妯娌还按照先例，对自己儿子的婚姻进行干涉。在媳妇为张家生下两个儿子后，她竟逼着自己的儿子休妻；她甚至逼着亲戚和仆人说自己儿媳的坏话。一个保姆不愿意这么做，对她说："您是个寡妇，我也是个寡妇。您只有一个儿子，我也只有一个儿子。可是我做不出这样的事情。"

张家出了很多位寡妇，其中有主妇、侧室或仆人，他们都是贞节妇女。有人会说，她们是被迫做出这种选择，这是近代中国传统礼教的势力使然；妇女一直被训导，相信守节是妇道最重要的原则，女性一旦失节就会身败名裂，不但愧对自己，也会令子女亲人蒙羞。对此，男性当然难逃其咎，女性自己也有责任。但是从张家的历史可以看出，贞节和正直并不是一码事，在这些寡妇中也是什么样人都有。一个贞节的寡妇可能生性乖戾，即使女儿从未见过自己的未婚夫，也没有成婚，她也会强迫自己的女儿守寡。有的人则不择手段，一定要控制住自己的儿子。贞节本身并不是一种道德，她只是中国寡妇必须遵守的一种生活规范。有的人把这种守节生活看做一种考验，在漫长的煎熬之后，这种不合情理的考验可以分出谁是弱者，谁是强者，进而在强者中再分出和蔼可亲的和强硬不屈的，以及谁是真正的贞节之妇，谁只是虚有其表的人。这类考验原不限于寡妇，不过如果她有儿女，或者她像识修一样理解何谓"至游"的话，那么她不必像其他接受考验的人那样迈上孤单的旅程。

识修很少离开她的居室，但在家庭之外的世界，她同样是十分活跃的。她和娘家保持亲密关系，也受到夫家族人和合肥地方人士的尊敬。素昧平生的乞丐路过她家时，都会在门前拱手鞠躬。合肥地方上的人都知道她的名字，因为每逢荒年施赈、修桥补路、维修庙宇祠堂，她都会参与其中。在有名有姓的节妇或善人中，识修是比较特殊的一位。她积德行善，但从不张扬居功。她的悟性为何能超越自己经验的局限？为何她会关切众生的苦难？为何觉得慈悲为怀还不够？除了受到宗教信仰和家学的影响，应该还有别的原因：她天性淳厚，也许还有长年孀居的影响。儒家思想家荀子说："诚心守仁则形。"荀子还说，具备至德的人"嘿然而喻，未施而亲，不怒而威"。[12] 识修正是如此，不过尽管她诚心守仁，识修并非心如止水。她关心充和的身体健康，更担忧养子的懒散堕落。一九三○年，七十岁的识修去世，充和说其死因是溃疡出血。

祖母去世时，充和十六岁。此前几个星期，充和就注意到了祖母越来越虚弱。在弥留的日子里，祖母要她背诵司马迁《史记》中她最喜欢的篇章，聊以遣怀。祖母咽气时，充和就守在床边。在正式的葬礼举行之前，按照规矩不能哭，免得让全家人乱了分寸，不能全心准备丧事。所以充和默默看着仆人为祖母净身、穿上佛教徒的殓衣，然后被放入棺材。接着盖上棺盖，钉上钉子。就在这时，充和昏倒了。接着她大病一场，不过在正式举丧时，她的病已经痊愈。

识修死后，在家祠中停灵四十九天，全家居丧，中国习俗称为"做七"。家人请来七位僧人做法事，每七天放一次焰口，安抚那些饿鬼。他们诵经拜忏、焚表祈福、大烧纸钱，好让亡灵在黄泉路上平安无虞。做这些法事时，在七个僧人中会加入一、三或五个七人组，这些是来自亲友的馈赠。

仪式中最繁细也最重要的部分出现在出殡前的三天，在张树声的祠堂里举行。这三天，从早到晚都有亲友前来吊唁。一有人到，门口的吹鼓手就会吹奏哀乐，宣告吊客临门，也通知孝妇中为首的一位应该开始哭丧了。这位孝妇是家里的媳妇，在丧事期间，她就坐在灵堂后面的房间里。由于持续哭丧会伤元气，所以有时家人会雇用一名强壮的农妇来作帮手。男客来吊唁时，就由这名农妇来哭，孝妇可以稍稍休息，等女客来了再哭。

这种制度设计相当合理：因为男客是不能进入内室去安慰孝妇的，所以谁在后面哭泣并不重要，重要的是哭声能让气氛更加凝重悲哀。也许正因如此，张家会雇用一个有过伤心往事的女人哭丧，希望她能自然而然地悲从中来。张家很慷慨地支付她一枚银元。充和的亲生祖母过世时，她的母亲正在孕期，所以哭丧的工作大半由雇来的人完成。这个人声音洪亮，食量很大，可能平时难得吃饱饭。张家供应她大量的肉食、蔬菜和米饭，好让她补充能量。充和当时很小，她记得自己着迷地看着这个女人，哭了又吃，吃了又哭，有时还边吃边哭。

到了养祖母的葬礼上，情况就不一样了。充和的头发被剪短，穿上男孩的孝服，看上去像是识修的孙子，因为识修自己的孙子（嗣子所生）此时刚刚五岁，还不能参加葬礼。充和记得送葬的队伍很长，在前往肥西县张家祖坟的路上，故旧及受过识修恩惠的人都在路边设立香案祭祀。整个送葬的队伍移动缓慢，在每个香案前都会停下来谢祭。花了几个小时，识修的灵柩才出了合肥。充和抱着祖母的牌位坐在轿子里，虽然她不过是暂时充当孝孙，但是在死者的心里，她才是自己真正的后人。

注　释

[1]　见《列子·仲尼篇》。

[2]　关于李蕴章：参见周海平《李鸿章家世简表》，书中有李蕴章元配、继配与其子女的资料（《合肥文史资料》，第94—95页）。又见《李鸿章家书》，第35、43、58页。

[3]　《李鸿章家书》，第60页。

[4]　同上书，第41—42页。

[5]　见孔子：《论语·子罕第九·第四章》。

[6]　二十世纪二十年代，城市中的中等学校教师年薪约为四百五十银元。

[7]　李鸿章关于佛教的看法：《李鸿章家书》第288页。

[8]　李清照的婚姻生活：李清照（1084—约1151），她是中国历史上杰出的词人。她为丈夫所纂的《金石录》作了篇《后序》，其中描写了他们幸福的婚姻生活。参见 Stephen Owen 出色的译本 An Anthology of Chinses Literature，第591—596页。

[9] 该书所收录的是两千多年来的古文、辞赋中精品之作，这是十九世纪一部家喻户晓的文章选集，故而张华奎视其为珍藏。另一个原因在于姚鼐（1732—1815）也是安徽人，他出生于合肥南边的桐城，离合肥约一百公里。

[10] 张岱：《陶庵梦忆·三世藏书》，第31—32页。

[11] 充和引用了《红楼梦》中刘姥姥的话。刘姥姥是曹雪芹在十八世纪创作的长篇小说《红楼梦》中的喜剧人物，她是个乡巴佬，担任小丑一样的角色，但对富豪之家的生活观察细致锐利。

[12] 荀子：《荀子》第三章，见《荀子集释》，第47页。

第六章　母亲

充和八个月大的时候离家，十六岁时才回家，并住了下来，此时她母亲去世已经九年了。充和只能模糊记得她母亲去世的消息传到养祖母家中时的情形："从苏州来了封电报。读完后，祖母默坐了一会。然后她注意到我穿了一件印花衫子，就让保姆帮我把衣服翻过来穿，让素色的里子露在外面。"

充和最后一次见到自己的母亲是一九二〇年春，当时她六岁。她每年会回父母家小住，这次临走时，母亲到苏州火车站给她送行。火车快开时，她叫充和的保姆把她举高点儿，好让她从窗口再看她一眼。充和的二姐允和这样写到那一年："一九二〇年，是我一生中最美好的一年，在我记忆中是一个又甜又嫩的童年。那年我十一岁，我们有姐妹兄弟九人，父母双全。……前面四个都是女孩，后面五个都是男孩，最大的十三岁，最小的一岁。孩子们都在双亲的爱护下、教导下，健康地成长。"[1] 次年，他们的母亲去世了。对陆英的孩子来说，这意味着黄金时代的终结。她们认为这段美好时光是从三年前，母亲在苏州寿宁弄找到房子，并租下它定居于此时开始的。

想搬到苏州的是陆英。她和武龄在上海住了五年，又生了四个孩子。在那期间，他们家被盗了两次，搬了三次家。陆英认为住在苏州会更安全，并且在那里她能为自己不断扩大的家庭找到一所更宽敞的、带大花园的房子。武龄同意了这一建议。陆英比丈夫更加能干积极，所以担负起找房子的任务。她当时刚刚生产完，而且又怀了孕，不过这些都不能阻止她。她带着两个仆人来到苏州，在那里的几天时间里，陆英就坐着轿子四处看房子。

陆英找到的房子有很多优点：每个孩子和其保姆都能拥有自己的房间，有足够大的空间供给客人、仆人和储藏用。它最吸引人的地方是花园，这里有精致的亭阁和小池塘，两棵玉兰树，一白一紫，这一切令陆英着迷。她也很高兴夫妇两人可以各自拥有一间书房，陆英的书房较小，她的清晨时光多半在这里度过，练练书法，算算账。她的书房墙上挂了块横匾，上面刻着四个大字，女儿们现在只记得其中两个是"兰"和"室"。书桌前是一排玻璃窗，窗外是一座假山和两棵芭蕉。小院对面便是她丈夫的书房，里面有一排落地玻璃窗，一扇小门通往这个小院。夫妻俩可以遥遥相望，有时候武龄会穿过院子来找陆英，两人隔着窗户交谈。[2]

武龄很少流露情感，不过孩子们都知道父亲深爱着母亲。陆英去世后武龄再娶，婚后他显得更加焦躁，并且和后妻相处时也少了几分自信，这些迹象验证了孩子们的想法。他们的后母个性很强，喜欢别人顺着她。他们的生母个性也很强，不过武龄在她面前不会显得局促，也从来没有与之相比矮了半截的感觉。

子女们都无法精确描述陆英的外表，例如她的手有多大，耳朵是何形状，手臂柔软还是瘦硬。他们相信很早以前陆英就放了足，大概是在她还没出嫁或刚刚成婚后，因为她走路脚步稳健，从不摇晃。陆英喜欢素净的颜色，春夏穿浅色，秋冬穿深色，避免穿不吉利的黑色。在家里她穿裤装，出外时在裤子外面系上裙子，再穿上丝袄或棉袄。她的衣服全是上海女裁缝做的，所以都是上海款式：衣领时高时低，一会儿用印花布，一会儿用花格布。子女只有一张她的照片，是在一家照相馆拍的；照片中她站在搭出的海景前，远处隐现峭壁，惊涛拍岸。这张照片被子女们多次翻拍，不过陆英的容貌依然相当清晰：柳叶弯眉，眼睛聪亮，目光微微偏离镜头，下巴坚挺，嘴形偏宽，下唇丰满。她穿着爱德华时代的衣服，落后于欧洲时尚风气十年。子女们说这是唯一一次看母亲穿西式服装。陆英大概是在照相馆中租了这套服装来拍照。她左手挎着个晚用提包，右手微拎长裙，露出一点点鞋尖。她的帽子后来常常成为家人讨论的对象，因为它很大，又很精巧，宽宽的帽檐上堆饰着高高的鲜花。（多年以后，一个从未见过陆英的小孙子问他的父亲，陆英是否卖过蒸米糕。他说陆英的帽子看起来很像重庆街上卖米糕的小贩所戴的。）

　　陆英非常通情达理，或许因为这个她相信狐仙。中国传统社会中的很多女性都相信狐仙的存在，她们不觉得这是无知，也不认为这会跟她们的宗教信仰抵触。识修的佛堂里就供奉着狐仙的香案。陆英家里也有一个，她每个月给狐仙上供两次：鸡蛋、糕饼和蜜钱。陆英娘家的一位伯母，说自己楼上的储藏室里住着几位狐仙，陆英从她那里得知，如果不去打扰狐仙，狐仙就会保护这个家。据说这个狐仙家庭中的一个媳妇承担了人类世界和狐仙世界的沟通任务，如果有人冒犯了狐仙，她就会化身妇人，出现在陆英伯母的房中，要她转告其余家人对狐仙保持尊敬。某年除夕，这位伯母刚刚生产，狐女为新生儿带来了贺礼，包括糕饼、蜜钱、枣子和礼金。伯母收下了甜点，退回了礼金，因为那些钱肯定是狐仙从别家偷来的。狐仙这次来访，坐在伯母的床边，两个人像老朋友似的聊了半天。

除了这类奇闻，陆英很少跟孩子们说起娘家的事。孩子们还记得去过母亲在扬州的娘家，他们在母亲儿时的住所前站成一排，照了张相。这张照片至今犹存。可是他们都没有见过外祖父母，因为他们去扬州前，二老就已经过世了。外祖父做过些什么，他是如何积攒起财富的，对这些问题孩子们各执一词。有些说外祖父是个商人，有些说他是盐运司的官员。如果子女成长时，父母还健在的话，陆英回娘家的次数应该更频繁些，那样我们可能对他们会有更多了解。允和记得一首合肥民歌，歌曲描述了传统中国社会中已出嫁的子女和娘家之间的微妙关系：

> 大月亮，小月亮，
> 接姑娘，趁天凉。
> 哥哥看见妹妹来，打把红伞接进来；
> 妈妈看见姑娘来，眼泪双双流下来；
> 嫂嫂看见姑娘来，躲在房里不出来；
> "嫂嫂嫂嫂你出来，不吃你饭，不喝你酒，
> 叫声小妹我就走。"
> 嫂嫂送到大门口，
> 拉起罗裙拜三拜；
> 妈妈送到祖坟边，
> 拉起罗裙擦眼泪；
> 哥哥送到柳树塘，
> 问声小妹几时回。
> "有爹有娘常回来，
> 无爹无娘永不来

除非铁树把花开。"[3]

　　我们知道陆英和兄弟们感情很深。如果张家要她处理一些关系到族人利益的微妙事务，她总是会征询兄弟的意见。陆英知道处理稍有不妥，就会引起族人不满，而且很难弥补。当张树声的后人决定分家时，他的三个儿子的遗孀都委托陆英来担任分配财产的工作。她当时刚刚三十，而且身份只是儿媳妇，实在够难为的。

　　张家的家产包括成千上万亩田地及许多商铺，加上字画、古董、书籍和金银珠宝。分家要让众人都满意实在是难事一桩。单单是划分田产就够让人为难的，仲裁者必须考虑到土地的面积，并兼顾到土地坐落的地点、土壤的良莠等因素。陆英和她的哥哥一起解决技术性的问题，不过从她所坚持的一些原则，就可以看出她秉持公心。她考虑到自己的丈夫过继给了长房，而第二房也没有直系后裔，所以财产中的精华部分应该由最小的一房，张树声唯一的嫡系子孙继承。她的公正无私赢得了三位年长寡妇的一致赞赏。

　　当时，陆英还面临着另一个难题。这些寡妇都希望分得大笔现金，以便支付她们自立门户所需的费用。张家在银行里没有那么些存款；家族资产的大部分都是田地或在城里的房产，要把它们折换成现金既费时间，也非易事。最后，陆英决定将张家保存在银行保险柜里的金锭换成现钱。当时正值世界大战，金子的行情很难预料。幸运的是陆英兑换现金时，黄金的市价很高。不过这仍是一场赌博。她的这一举动并没有事先征得婆婆的同意。事实上，家人大多不明白她怎么能在短期内筹到如此多的现金。几个月后，金价暴跌，陆英将卖出去的大部分黄金再买了回来。她和兆和的保姆朱干干，悄悄将金锭放回银行。陆英的女儿们，后来从朱干干那里得知此事，很是佩服母亲的决断和冒险精神。同时她们也认为母亲得到了幸运之神的眷顾。

陆英信任家中所有的保姆。她需要依靠这些女人的帮助，才能照顾好孩子，并对他们严加管教。同时她的保姆还有一些特殊才干，能帮她处理一些棘手的工作。她对每一个保姆都很了解，深知其中每个人的长处与才能，并能用得其所。例如朱干干，她是个严肃认真的人，对孩子很严格，并坚守自己的原则；她能守口如瓶。所以陆英让她每天早上为自己收拾房间，帮自己梳妆打扮。虽然这些工作看上去并不重要，不过它能保证朱干干每天早上能和女主人独处至少一个小时。陆英经常对她透露一些心事。

允和的保姆窦干干是另一种人，她很忠心，也很偏心。她还是个烹饪高手。陆英让她掌管自己的早饭，通常这顿饭陆英会和丈夫单独开伙；同时窦干干也负责照顾月子中的陆英。陆英几乎每年都会生育，窦干干还真是个不可或缺的人物。允和说窦干干的厨艺出神入化："她炖的鸡汤鲜美至极，还有砂锅鸡和鱼、板鸭和腌鸡杂都十分美味。"陆英自己并没有遵循"（新娘子）三日入厨下，（为婆婆）洗手做羹汤"的习俗，但她很会做点心和合肥菜：像软面饼、脆米糕、韭菜盒子和芥菜圆子。窦干干从她那里学会这些菜，也会在陆英一人进餐时，给她做几道拿手好菜。[4]

还有高干干，她天生就极聪明。虽然从来没有学过算术，她却能解决各种数学问题。陆英有时把地方报纸上的问题读给她听，比如鸡兔同笼的问题（知道了笼子里的鸡兔共有几个头，几条腿，问鸡、兔各有几只？），她总是能第一个给出答案。她有自己的办法，把问题概念化并很快得出答案，让陆英的孩子们惊叹不已。高干干的记忆力也很惊人，这对陆英非常有用，因为她要负责记住亲友们的生日和重大节庆日，好送去贺礼。[5]

在上层社会，送礼可是一门精妙的技艺。不单要遵守很多规矩礼节，送出去的东西还要能反映出馈赠者的品味及她对受礼者的年龄、地位和性情的了解，这样才能让受礼者开心。例如送给长辈的礼物，通常包括一盘寓意长生不老的寿桃、一碗长寿面、一串爆竹、一包上好的烟丝、一坛米酒、两听上等的茶叶和一大块火腿。这些都还好说，除此之外，送礼者还要配上两件专门给受礼人使用的物品，这就要求格外用心和深悉世事。[6] 陆英两者都不缺少，但她也要靠高干干的记性，才不会产生遗漏或是连续两次送同样的礼物。高干干不识字，但是即使不做任何笔记，她也从不会将亲戚弄混，她自己心里有本名册，一旦登录在册，就再不会忘记。反正，她从没出过差错。

所有的保姆都对陆英戮力效忠。她们说这是为了报答陆英对她们的恩情。当保姆的亲戚上门时，陆英总是表示欢迎；如果女仆需要，她就让她们把自己的孩子带在身边。有一阵子，朱干干、窦干干和陈干干都带着自己的一个儿子或孙子住在张家。高干干的女儿和另一名女仆的女儿菊枝也是和陆英的女儿们一起长大的。

去世前三年，陆英开始教所有的保姆识字。不知道这是为了报答她们对自己和孩子们的贡献，还是另有深意。总之，到了第二年，她动员了女儿们来帮忙，展开了一场家庭扫盲运动。允和写道：

> 最聪明而又用功的是三妹的保姆朱干干。她每天早上为妈妈梳头、篦头的时候，要念十个到二十个方块字。我的保姆窦干干是我的学生，成绩最差。人家问她认识多少字，她说："西瓜大的字，我认识一大担。"我这位小先生很丢面子。[7]

女儿们未满五岁时，由陆英教她们读书。允和依稀记得母亲要给她开蒙时，她怎么都不肯学。某天上课时，她试图溜出去，结果被妈妈打了屁股。她又羞又难过，自己哭着睡着了。那晚她尿了床。第二天早上，她就乖乖读书了。她说几周时间，她就赶上了妹妹的进度。家里的人都说，她尿床之后就开窍了。

除了这次外，陆英夫妇从不体罚女儿。孩子犯了错时，他们会叫她一个人待在后面的小房间里思过，直到她认识错误并愿意道歉为止。多年以后，孩子们想起此事，都觉得这种方法不起什么作用。首先，这法子从来没在老大元和身上用过，她是祖母的宠儿，所以祖母在世时可以逃避任何一种惩罚。兆和年纪太小，不能让她一个人待在黑房间里受罚。至于允和，她根本就不服任何管教，就算犯错后长时间在黑房间里罚站，她也不会滋生悔意，更别提道歉了。而且她的保姆窦干干，会在陆英面前下跪，哭叫着请求太太把她的小允和放出来。允和说："我惹上麻烦的时候，窦干干最伤心，不把我救出来绝不甘休，我觉得这种时候，她简直比失去丈夫时还难过。"

张家还住在上海时，不允许家里的女儿跨出院墙。孩子们在院子中玩耍时，厚重的大门总是紧锁着，看门人就在几步之外监守。这是武龄母亲的意思，这种不让女性出门的规矩少说已经存在一千年了。只要是士绅人家的女眷，女孩也好，妇人也罢，毕生几乎都在家中度过。二十世纪初期，这种风气开始发生变化。武龄提议把女儿送入新式小学读书，他指出女孩们的堂姐妹中，有好几个已经入了上海的学校。但他的母亲无动于衷，她说："你怎么能让孩子受那种罪！在学校她们只有冷饭冷菜吃，这会搞垮她们的身体。"武龄不再跟母亲争辩，陆英也支持婆婆的主张。夫妻俩这么做并不是因为被说服了，而是不想让老人家不高兴。不过祖母过世后，孩子们还是待在家里跟请来的老师读书。这是陆英的坚持，虽然婆婆已经过世，她也不愿意违背老人家的意愿。

张家姐妹的亲祖母与充和的养祖母很不一样。祖母没受过什么教育，虽然她也信佛，但不像弟妹识修那样能看佛经，她只会念佛。元和说："叔祖母有学问有教养，她的世界很广阔，她的关注远远超出了自己的院门。但祖母被束缚在家里，家庭就是她的整个世界。"不过在至爱亲朋眼中，这位老太太是个和蔼可亲的人——和善、虔诚并且充满慈爱。家人从不干涉她的处事方式；也从来不去问她这么做有没有意义、或有什么好处。她是祖母，是年高德劭的一家之长。她做事只求对得起佛祖和祖先，不用顾及其他，她的家人也认同这一点。她有什么要求都能得到依从，因为她所求甚少，又都是出于善意。

祖母很喜欢她的媳妇。每次陆英分娩时，她就会忙得不可开交，在蒲团上向四方神灵磕头祈祷，直到孩子顺利生产。这是一种情感的流露，同时，这也是她所知道的唯一方法，通过祈求佛祖和所有善神保佑母子平安。她有一条腿脚不便，使得她跪拜起来相当吃力，所以每每孩子降生，她也累得精疲力竭。

陆英对婆婆的情感也很深。不过，这并不表示她会像传统社会中标准的贤惠媳妇那样，随时陪伴在婆婆身边。陆英喜欢看京剧，住在上海时，每逢有名角的演出，比如梅兰芳或尚小云，她会悄悄溜出去，到戏院事先定好的包厢里好好欣赏一番。朱干干常常抱着还是婴儿的兆和陪她前往。这时如果婆婆问起陆英在哪里，家人会回答她在楼下洗脚。后来这个借口渐渐成了一种不言自明的委婉说法。每个人都知道陆英"洗脚"意味着什么。老人家从来没有试图去调查清楚事情真相。她上下楼很不方便，即使她腿脚利索，她也不会去寻根问底。

婆婆七十岁时，陆英安排了隆重的寿筵。几个月前，她就派了人去江西景德镇——中国数百年来产瓷器最好的地方，在那里买了好几百套长寿碗、盘、匙。这是给宾客在散席后带回家去的，安徽有这种名叫"讨寿"的风俗。陆英还雇了好些能干女子来负责结红绸花和彩球。元和还记得，她和姐妹们饶有趣味地看这些女人工作。寿筵当天，每扇门上都装饰着花和彩带，还请了"小堂名"来表演，里面的演员全是十二岁以下的男孩。他们能歌善舞，还会吹笛、吹唢呐、打鼓。他们的老师通常是来自苏州的戏子，早已退出舞台，以教戏谋生。虽然他们收入微薄，教学却非常认真，盼望着哪天有个孩子能正式登上京剧舞台。在寿筵上，这些男孩唱了南方戏曲昆曲中的几个唱段。

次年，张家族人又在武龄家聚会，这次是来给他母亲吊丧。白色绸花取代了红色绸花，家人披麻戴孝，换下绫罗绸缎。气氛庄严肃穆，但是没人过分悲痛，因为老太太已经活到七十一岁，在后人眼中这可以算是"喜丧"。死者穿着她几十年前就已备好的寿衣。（某年除夕，她曾经穿着寿衣睡觉，正式宣告这套寿衣属于她。）棺材也是买寿衣时就买好了的，材质是最贵的黄楠木。家人把它存放在上海的殡仪馆里，每年那里的管事会雇工人给它上一道新漆。主人去世后，棺材被上了最后一道漆，然后被运抵张家，预备殡葬时用。

元和说，在父亲这一支还没有分家时，三房中的婚丧喜庆都由母亲打点："这都是日常工作之外的事，而且别忘了，她几乎总是怀着个孩子。"就在祖母的葬礼前，三房刚刚办完丧事，死者是元和姐妹一个年轻的堂姑。办完她的丧事不久，陆英又得开始打点武龄庶出的妹妹的婚事。

武龄的庶妹是他父亲和小妾所生。不过在这家里，从来没有人把她当成庶出的。她是个活泼自信的女子，很受武龄孩子的欢迎。当她到了适婚年龄，陆英和武龄为了她的终身大事思虑良久。他们希望她婚姻如意，对方最好是好人家出身的读书人。最后，他们为她选定了一门大多数庶出女儿梦寐以求的婚事：新郎是张家的远亲，品行端正，而且还是上海圣约翰大学的毕业生。

陆英也希望小姑出嫁办得风风光光，因此花了几年时间为她筹办嫁妆：一副银台面，包括了十二只一套的碗盘、酒杯和大小汤匙，十二双筷子；此外还有绣衣、珠宝、绣鞋和床上用品；大小皮箱、红木床和红木家具，加上两个红漆子孙桶。婚礼前几个星期，家里的仆人们就忙着把枣子、桂圆、花生成双成对地包起来，先用金纸，再用红绿彩纸。嫁妆被分类放好，每一组上面都盖上了仆人织成的大红棉绳网罩。婚礼当天，新娘拜别祖先和母亲，然后由兄长背上马车——那时已用马车取代了轿子。此时按照习俗新娘应放声大哭，但是武龄的妹妹一滴泪都没有。她说，怕哭起来泪水弄花了脸上的妆。乐队用洋号吹起当时的一首流行歌曲，新娘进马车时还跟着哼唱起来。[8]

陆英在一九二一年农历九月去世。女儿们相信是繁重的家务把母亲拖累死的。但是对于陆英这样的女人来说，工作和责任无疑也带给她很多乐趣，因为她能把这些家务化为一种艺术。真正导致其死亡的病因是牙疮，她从苏州坐火车到上海拔了牙。当她回家后，发现感染趋于恶化，毒素侵入了血液。当时她还怀着九个月的身孕，即将生下第十个孩子。允和记得曾看见母亲坐在花园的小池旁哭泣，父亲在一旁安慰她。家里请来一位西医，他提议终止妊娠。陆英别无选择，只好引产。她生下了一个女婴。允和说：

> 这女婴是我们的幺妹，但她落地后，大家都忽视了她。保姆们对她有气，认为是她害了母亲。兆和那时还小，所以由大姐、我和我们的同伴——高干干的女儿来照顾小妹。我们设法喂她，她不肯吃。过了一会儿，她嘴里喷出血来。我们跟保姆

说，她们就把她抱走，扔在垃圾堆上，那时她根本还没断气呢。我们仨急疯了，哭叫着："小妹！小妹！"她一息尚存，就被她们扔了。我娘的幺女只活了四五天，但我心里永远有她这么个人——她是我妹妹呀。

几天后，陆英随着她的幺女而去。她死前，从私房钱中分给九个孩子的保姆每人两百块大洋。她要求把她剩下的嫁妆都送回扬州娘家，分给娘家亲人。她没有给自己的孩子留下任何财物。她深信自己的嫁妆不属于张家，即使是她的孩子也无权拥有。而且，她觉得孩子还太小，也不知道怎么花钱；留给他们遗产只会让他们依靠家庭，无法独立。陆英的安排煞费苦心。她给孩子们保姆的钱是对她们尽心抚育孩子的报答，她也借此来让自己安心，确信孩子在她死后仍能得到保护，不至于要靠人施舍，或是听凭命运摆布。陆英知道自己不在了，这些保姆也会保护孩子们，为他们争取利益。

陆英临终时，孩子们环绕四围，哭成一片，整个房间陷入混乱。她的丈夫坐在角落里，她哥哥就在一旁。允和后来写道：

> 我们兄弟姊妹都跪在她的床两边。我就跪在她的枕右边。大大瘦得很，还是很秀丽。记得姨祖母谈到大大作新娘的时候："那双凤眼一抬，闪闪发光，使每一个宾客大吃一惊。"可是现在，那双凤眼紧闭了，再也不能睁开眼睛看她的孩子们了。我看见她眼中泪珠滚滚，滚到鬓边，耳边。我停止了哭声，仔细瞅着她。大大是听见我们的哭声、呼叫声。她没有死，她还活着。她哭，她知道她快离开人间。我想，我们不能哭，不能使她伤心。我嚷着："不要哭，大大还活着，大大在哭。"可是屋子里人们的哭声、叫声更响了。我被人猛拎了起来，推推搡搡，推到了爸爸

身上，我一把抱住了爸爸。爸爸浑身在颤抖，眼睛直瞪瞪的。[9]

突然间，房间里静了下来，没人出声。陆英咽下最后一口气，但她的面容仍然像有意识。有人点燃香，传给众人。陆英的孩子们双手合十，低声诵念"南无阿弥陀佛"——意思是"我诚心皈依我佛"。希望母亲能够前往西方极乐世界，在那里阿弥陀佛为信徒设置了最后一站，从那里他们可以脱离苦海。陆英不是佛教徒，家人这样祈祷只是为了求得心安。那晚，允和在最小的五弟的摇篮中蜷缩着睡着了。

元和记得，母亲洗身、穿上寿衣、入殓，她和姐妹们靠着棺木哭泣。她们叫着母亲的名字，求她回到人世。她们的父亲坐在一旁，无力安慰她们。他的眼睛无法离开陆英，当晚他怎么都不让仆人盖上棺盖。

母亲的遗体在家里停放了四十九天。僧人们放了焰口、做完七七法事后，遗体被送回安徽安葬。陆英或许宁愿留在苏州。在这里她拥有自己的天地，这是她一手打造出的，这地方的精神永远陪伴着她。十七世纪的小说戏曲作家李渔在《卖山券》中阐述了这种观念。他说名山都有自己的主人——他们曾在那里居住，用自己的个性和创意打造了那个地方，赋予那个地方精神和特质。李渔自己曾被迫卖掉了其在伊山上的心爱家居，然后写了此文，对那个买了伊山的人说："买是山木石肢体之铜镭，则既受之于子矣，若夫贸精灵，易姓名之价值，尚有俟焉。"李渔建议道：

> 子欲鼎革无难，其急登高而作赋，绕匝而寻诗，务使离奇瑰玮出余上，寿诸梨枣，胫翼人间，俾见者曰："伊山不属李子矣，授得其人矣。"[10]

陆英在寿宁弄的家早就被拆了。园子里的玉兰和芭蕉也早已失去踪影。策划"鼎革"的人在她花园的原址上盖满了公寓和铺面。但她的女儿们仍然能在回忆中量度那块土地，设置出入门口，重现那里的氛围。

注 释

[1] 张允和：《王觉悟闹学》初稿。该文后收入《最后的闺秀》第33—35页。

[2] 陆英在苏州的家：《王觉悟闹学》初稿。该文后收入《最后的闺秀》。

[3] 见允和的日记，1984年10月22日。

[4] 合肥美食：见元和文，《水》第九期（1998年12月），第1页。

[5] 关于高干干：见兆和文，《水》第六期（1997年11月），第7页。

[6] 送礼的规矩：元和文，《水》第九期（1998年12月），第1—2页。

[7] 张允和：《最后的闺秀》，第34页。

[8] 武龄庶妹的婚礼：来自对元和的采访。她在关于母亲的散文中也提到相关内容，但与采访时所说稍有出入。参见《水》第十四期（2000年8月），第13—14页。

[9] 关于小妹妹的出生和母亲逝世：来自和允和的谈话。允和在《最后的闺秀》中也描写了母亲之死，第17—18页。

[10] 李渔：《笠翁一家言》，《李渔全集》2：64a—66a。

第七章　父亲

　　妻子陆英在世时，武龄的日子过得十分悠闲。保姆们负责照看孩子饮食起居，犯了点儿小错也由她们管教。先生们负责给孩子良好的教育。他的妻子管理其他事情。他不太关心这些杂事。

　　武龄大部分时间都花在读书上。他什么书都读，对各种读物都如饥似渴：包括诗歌、散文、随笔、小说、传记、历史、儒经、戏曲、剧本、文学评论、翻译作品和新闻报纸。他热爱古典作品，也喜欢白话文学。他在苏州的房子里塞满了书，允和说"它们无所不在，他在书架上把书分门别类地排列，堆满了桌椅，甚至堆到了地板上"。

　　武龄在两家大书店买书都可以挂账。他每周至少逛一次书店，书店老板和他很熟，只要一有他可能感兴趣的书到店，他们会直接把书送上门去。每次武龄去上海，他在当地书店中买来的书会把旅馆房间的衣柜都塞得满满的。他读各类书，甚至那些由激进人士创办的小出版社限量发行的书，例如创造社、狂飙社的出版物，他都会买回家。有人会说武龄可能只是对藏书感兴趣，但是知己好友肯定地说，他每本书都认真读过。武龄还订阅了超过二十种的不同报纸，日报、周报、晨报和晚报、小型地方报纸和发行广泛的大报，应有尽有。每天他都一一翻阅所有这些报纸——《申报》、《新闻报》、《晶报》、《时报》、《中华新报》、《苏州明报》、《吴县日报》，了解地方新闻和国家大事。[1]有位朋友说，这一习惯，延长了他坐马桶的时间。

　　和当时大部分中国知识分子一样，武龄对国家大事非常关注，也忧心国家的未来。在民国建立的头十年中，政府缺乏实力，也不够清正廉明，所以根本无法阻止军阀内战和外强侵略。一直到十九世纪二十年代，国内的分裂倾向从未停止，这时日本已经不太掩饰它对中国的野心。一九二四年秋，两派军阀为了争夺对中国南方的控制权，在苏州附近开战，武龄全家不得不到上海避难几个星期。虽然国家动荡不安，前途堪忧，当时的读书人却意气风发，对自己的作为充满信心。他们相信知识、探索的力量。一九一九年在"凡尔赛和约"上，西方人背信弃义，中国国内反应强烈，这一事件恰恰反映出中国读书人的吊诡心态。

　　一九一八年，德国战败投降，中国在这次战争中是法国和英国的盟友，自然也就期望着能够收回"庚子事变"后德国在山东取得的特权。但是这一愿望很快落空，中国代表获悉法国、英国、意大利和美国将这些特权转让给了日本，因为日本宣称中国前总理在一九一八年十月辞职前，已签约将德国在山东的特权转给他们，用来抵偿日本提供给他的秘密贷款。凡尔赛和约事件在北京及中国各大城市都激发了抗议运动，其高潮为一九一九年五月四日爆发的五四运动。在热血青年的眼中，这次运动象征着国人的觉醒。他们对出卖了中国的那些国家感到愤恨，对自己国家的政府十分失望，然而，他们觉得时机已到，可以除旧布新，用一种新的思路来考虑中国的问题。五四运动的精神深深打动了武龄。

其实，在五四运动之前，武龄已经在考虑一个问题：祖父靠战场上的赫赫军功为张家积累了大笔财富，该怎么来运用它？他和先人一样，都想用这笔钱报效国家，解除国家的燃眉之急。不过张武龄不是张树声，他对自己的人生和成就并没有过多的空想，他也不是军人。他的祖父，虽然自己军功赫赫，但是却刻意引导下一代人弃武从文，鼓励他们参加科举考试，步入宦途。武龄出生时，张家的这房人身上已经没有什么军人的本性了。

武龄不入军界的另一个原因是，到了二十世纪早期，军人这一职业已发生了戏剧性的变化，尤其是那些主管军政的人。从十九世纪六十年代太平天国叛乱末期起，训练并维持一支军队的费用就开始猛涨。现在更是百物腾贵：枪支和大炮、西方制造的现代武器、军饷和军装、士兵及装备的运输费用等。不过打一场败仗的损失更加惊人。所以新兴的一批将领和国家元首不顾原则，唯利是图，完全不考虑长远的利益。像国务总理段祺瑞（他也是个合肥人），居然拿中国的自主权作抵押，来清偿自己的军事债务。不管在十九世纪末期时清政府多么软弱无能，至少表面看来朝廷还是国家中心，官员也能以它为效忠对象。在二十世纪的第二到第三个十年，这种虚幻之象都已难以维持下去。

张武龄不想进入军队，也无意仕途。他的父亲当过官，但是父亲过世时他才八岁，所以几乎没受什么影响。武龄是独子，也就没有兄长来引导他进入政府部门。而且，就武龄自己的性格和身体状况看，要想在那政局动荡不安的时代担任政府官职，恐怕也没有飞黄腾达的机会。他的朋友说武龄是个内向的人，从小重听，又近视。他生于富贵之家，生活安逸，婚姻美满，过着平和的家庭生活。[2]

武龄刚刚搬到上海时，曾经想过用家庭财富投资经营实业，不过这一计划很快失败。此后，他毕生致力于一个理想：兴办一所自己的学校，让条件优秀的年轻女性能够免费接受到广博良好的教育。武龄的学校和他祖父在十九世纪八十年代帮助兴建的广东"实学馆"不同：广东学校的办学经费是张树声请皇上拨款的，而武龄的办学基金完全来自张树声给张家积累下的财富。

在中国，由士人主持的民办学校已经存在至少一千年了。[3] 士人这么做是不满政府干涉公学，担心官办学校质量不高。私学主办者希望在民办学院里，学生能够尽心研习学问，而不用去担心自己所读的书是否是政府指定读物，或者是否对参加科举考试有所帮助。十二世纪最有名的书院是白鹿洞书院和应天书院，这两所学校都自行安排课程和日常生活仪式，并大力提倡对纯学术的追求。总之，书院会充分反映出主办者的为学修身之道。大部分书院都希望保持自己的独立，但是这一点有时无法达成，因为如果政府觉得它们的教学威胁到国家安全，就随时都可以关闭它们。

早期私学的规模有限，通常是请一位士林中德高望众的饱学宿儒来主持。后来私学的理念渐渐扩大，物质建设的规模也不断扩张。祭祀用的祠堂、讲堂、宿舍和厨房是主要部分，还需聘请一些专职人员来管理日常校务。不过兴建、维护校舍都需要充足的财力资源：现款、私人捐助的田产和官府拨款，这些都可以成为固定利息的来源。筹集资金成为众要之首，一般来说，这要依靠众人合力完成。通常由知县挑头，因为按理他有教化民众的责任，教育是他分内之职。有时乡绅会请求父母官出面组织集资活动；有时也会由一群士绅靠自己的声望和资源来集资，从捐款到雇工、建造工程都由他们自己承担。[4]（肥西书院就是这样，该校由武龄的祖父张树声及其他淮军将领合力创建。地方志上说：该校由张树声等人"同捐，并捐有市房田亩，以备肄业生童膏火之资"）。[5]

十七世纪到十八世纪，长江下游地区经济繁荣，学风颇盛，私学相当兴盛。但到了太平天国叛乱期有所中断，不过战后，当地士绅马上重修了学堂校舍，并努力创办更多的学校。此时因为国力衰弱，士绅兴学比以前更加困难，但他们坚持不懈。到了一九〇〇年，在江苏这样的省份中，私办学院的数目比一个世纪前还增加了一倍多。[6]

从二十世纪初到三十年代，这种情况发生了变化。清朝覆灭前，知识阶层的精英就发现无法再依靠地方政府官员和豪绅的支持来办学了，到了民国初年更是如此。如果想保持学校的独立性，他们只能自己筹集资金。这时期的两个大教育家——严复和胡适都强调他们的学校保持独立的重要性。[7] 学校的独立，意味着校长和教师可以自行拟定课程——例如在科学和历史、西方政治理论和儒家经典中谋求平衡。这也意味着学校聘请教师时可以有弹性，没有学位的作家可以来教写作；上了黑名单的学者和激进的知识分子也可以在学校暂避风头。不过要保持这种独立，筹集资金的人和学生都要付出很大的代价。为中国公学 [8]（张家姐妹中的老三兆和就在那儿就读）筹款的人中，有一位受尽挫折，悲愤自尽。如果私学得不到足够的资金，就不得不收取学杂费用，这意味着只有家境宽裕的人家才能送子女入私学。[9]

一九一九年到一九二一年间，武龄就筹办一所中等女子学校的计划，咨询了苏州的几位教育家（他们中的两位自己创办了女校）。不过末了这所名为"乐益"的女校，基本是靠他自己规划创立的。这样一来，事情就变得简单多了：创建学校、日常维护所需开销、支付教师工资都是动用他的私人财产。因此他不需要在当地士绅中募集资金（这事他也不太擅长），也不必向官府申请资助，更不必向学生收取不菲的费用。

武龄最初并没有什么野心。他在憩桥巷租了所房子，就在穿越城市中心的护龙街旁。他把房子分成教室和活动区域两大块。学校于一九二一年九月十日正式开学，就在他妻子去世前一个月。第一年学校只有初一一个年级，也只有一个班级。入学的女生数是二十三名，年纪从十一二岁到十八九岁不等。

武龄在一九二一年的行事异常果断。他雇请了一名专业艺人来教他女儿学习昆曲这种极端精细的南方戏曲。允和还记得这件事的缘起：

> 那天是除夕。准备年夜饭是件大工程，因为我们家里少说也有四十个人。那晚我们吵吵闹闹，开心极了。孩子跟一些工人在一旁丢骰子、玩骨牌、赶老羊，每一盘下几分钱的注。爸爸看到我们在玩这个，很不高兴。凡是赌博，他都讨厌，即使只是赌着玩，或一年只赌一次也不行。所以那晚他和我们谈了个条件。他说，如果我们不玩骨牌、赶老羊等，就可以跟老师学昆曲，等到可以上台唱戏了，就给我们做漂亮衣服。过了两天，他就为我们请来了老师，从此每星期我们都在爸爸书房里学唱昆曲。

武龄的"贿赂"十分奏效。女儿们觉得这是天意。父亲的诺言兑现后，她们的一生都与昆曲结下了不解之缘；她们从中得到了快乐和安慰，也借着表演来展现自我。通过演出，她们渐渐习惯了处于大庭广众之下，也不再害怕在人群中发声了。其实，远在那个春天之前，她们就已经和京剧结缘。在上海的老戏院里，她们被保姆抱着，坐在母亲身边开始听戏。陆英喜欢所有的戏曲，包括昆曲、沪曲和京剧。当她的女儿们渐渐长大，组成了自己的剧社：老大元和负责编写剧本，并把角色分配给妹妹允和与兆和，以及来玩的表姐妹们。她们上演的第一出戏取材于《百家姓》，这是老师教她们的入门书。这本书包括了大部分中国人的姓，是用来教给孩子识字的课本。元和的"戏"只有四行：

> 赵钱孙李——把门开；
> 周吴郑王——请进来；
> 冯陈褚卫——请客坐；
> 蒋沈韩杨——倒茶来。

全家搬到苏州后，做父亲的有时会带女儿去会馆看全福班[10]的昆曲表演。元和记得，那里有个摇摇晃晃的老戏台子，台前有两根柱子，台后两扇门（左边是演员的上场门，右边是下场门）。织锦的门帘已经发霉了，舞台上下方各有一排灯。这小戏院的设计是老式的，摆着给观众坐的方形桌椅，并免费供应茶水。观众面前放着他们自备的线装曲本，演员在台上演出时，观众会跟着低声哼唱。

二十世纪初期，昆曲活动式微，戏院里京剧当红。作为受过昆曲影响的"小兄弟"，京剧的文辞比较通俗，唱腔平易近人，身段动作也更为显眼。总的说来，京剧由于比较浅显，所以受到更多人的欢迎。那时，最优秀、最卖座的艺人都登台唱起了京剧。结果，昆曲得到的赞助日渐减少，上了年纪的老艺人没钱来培养接班人。全福班是苏州少数几个仍在登台的昆曲班之一，演出的场所经常是摇摇晃晃的戏台或是阴湿的茶馆，台前只坐着寥寥几个忠实的戏迷。

武龄为女儿们聘请的第一个老师是全福班的一个老演员，名叫尤彩云，他擅长"贴旦"，角色多为自食其力的女人——例如妓女、歌女和女仆，以及各种叛逆或惹麻烦的女性。尤先生可能是全福班创始人沈寿林的第二代传人。沈寿林在太平军中当过军号手。太平军被镇压后，这个吹号手组织了个戏班。全福应该就是用来纪念太平军领袖洪秀全的。

沈寿林怎么会从一个吹号手变成教昆曲的先生？这是一个谜，因为昆曲是很难掌握的艺术。昆曲是给艺术修养高的人看的，剧作家常常在剧本中展现他的才华，因此随处可见华丽的辞句和精彩的诗词。就算不用来演唱，剧本本身也可以跻身于文学经典之林。昆曲的细腻要靠"翻译"来体现，即用身段和旋律表达曲词和曲谱。但是大部分艺人都不识字，从来没有受教育的机会，因为他们从七八岁就开始学昆曲了。他们通过观看师傅的表演学习。而昆曲的票友则都受过良好教育，他们会研读剧本。票友在台风、演出的流畅和与生俱来的魅力方面都比不上艺人，但功底精深的票友能修正现存的诠释方式，在修正中重现艺人表演中遗漏的精妙之处。这样的票友甚至能修正职业演员犯下的错误，有时候这种错误已经在艺人中传了好几代了。

尤彩云教昆曲时，一次只教给学生一出戏。他指导学生的唱腔，提醒他们注意每一个身段和动作的细微之处。一出复杂的戏，像十六世纪晚期的戏剧《牡丹亭》中的《游园》这一段，要花几个月才能学会。尤先生自己经常演一些身份低下的女性——青楼女子或是行为不检点的女性。不过作为士绅人家女儿的老师，他只教学生适合其身份的角色：比如士人的妻子女儿、或是风雅的青楼女，后者至少在情感上与士绅阶层的女性没有区别。那些年，尤先生在固定时间到寿宁弄张家教授昆曲，在他上课时，武龄会待在后花园。虽然作为一名有修养的戏迷，他对戏曲的诠释和审美有自己的一套观点，但他从来不干扰尤先生授课。这是他作为父亲、教育家的一贯风格。他会提出新主意，为孩子们或学生找来最好的老师，然后就不再作任何干涉。

女儿还小的时候，武龄就对她们的教育苦心经营。他希望女儿受到的教育是全方位的，包括新学和旧学。不过他妻子一直坚持尊重他母亲的意愿，不送女儿们入学，所以武龄知道只有尽力在家中完成这一计划，于是他在花园的与外界隔绝的花厅里，为女儿们创办了一所现代学校。他请了三位先生，教学科目内容广泛：包括历史、文学、古文与白话文、地理、数学、科学常识、体育和舞蹈。他选择老师的方式也相当有趣。从扬州来的于老师旧学修养颇深，性格严肃古板，他负责教授传统诗词和古文。王孟鸾是凤阳人，是个激进的年轻人，他教授历史、地理及当代评论家所写的白话文作品。女老师吴天然来自苏州，她负责教授算术、常识和体育、舞蹈，以及一些简单的英语单词。

虽然武龄不干涉老师的教学，不过他会帮着编选教材。他从六世纪的文学选本《文选》中挑选诗、文，也摘取《孟子》中的某些篇章、汉代巨著《史记》中的一些传记。甘臣雨先生会把这些教材抄写三份，给武龄的三个女儿。没有人记得甘先生的来历，他就是中国人所说的"长期食客"，在别人家里吃住，帮着主人跑腿。这类人一般不会被拒之门外，因为他不是主人的远亲，就是主人朋友的朋友。甘先生擅长书法，字写得干净漂亮。他的大字写在雪白的纸上，看起来相当舒服。甘先生也精于照相，不过孩子们不喜欢他。兆和说："他喝起酒来就没完。我们的叔祖父从合肥来上海时，他总是带他们去逛妓院，大醉方休。"

虽然武龄通常对坏习惯和放浪生活极端反对，但他显然可以容忍甘先生的偶然失德。不管是谁娶妾、染上酒瘾赌瘾、抽上大烟，武龄都会为之难过。他不容许家里的仆人染上这些恶习，虽然他不会说教，他还是能让孩子们了解到他的立场。他们很小的时候，凭直觉就能感受到父亲的好恶。在他们记忆中，只见过一次父亲惩罚仆人，那次武龄发现仆人杨三出外赌博，就给他吃了几个爆栗子（用指关节敲人的额头）。家里的男仆喜欢聚在后花园的柴房里打麻将，有的时候，武龄会突然出现在那里。武龄从不当场批评或发火，他只是从牌桌上抓起一把牌然后离去。再过几天，失踪的麻将仍然不知下落。有人说武龄把它们扔到了二楼的屋顶上；也有人说麻将被扔到花园池塘里了。谁也不敢向武龄打听，而是乖乖地把钱赔给租麻将给他们的人。[11]

武龄主见颇强，不过很少干涉他人的事情，特别是跟他年龄差不多或稍长的亲友，他从不觉得自己有资格改造对方。他的母亲染上烟霞癖已经十几年了，本来她是为了减缓腿疼才开始吸鸦片的，后来逐渐上瘾。在她房间里，总是存着一块中国人称为"云土"的上等鸦片。每天，她丈夫从四川带回来的妾会替她烧烟，从云土上切下一小片，在小烟灯上用签子加热，然后装进烟枪的烟斗里。后来她俩吵了次架，使老夫人毅然戒了烟。老祖母觉得不能再沉溺鸦片，免得过分依赖身边的人。在戒烟的那几天里，她所受的痛苦让旁观者觉得胆战心惊。武龄和他妻子、长女元和都跪在她面前，求她放弃这一努力，向烟瘾低头算了。武龄的这种举动可以从儒家逻辑来解释。他觉得鸦片是最可恨的恶习，不过如果能减缓母亲的痛苦，也不失为一条可行之道。他绝不会批评母亲，因为在他心目中，母亲是不容置评的。这并不表示他没有独立思考的能力，他用的是另一种思考方式——情理交融的方式。

武龄很幸运，没有在他亲生父母家中和他的同胞兄弟姐妹一起长大。如果是这样，他的人生会变得黯然无光。他十八天大的时候，就被抱到长房，成为张华奎夫妇的继子，并成为张树声这一支的继承人。这一过继相当正式，华奎在给他弟弟的信中写道："（堂弟）伯纪今秋所得之第四子特凭族戚写立合同，过继与兄为嗣。"[12]

华奎给继子取名绳进，字武龄。这两个名字从《诗经》中的一篇中各取了一字，"绳"和"武"。"绳其祖武"在《诗经》中是用来形容周朝的开国君主的，其意是沿着祖宗的足迹前进。[13] 华奎希望他的继子能继承（绳）祖父张树声的功绩（武）。成长期间，孩子的正式名字叫武龄，但家人都叫他小绳。武龄成年后，又给自己取了个号。在中国社会，男性觉得自己有了特定的身份后，常常起个别号来标示这种身份。武龄的别号是冀牖，意思是等待着光从窗格子中透入，也意味着希望能开启民智。不过几年后，武龄又觉得应该用谐音的"吉友"来当别号，意思很简单，就是"好的朋友"。武龄说："吉友"的笔画比"冀牖"简单多了。从各方面来说，这个别号更加轻巧，反映出了武龄年岁稍长后性格发生的变化。[14]

在一八八九年十二月十六日的同一封信中，武龄的新父亲还向弟弟诉说了自己初为人父的喜悦："年逾四十始知抱子之乐。"[15] 这封信是从湖北宜昌寄往合肥的。华奎和妻子，带着他们四个月大的孩子正在从北京到四川巴县的途中，船在宜昌搁浅了几天。

到了四川，华奎便很少返乡了。他是个精力充沛的人，但英年早逝，壮志未酬。他一八八九年中了进士，生命中最后八年大多是在四川度过的，先帮助川督整顿滇黔边界附近的盐务，华奎富于才干，工作很有效率，县志上说他"事治而商不扰"。朝廷很快注意到了他排忧解难、善于交涉的才干，于是派遣他往很多地方任职。先任川东道台，然后被派往四川西南部和西部地区，最后又回任川东道台，一八九八年在那里过世。在四川时，常有民众与传教士之间的冲突事件，华奎解决了几件这样的教案；管理了重庆开埠后的海关税收；为厘金局制定了一套规章制度。一八九六年，在重庆的日本总领事，毁弃了前一年中日签署的条约，华奎尽力处理此事，终于使总领事同意维持原约。方志上说华奎为官正直，长于交涉，兴利除弊，民情信服。武龄有这样一个养父，实在是相当幸运。[16]

武龄的生父并无大过，不过由于妻妾成群，子女众多，所以家里总是乱成一团。他的正妻死得很早，可能就是在武龄出生后不久去世的。他对持家全无兴趣，对家务听其自然，庶出的孩子便注定要受很多罪。例如他的第五子乔龄，因为总是被同父异母的长兄欺负，所以多次离家出走。[17] 一次，只有十二岁的乔龄跑到了一百三十多公里以外芜湖的姑母家。姑母把他送回合肥，并告诉家人不要再欺负这个孩子，情况才稍有好转。不过乔龄还不满十六岁，就最后一次逃离家庭，他到直隶参加了保定军校——那是蒋介石的母校。毕业后，他和大多数同学一样，加入了蒋介石的国民革命军，后来成为蒋介石手下少数几个常胜将军之一。

乔龄在一九三〇年立下最大一次战功，那时他已经当上了旅长。当时国民政府主席蒋介石对国家的控制相当薄弱，北方军阀阎锡山和冯玉祥联合反蒋，[18] 使得他的统治备受威胁。战事爆发，有段时间蒋介石的军队败象已露；后来乔龄在一次漂亮的战役中，诱捕了阎锡山手下的最高将领。到年底，冯、阎联盟溃败。他们失败的原因很多，不过蒋介石认为乔龄功不可没，奖励了他五万银元。后来，蒋介石听说乔龄把赏金全部分给了手下，又加赏给他个人三万元，并特别指示其中两万元用于乔龄的休养身心，一万元用来购置田产。

有了这两万元，乔龄一下就学会了找乐；他娶了三个妾，又开始成为京剧的赞助者。他也参加了一九三七年的抗日战争，不过战后就申请退役，因为不愿再和共产党作战。他先移居香港，然后去了台湾；因为投资失败消耗了所有积蓄，成了一个业余魔术师和马戏团的团长。他的大象脱水而死，马戏团也告解散，从前军队里的老战友对他伸出了援手。充和印象中，四叔为人活泼滑稽，到老了也没什么变化。蒋介石八十大寿时，乔龄想借表演魔术来博他一笑。蒋介石的儿子缺少幽默感，认为乔龄是疯了，不让他参加庆典。

武龄的长兄尧龄也是个逾矩之人。虽然在年轻时他常常折磨乔龄，他们两兄弟其实在鲁莽冲动和浪漫方面颇为相似。他曾经在西北的甘肃任职，那里是大量穆斯林的聚集地。他从穆斯林商人手中买下阿拉伯马，以饲养它们为乐。在那些年，他在养马上耗费了大量钱财，到回乡时发现自己已经彻底破产。他向武龄求助，知道武龄不会拒绝自己。果然，武龄给了他几千银元还债。

虽然尧龄为人荒唐，不过族里的孩子们都喜欢他。他又高又瘦，留着帅气的胡须。尧龄是讲故事的高手，诗风豪迈，写得一手好字。在孩子的眼里，他是个体面神气的人。有次他告诉充和自己以前常常表演一种马术，他称之为"三线"：他穿上深红色上装，腰间系上一条长长的蓝色腰带，叼着雪茄烟，在他身后，一个仆人将马尾拉成和地面平行的直线。当尧龄突然策马冲出，仆人会同时松开拉着马尾的手。这样一来，蓝色腰带、雪茄的烟和马尾巴会在空中形成三条直线。这纯粹是种技巧，但要花上几个小时作准备，这一切只是为了让尧龄想象一下自己在那一瞬间的勃勃英姿。

不过，尧龄的一个侄子鼎和 [19]，觉得尧龄行为荒诞，对他全无好感。鼎和是尧龄二弟的儿子，一九三六年去世，生前和武龄的孩子关系很好。他在二十世纪二十年代末期加入中国共产党，三十年代，他手下曾经开枪打伤尧龄，有传言说是鼎和下的命令。

张鼎和对他伯父的敌意，并不能单从政治立场来解释。一九三二年，他和武龄的儿子宗和、女儿兆和都住在北京。从宗和那些年的日记看来，鼎和是个冲动鲁莽的年轻人，不太会为别人着想。鼎和为共产党执行一些秘密工作，他经常和自己的一些亲戚见面，一有机会就从他们那里拿些钱花——这并没有什么恶意，不过是因为他和这个城市中成千上万的其他青年男女一样，必须自力更生，但总是缺钱花。鼎和到处都有朋友：穿着西装的，刚刚出狱的，大学里的教师，从远处来的神秘女性，他走到哪儿都有熟人。鼎和行踪不定，总是在意想不到的时刻突然出现在人们面前，等人们习惯了他的存在，又会突然消失。认识鼎和的人觉得他有迷人的一面——无穷的活力，随兴的举动，极端的手段和观念——不过他们也会不满于鼎和的粗鲁和以自我为中心。他是否下令手下向伯父开枪，一直没有得到证实。可以肯定的是，他曾有些出格的不能原谅的行为，因为一九三六年十月他被处决后，父母拒绝将他的灵柩运回祖坟下葬，而且他们还把鼎和的寡妻和三个女儿赶出了合肥老家。

鼎和的子女们现在说鼎和是死于非命，因为他觉悟高，有崇高理想。不过在一九三二年，他似乎还没有一个成形的政治理念。鼎和喜欢和神秘来访者交往，从事秘密工作。他喜欢过冒险生活。国民党警察逮捕了他两次，后来都放了他，直到第三次被捕后，他才被处决。在很多方面他都和自己年轻的乔龄叔叔、年长的尧龄伯伯有相似之处，虽然前者是蒋介石的手下，而后者是他所看不起的纨绔子弟。他们都是冒险家，而且都来自张家的第五房。

武龄避开了这种让人丧气的古怪环境，他不需要忍受不公的待遇，也没有染上放纵的恶习。他的亲生父亲虽然不是清朝的忠臣，却不肯剪掉自己的辫子。每天早上都有一个妾体贴地为他编好辫子。他的生父还喜欢收集玉石，总是把玉石挂在颈上或系于腰间。一九三〇年他曾经到苏州看望四十年前他过继给人的儿子，陪同他前来的还有他最宠爱的陈姓小妾。有些早上，父子两人会一起出去散步，这构成了一道景致。在苏州这样的现代城市中，老先生的辫子显得很是落伍。他的胸前悬挂着他收藏的玉石，大大小小，有方有圆，走路的时候玉石发出叮当声。他的儿子，稍稍落后他几步：

微微驼背，头几乎全秃了，戴着金边眼镜，穿着一袭读书人的长袍，习惯性地皱着眉头，目光慈祥。任何人在苏州街头看见他们，都不会相信这两人会是父子。

充和这样说起她父亲："他没有任何意识形态，也不属于任何政党。他认识的人有了麻烦，他一定设法帮忙，从无例外。"武龄有自己的一套生活原则——他的孩子们很了解——但他不会因为坚持原则伤及情感。他不是佛教徒，不过他对慈悲情怀的信仰，与在合肥的叔母识修一样强烈。他尽一切力量帮助亲戚，孩子的老师们、学校的教师、朋友、仆人和仆人的孩子。不管对方是否有三妻四妾，是共产党或国民党，有钱没钱，是花花公子还是穷书呆子，他都愿意帮忙。有时候，这些人需要的不是金钱，是想解除婚约，或是想让某个年轻女孩继续读书；还有时是掩护一个共产党员逃避国民党警察的追捕，武龄都会尽力而为。

武龄尊重生命，所以他鼓励身边所有的人，包括仆人的孩子，希望他们在生命中有所作为。他在大庭广众之下很少发言，即使说话，声音也很低沉，除了子女外很少人了解他的乐观精神。通过他，孩子们从小就知道生命是有目标的，但不必使用蛮力来达到它。就像父亲一样，孩子们认为人性比抽象的原则更加高贵；他们也了解到，人性也不可能与自己所持的原则相违背或起冲突。通情、达理、有志、同情，是父亲给他们的遗产。这些东西加起来不见得能成就一个伟人，不过武龄的长子宗和在十七岁时就在日记中写道："能安安稳稳地做一个平凡的人，已经是很侥幸的事了。"[20]

不过武龄也有让人非议之处。陆英死后，他几乎不再提及妻子，这让孩子们颇为不安。在陆英十周年忌日前的两天，宗和在日记中写道：

（我）几乎忘记了大大。现在我想起她来了。我已经记得不太清楚从前的一切。我只记得大大死前几天，我到她床面前去，她总是对我说："大狗，你别近来，这儿味道重。"我永远不能忘记的是大大的临终语。我们都在哭。大大见了我对我说："别哭，你哭的日子还在后头呢！"自然，没有母亲的孩儿不但只在母亲死的时候哭，母亲死后，哭的日子更多呢！……爸爸今天从上海回来了。我不知道他会想到后天是什么日子。我还记得十年前的后天，爸爸坐床边上睁大了眼看着床上的人，那时他心里是如何的难受。噢！我不明白，爸爸现在的心里……[21]

宗和日记中并没有关于母亲忌日当天情形的记载，不知武龄是否表现出他还记得这个日子。但忌日后一天，宗和写道："爸爸到底好，他知道我要找关于《楚辞》的参考书。今天早上，我还睡在床上，他就把屈原的《楚辞新论》送来了。"[22]

武龄从来不让孩子们知道，在他们的母亲死后，他是否怀念她，她是否时常出现在他的脑海中。元和记得有一次看见父亲盘腿坐在一张矮凳上，看着她和妹妹们玩耍，眼睛里泛着泪光。这是唯一的一次她看见父亲的泪水。陆英去世后不久，兆和写了首诗，并拿给父亲看：

月照我窗，
我心忧伤。
以往不幸兮，
前途茫茫。
悟失恃之孤凄兮，
徙倚彷徨。

感世途之多歧兮，

且容醉酒而倾觞。[23]

武龄读完，只有一句评语："这是骚体。"他的克制是有道理的。这样才能稳定人心，不至于引起骚乱。陆英死后，没有人觉得惶惶不安。正是在陆英去世前后的这段时间里，他第一次把女儿送到外面的学校上学，同时开始创办他自己的学校。武龄不希望家人被悲伤压倒，所以当他读兆和的诗时，他只是评论诗的体式，而绝口不提诗中的情感。

可是，他的孩子有时并不理解父亲的沉默。他听凭孩子们猜测自己对于陆英的情感——是否他已经忘记了她？不过孩子们确知父亲是关心他们的。他们每天闲聊，谈起他们感兴趣的物事时，父亲总是能够会意，这让他们很惊讶。他们还注意到，父亲会着意培养这些兴趣，免得他们轻易放弃。允和才十一岁时，武龄问她最喜欢哪个诗人。允和回答是纳兰性德，十七世纪的满族诗人。后来她回忆到：

这个回答大大出乎爸爸的意料。爸爸好高兴，马上就把《饮水》、《侧帽词》的小本子给我。他说："性德是性情中人，很可惜三十一岁就死了。这样的才子历史上也少见。"[24]

武龄用三句话，就概括地把自己对纳兰性德的评价告诉了十一岁的女儿，这种评价是符合儒家对于性情的看法的。儒家认为大部分人介于性灵和愚昧之间，这意味着几乎每个人都要发展自我个性，才能发挥出潜力。武龄觉得与别人相比，纳兰性德是性情中人，不过因为过早去世，所以没有能充分体认这重道理。或许那时允和并不完全理解父亲的意思，不过八十年后，她还能记得父亲的话。

武龄对孩子兴趣的鼓励，并不总是成功的。子女们说他喜欢文字学，喜欢研究两千多年前编撰的字书、文字的历史、原始字音和书写方式。在他的家里，黑板上、砖地上甚至酱缸上都写满了难以辨认的篆字。这引起了四子宇和的兴趣，当时他十岁左右，便下决心把他能背的唐诗全部用篆字写下来，他的写法就是字的每一笔头尾拉长，向上下的方向弯曲。当他把自己的"书法"拿给父亲看时，武龄告诉他不能凭空发明篆字，因为每一笔都有一定的写法和笔画。他随即拿起一支粉笔，在桌子上写了起来，告诉宇和正确的写法，桌子上写满后，他蹲在地上在砖地上写了起来。后来宇和写道："我当时不是不甚了了，而是甚不了了。心想：'我的篆字倒多少还看得出是什么字，你的大多没法读。'"等到武龄发现他是在对牛弹琴时，只好置之一笑，把自己的字欣赏了一番，似乎颇为满意，然后就离开房间。金陵女子文理学院文学院院长是武龄的亲戚，曾经请他开一门文字学的课。武龄在南京待了三天就回家了，很显然，他对文字学的狂热也没有激起学生的兴趣。[25]

子女略大一点，武龄就把他们当朋友一样对待，他经常到他们房里去讲个笑话，问他们对某本书或某首诗的看法，或是他们对时政的看法。他还会把自己正在思考的念头端出来，询问子女的意见。武龄的想法都很稀奇古怪，充满孩子气。宗和年轻时，在自己的日记中，清晰记录了父亲的这一面：

　　一九三〇年十一月十二日：七爷十三爷来了，我们一块打篮球。爸爸来了，说"我也参加"，于是就去召集我们先生来同我们比赛。结果，十四比〇，他们一分也没有，爸爸一个球也没接到。

　　一九三〇年十二月十四日：昨天早上爸爸又到我的学校里

来，说了许多话。说要造滑冰池，又要改造脚踏车，使两轮车变为三轮车。

一九三〇年十二月十七日：爸爸在东边房子里造了一座小戏台。是用凳子和板造成的，上面铺了地毯。为大家唱昆曲用的。

一九三〇年十二月二十四日：晚上爸爸跑来看我。给我看《两当轩》[26] 的诗。又讲了十二个古典经[27] 给我听。

一九三一年三月一日：爸爸告诉我一首诗，我只记得其中一联"野店酒香春浪漫，琼楼云净月婵娟"。

一九三一年五月二十九日：一早五点多钟，我已经起来了，坐在桌前作算术，听见有人咳嗽声音，很像爸爸。果然是爸爸推门进来。他是来向二弟拿《戏剧月刊》的。问了二弟好多话。又同我讲，他预备把乐益变成一所博物馆，把门房的顶上装上玻璃，里面布置星球和宇宙。

爸爸要去买银盾，送给全苏州运动会中铁饼及标枪第一名。所以我和他出去，一路上爸爸又和我讲诗。

一九三一年六月二十六日：早上七点光景，看见楼上有爸爸的背影，连忙赶到楼上，果然是爸爸。爸爸来了。他是特地送一件纺绸大褂子来，给我今天行毕业典礼时候出风头的。爸爸真好，他想得周到。

一九三一年十月十日：大家提议三表叔唱《霸王别姬》。爸爸听了后，马上作诗送他："亦能儿女亦英雄，叱咤娉婷……"[28] 晚上爸爸来了，和我谈论国家大事，一直谈到十点多钟。

一九三一年十月十六日：昨天晚上爸爸和我们大讲其诗。还叫我们努力造梦，造一个战场上的梦、胜利的梦。可是我睡了一夜无梦。[29]

武龄为祖国忧心有他的理由。一九三一年九月，日本在满洲里的军队开始全力攻击中国军队，想将中国东北变成其势力范围。该年底，日本已经达到自己的目的，而西方国家没有武力干涉，中国人为此感到愤怒和耻辱。武龄在十月十六日的愿望反映出中国的绝望：看起来似乎只有在梦里，中国才能尝到胜利的滋味。他的另一个梦想——修建天文馆和滑冰场，都没能实现。他也没有找出改造两轮车的方法。武龄的孩子们都知道父亲是天真、不切实际的人，脑子中满是荒唐的梦想，但他们并不介意，因为父亲是他们的支柱，一直爱着他们，而他自己也是个大孩子。

武龄从来不太知道该怎么做父亲，但他对自己的九个孩子个个都很爱。他喜欢和儿女们待在一起，听他们的闲谈。他给孩子们讲故事，和他们分享自己写的打油诗。武龄不擅长讲故事，他的声音低而小，故事讲得不够生动，也不讲究叙事技巧。但他的包袱够多，多数是语带双关和暗藏机锋的小故事。他的长处在于能够从平常事物中发现其幽默趣味。在他看来，不管是否有心，任何人物、任何情况都会有笑点：比如圣人的偶然失态；某个人读了个别字；像他一样的近视眼闹的笑话；或是一个满脸麻子的年轻人。关于那个麻子，他写过了一段文字："（麻脸如）屁股坐斑疮，刺落根还在。"不过武龄最欣赏的还是兼具创意和机智的笑话。他说过一个十一世纪（北宋）杭州名妓琴操的故事，她在唱秦观的《满庭芳》词时，第一句就唱错了两个字。为了掩饰错误，她不得不重填这首词，好合辙押韵。结果她的作品成为和原作呼应的佳作，而且还能表现出她的个人风格和自身处境。[30] 武龄看来，这个故事的关键在这首词，琴操唱错后对原作的改动是神来之笔："销魂，当此际，香囊暗解，罗带轻分"被改成了"魂伤，当此际，轻分罗带，暗解香囊"，虽然只是改动一个字，调换了两句的位置，整个语气就发生了转变。连"黄昏"变成"昏黄"这样的小小改动，也让氛围悄然变化，"灯火已黄昏"变为"灯火已昏黄"。武龄说到这些微妙之处，就会变得神采飞扬。

孩子们遇到什么烦心事都会去找父亲。第四个儿子宇和，小时候拒绝跟武龄学习篆字，到了上中学时，写信给教党义的老师请他课前多做准备，否则不如不要上了。随信还附上了他给老师开的参考书，然后他签名盖章，亲手送到老师那里。校长认为他故意侮辱师长，予以开除。宇和不服，教导主任告诉他党义课的老师都是国民党派来的，他们本来就不是当老师的，但是所有接受政府资助的学校都必须让他们开课。宇和最后征询了父亲的意见，武龄说他没有做错，而教导主任说的也是大实话；事已如此，没有别的补救办法，于是他让宇和自己决定将来作何打算。那年夏天，宇和考上了另一所学校。[31]

充和曾经这样评价自己的父母："爸爸从来就弄不清谁不是好人，谁做了什么事，而妈妈却什么都知道，只是不声张。"武龄可能知道的比大家想象的更多，这一点子女都不太清楚。不过由于重听和温和的天性，他看上去绝对不是一个敏捷机灵的人。但陆英死后，他努力做一个好父亲，爱自己的九个孩子，维持整个家庭，实在不容易。等他再婚后，这些事情就更难了。

陆英去世后一年，武龄的第二个妻子韦均一进入了张家。[32]她娘家在江阴，父亲是个医生。她在上海爱国女校读的文科，后来被武龄的学校聘请教书。他们的婚事是被精心安排的，女方家长先有此意。韦均一的叔祖父在社交场合认识了武龄，武龄修建乐益女中的那块地就是他卖给武龄的，原来那里是一片桑林。他很欣赏武龄的人品，而武龄的家产应该也对女方很具有吸引力。但是这一决定很让韦均一烦恼。她当时才二十三岁，武龄却已经三十三岁了，还是有着九个小孩的鳏夫。她本来可以对婚事说不，最终还是鬼使神差地走上这条路。

从一开始，均一就对婚姻生活很不满意。她觉得仆人充满敌意，孩子也不喜欢她。最大的一个元和只比她小七岁，与其说是继女，倒不如说是她的对手。均一觉得，因为她取代了陆英的位置，家中的每一个成员都对她颇有怨意。

从孩子的观点来看，继母也的确很难亲近。她聪明能干，在写作绘画上颇有天分，相当独立，但是另一方面又急躁易怒，心胸狭隘，非常嫉妒他们一家的和乐相处。均一经常从苏州家中逃回江阴的娘家，这种情形在她怀孕时变得更加频繁，因为她不信任苏州的医生和张家的仆人。结婚后不久她就生了两个孩子。尽管请了江阴的大夫和奶妈，孩子还是都夭折了。第三次她生了个男孩，长到十几岁时，就跟她疏远了，反而和他同父异母的兄弟姐妹们很是亲近。

均一生活在两个世界的夹缝之中。她的婚姻把她拉进了陆英的世界，但是她又没有陆英的大度和才干来把握这个世界。别人可能以为她会和陆英的女儿处得好，因为她们都个性独立、很有志气，视自己为现代女性。但是均一的性格和处境，使得这一切不可能发生。如果她的身份是年轻的阿姨或表姐之类，那么情况会大不一样。充和说："女人死了丈夫，一般都不再嫁，免得破坏家庭的完整。男人死了妻子几乎都再婚，问题就来了。"

作为均一的丈夫，武龄尽力去理解她。他常常带她去上海，那儿戏院多，而均一喜欢看戏。有时他们会一起去听某位历史学家或哲学家的讲座。在一九三二——一九三五这三年中，均一在上海美术专科学校学习国画。武龄还让妻子当了乐益学校的校长，在乐益十六年的历史中，均一几次出任这一职务，任职时间大概有八年以上。他们有很多共同兴趣，武龄从不提及前妻。儿子宗和在日记中记道：

一九三一年二月二十八日：有十点钟了，我到家，在通乐益的门口坐了一个人，好像是妈妈（韦均一）[33]。我问她为什么坐在这里。她说："等你爸爸。"我上楼看见爸爸在四姐房里。正讲他俩吵起来的事。爸爸央着我们下去，请妈妈回来。妈妈不回来，一定坐在门口。爸爸去了，说了几句好笑的话，把大家都引笑了，四姐更笑得厉害。我们把妈妈拥进爸爸的房子坐着。爸爸讲了上海十三爹十三奶吵架的好笑的故事。我们吃了点东西后，看见爸爸和妈妈又说又笑。我们知道没有事，就回到楼上来了。

武龄一家人都能包容均一的脾气和不高兴，他们知道什么时候该回避，怎样才能缓和气氛。孩子们通常都懂得该怎么做，特别是父母中的一方做出了榜样之后。不过家族中其他人可没这么好说话。一九三七年日本占领苏州前夕，均一随同丈夫回到合肥西乡，刚开始她和住在祖屋中的张家人时有争执，不过很快，族人就不再理她，让她自己去发脾气。他们可能在她门外或背后骂她，但是不再当面起冲突。到最后，武龄成了她长篇大论的唯一听众。幸好武龄知道怎么在妻子的不快之外找到自己的乐趣。次年武龄去世（家人相信是喝了日本人下毒的井水），均一为他写的悼词同时也是自伤身世之作。这是双重的哀悼，既是对死者，也是对自己，诗中充满了自责自悔，和对人生的无奈感伤。她写道："共济屯亶十五秋，一朝撒手万缘勾。重泉亦有天伦乐，胜我飘零到白头。"此外几首写道：

> 不解怀人不受怜，
> 生来未惯为情牵。
> 而今识得个中味，

早隔幽冥路几千。

憩桥设教集群贤，

济济师生共究研。

记否婆娑张绪柳，

玄裳缟袂自年年。[34]

天心人事费疑猜，

燕雀求生归去来。

早是旧巢翻速祸，

背城困守望苏台。

苏台端的胜瀛台，

一入瀛台竟不回。

生固胡恩死胡疚，

忘机无我总招灾。

燃萁煮豆久相煎，[35]

济叔称痴岂偶然。

至性偏能遭物忌，

长才空负恨终天。

胞与无分物我情，

优柔毕竟误平生。

等闲悟彻炎凉意，

自缚春蚕茧已成。[36]

均一在诗中对武龄的族人的指责相当严厉:"早是旧巢翻速祸,背城困守望苏台。"这里的"祸"不仅是指在肥西的那种颓废生活,还指她感觉到的张氏族人对她的嫉妒和敌意。她用了魏晋时期曹植七步作诗的典故,来说明家庭关系的悲剧。豆秆和豆子本来是同根生长,所以被比为兄弟。在《七步诗》中,哥哥豆秆在灶下燃烧,弟弟豆子在锅中汗流浃背,哭泣着对哥哥说:"本是同根生,相煎何太急。"均一指控武龄的堂兄弟和叔伯辈卑鄙贪婪,也抱怨武龄天真软弱:"长才空负","优柔毕竟误平生"。

在均一的悼词中,即使是赞颂的部分也暗含讽刺。她说丈夫生前"集群贤"、像张绪和柳树一样优柔阴弱。均一所描绘的武龄和她自己的形象对比鲜明。她说自己"忘机无我","未惯为情牵",相比之下,她更加高贵,但是这种无我并没有带来快乐。在《悼词》后,她又写了《殡葬》,其中一段如下:

> 点点寒花拂晓霜,
> 心旌常自绕横塘。
> 归来愁对难圆镜,
> 人去慵翻遣嫁箱。
> 弱质敢称中馈主,
> 使君不愧至情王。[37]

均一告诉我们,她一直沉湎于过去的回忆之中,"心旌常自绕横塘",所以忧伤虚弱。回首从前,她写到,她甚至不敢自称"中馈主",而她丈夫却不愧是"至情王"。"中馈"出自《易经》,《家人卦·象辞》中说"男女正","男正位乎外",意味着男人的正位在家庭之外;"女正位乎内",意味着女人的正位在家庭内部,也就是在家主持"中馈"，而且"无攸遂"。均一称自己不太会持家，不过她对此并无太大遗憾。她的忧愁另有原因，她可能根本就觉得自己不该结婚，不该接受一个已婚妇人的角色，在她看来，这一角色平庸无奇，还吃力不讨好，而她丈夫的一生却十分潇洒，"玄裳缟袂自年年"。

武龄的最后诗作，是《还乡吟》五首，虽然所写同样是合肥生活，不过和妻子的诗歌相比，心境和感受都大相径庭。这些诗可以看做八世纪（盛唐时期）大诗人杜甫《闻官军收河南河北》[38] 的唱和之作。他们都描述了回乡之乐：杜甫当时在四川避难，期待着返回故乡；武龄则是已经品尝到返乡之乐。杜甫写道："剑外忽传收蓟北，初闻涕泪满衣裳。却看妻子愁何在，漫卷诗书喜欲狂。白日放歌须纵酒，青春作伴好还乡。"诗人想象中自己已经踏上回乡之路："即从巴峡穿巫峡，便下襄阳向洛阳。"

武龄与杜甫不一样。杜甫当年避难西南，是因为叛军占领了他的家乡。武龄的离乡，却是完全出于自愿："白云亲舍长违止，红叶先茔阙奠浆。"多年后，因为战事的逼近，他才被迫返回相对安全的合肥避难。返乡之旅带给他很多惊喜："芙蓉秋水明初日，金菊西园映野塘。霜柿蜜甜凉齿肺，蒸芋粉烂饫中肠。"

五首诗中的最后一首可能是武龄的绝笔，奇怪的是，这首诗仿佛是他对自己人生下的尾注，在诗中他回顾了自己的生命和旅程：

> 婴倪随宦上巴江，
> 如雪麻衣归槶航。
> 童冠郡城依济叔，
> 尘嚣唯近令公堂。
> 卅年吴会莼鲈厌，
> 九日淮淝黄菊香。

江海名都森战垒，

翻因避地得还乡。[39]

多年以前，张华奎为自己的继子取名绳进，字武龄，希望儿子能够"绳其祖武"，像祖父张树声一样。四十年后，武龄说自己"橐笔未能随纪效"。他说他到过很多地方，热爱生活本身——欣赏像"莼鲈"和"九日淮滧莫菊香"这样的风味——但敌军来犯时，他就避开了。因此他并不像张树声。不过，他和张树声一样信仰教育的功用。他们都兴建学校，用西方的教育模式来改造中国教育。他们想了解的是，西学，或者往大处看，学术作为一个整体，怎样方能激励民族精神，适应社会实际。武龄在人世的故事大抵由这些东西组成。他也曾犯错，还挥霍了不少家财，不过这些最终成就了他的传奇。

注 释

[1] 书报：参见韦布的散文，《水》第四期 (1997 年 2 月)，第 2 页。

[2] 参见韦布的散文，《水》第四期 (1997 年 2 月)，第 4 页。

[3] 私学：关于宋代书院，可参见 John Chaffee, *The Thorny Gates of Learning in Sung China*，第 89—94 页；关于晚清书院，参见 Barry Keenan, *Education and Society in Late Imperial China*，1600—1900，edited by Benjamin Elman and Alexander Woodside，第 493—524 页。同时还可参见一些人的传记，诸如邹元标 (Tsou Yuan-piao)、冯从吾 (Feng Ts'ung-wu) in *Dictionary of Ming Biography*，1368—1644，edited by L.Carrington Goodrich and Chaoying Fang，第 1312—1314 页，第 458—459 页。

〔4〕士绅和书院：参见 Barry Keenan，第 498—499 页。

〔5〕肥西书院：《庐州府志》卷十七，第 86—b 页。

〔6〕江苏书院：参见 Barry Keenan，第 499 页。

〔7〕教育家：参见 Yeh, *The Alienated Academy*，第 102—108 页。在和民国时期私校相关的英文资料中，叶著中的资料最为丰富。

〔8〕参见 Yeh, *The Alienated Academy*，第 106—107 页。

〔9〕同上书，第 195—205 页。

〔10〕关于全福班：参见贾馨园的散文，《水》第八期（1998 年 7 月），第 3 页。

〔11〕打麻将：参见宇和的散文，《水》第十一期（1999 年 8 月），第 4 页。

〔12〕张华奎信，1889 年 12 月 16 日，收入《水》第一期（1996 年 2 月）。

〔13〕见《诗经·大雅·下武》，又见张华奎信，1889 年 12 月 16 日，收入《水》第一期（1996 年 2 月）。

〔14〕参见韦布的散文，《水》第四期（1997 年 2 月），第 1 页。

〔15〕张华奎信，1889 年 12 月 16 日，收入《水》第一期（1996 年 2 月）。

〔16〕张华奎生平：参见《巴县志》卷九，第 1275—1277 页。

〔17〕在家谱里，因为哥哥武龄被过继给另一房，所以乔龄被排为第四子。

〔18〕阎、冯和蒋的关系：参见 *Biographical Dictionary of Republican China*, edited by Howard L. Boorman。

〔19〕关于鼎和：张宗和在 1932 年 10 月到 12 月之间的日记，为我们提供了很多鼎和年轻时代的精彩资料。张宗和对鼎和没有进行褒贬，但记录了鼎和在北京的诸多活动，也生动描写了鼎和的性

格。见《水》第七期 (1998 年 2 月)。据充和说，鼎和的子女也为父亲作了传记，把他塑造成一个共产党革命烈士。

[20] 张宗和日记：1931 年 4 月 5 日，刊于《水》第六期 (1997年 11 月)，第 4 页。

[21] 张宗和日记：1931 年 10 月 22 日，刊于《水》第一期 (1996年 2 月)。

[22] 张宗和日记：1931 年 10 月 25 日，刊于《水》第一期 (1996年 2 月)。

[23] 兆和诗：刊于《水》第三期 (1996 年 10 月)。

[24] 参见允和的散文，刊于《水》第九期 (1998 年 12 月)。

[25] 武龄对文字学的爱好：参见《水》第十一期 (1999 年 8月)，第 2 页。

[26] 清代诗人黄景仁 (1749—1783) 的诗集 (译注)。

[27] 这里的十二经是指范围宽泛的儒家经典，在唐朝最为流行。包括诗、书、易、三礼、三传、孝经、论语、尔雅。

[28]《霸王别姬》这出戏出自司马迁《史记·项羽本纪》，项羽知道自己次日即将战败被杀，"则夜起，饮帐中。有美人名虞，常幸从；骏马名骓，常骑之"。于是项王乃悲歌慷慨，自诗曰："力拔山兮气盖世，时不利兮骓不逝。骓不逝兮可奈何，虞兮虞兮奈若何！"

[29] 张宗和日记：刊于《水》第一期 (1996 年 2 月)。

[30] 琴操是当时的名妓，秦观则是名诗人。两人都和大诗人苏轼关系密切：一个是苏轼的红颜知己；一个是他的门生。可能是某人用这首词把这三个人组合进一个故事，琴操不太像是这首词的真正作者。

[31] 宇和与父亲：参见宇和的散文，刊于《水》第十一期 (1996年 8 月)，第 3—4 页。

[32] 关于韦均一：参见甘兰经所撰《韦均一年表》，刊于《水》第十五期（2000 年 12 月），第 22 页。又见寰和的散文，刊于《水》第十一期（1999 年 8 月），第 6 页。

[33] 武龄的子女叫自己的母亲"大大"，叫韦均一妈妈。

[34] 张绪是五世纪时吴国人（现在的苏州）。他以气质优雅潇洒出名。南朝的齐武帝曾指着灵和殿前的杨柳说："此杨柳风流可爱，似张绪当年时。"

[35] 这里所用的是三世纪（魏晋时期）《七步诗》的典故，该诗表现出作者曹植和他的哥哥曹丕（当时魏朝的皇帝）之间的紧张矛盾。

[36] 韦均一悼诗：刊于《水》第三期（1996 年 10 月）。

[37] 刊于《水》第三期（1996 年 10 月）。

[38]《杜甫诗选》，第 149 页。

[39] 武龄的诗：收录于《水》第五期（1997 年 6 月）。

第八章　学校

　　一九二一年到一九三七年之间，武龄为他创办的女校花费了二十五万银元。十六年间，乐益女中培养出来的毕业生不到三百人。真真是一桩奢侈的事业。学校的教导主任，在为一九三二年毕业班纪念册作的序中，不禁问道：这么大的投入，和如此少的产出相比，是否值得？有人能评判这种结果吗？又该如何去评判呢？在他看来，没有人能轻易算出乐益的投入和产出之间是否成正比，人们对它的褒贬或财务报表也不能代表公平结论。不过他希望毕业的同学考虑这个问题，记住她们在乐益的时光。他告诉学生们这个学校"始终未有一丝一毫是受惠于校主以外的第二者的"，所以校主视乐益如珍宝，而学校本身也有可贵之处。他写道："知道你的母校！认识你母校是怎样一种精神！是否值得你去记忆她？你应否给以精神上的帮助？"[1]

　　学校的投资人张武龄在纪念册的序言中没有说教，而是讲了一段有关八世纪唐朝进士的故事：

唐朝进士有雁塔题名故事，后世传为佳话。降至前清，每逢举行考试年份，有乡试、会试同年齿录刊行，同时获榜者，互相称为同年，毕生交情甚笃。顾彼时士人，多数闭户读学，偶以同试、同榜之机遇，成就一种交际，不但本身重视，往往一二世后，认为世交，不废联络。泊入社会服务，同在一界或同在一事业者，因联络有素之故，较之他人，能少隔阂，增进效益。今诸毕业同学，自入本校以来，数年同师同级，受课一室之内，平时同坐同息，切磋互助，其相互关系之切，内心相知之深，迥非泛泛可比。[2]

那年只有十九名毕业生。武龄没有在她们面前编织美梦，也没有任何浮夸之辞。他只希望这些学生记住大家的同窗友情，维系她们在乐益建立的小世界。这就足够了。后来，友人和家人都说武龄之所以为乐益付出那么多，是因为他立志致力于女子教育。他自己的文章中却从来没有这类话。和第一个妻子陆英一样，武龄是个新世界的创造者；他性格沉静，不是宣传家或活动家。他为学校写的校歌流露出他内心深处的想法："乐土是吴中，开化早，文明隆。泰伯虞仲，孝友仁让，化俗久成风。宅校斯土，讲肄弦咏，多士乐融融。愿吾同校，益人益己，与世近大同。"[3]

泰伯和虞仲都是周文王的伯父，文王是周朝的奠基者，也是中国历史上最有名的贤君。泰伯和虞仲在很久以前便到吴国定居，苏州就是吴国的故地。汉朝史学家司马迁说泰伯的幼弟季历娶妻太任[4]，太任端庄贤惠，给他生下儿子昌，昌一生下来便有福相，显示出他会成为有为贤君："（泰伯、虞仲）知（父亲）古公欲立季历以传昌，乃二人亡如荆蛮，文身断发，以让季历。"[5] 在《论语》中，孔子称泰伯具备"至德"："三以天下让，民无得而称焉。"[6] 在孔子看来，谦隐退让，以至于自我隐匿，是最高的一种道德。这样的人可以移风化俗，改变他所在地方的风气。泰伯使得苏州一带渐渐开化，武龄就选择了这里来设立他的乐益女中。他相信在这块他称为"乐土"的地方建立学校，"宅校斯土"，他的学生必能"益己及人，必获常乐"。这就是他的乐观精神，也是他对"乐""益"二字的诠释。

一九二一年秋乐益女校创立，其地址先是设在憩桥巷一所租来的房子里。这校址是临时的，地方局促，根本不能发展，而且有人说这里闹鬼，因为几年前发生过一起凶杀案。一九二三年初，武龄将乐益女中迁移到苏州公园旁边的一块空地上。武龄希望自己的子女能够在学校附近长大，能接近乐益的学生，能够在假日和暑期到学校篮球场上玩耍。此时他已经再婚，他的新妻子想要新的开始，而且因为她也在学校工作，所以搬迁也会带给她方便。[7]

新的校舍占地二十多亩。包括十四栋两层楼高的建筑，三十多间由走廊连接的平房，一个草场，一座茅草亭，一片梅树。最初，这二十多亩地上，是一个桑树园和一片古老的坟地。学校就建在荒坟上。刚刚创立时，还有一些坟露在外面，地上偶尔可见古老的骷髅。后来景观慢慢有了变化。有一次，武龄买下一所花园，就是为了把那里的梅花移植到乐益女中来。整个学校的建立和造景花费超过两万银元。[8]

每年学校都通过上海和苏州的报纸招生。报名一年级上学期的学生必须提供小学毕业文凭；转学的学生要提供原校成绩单。入学考试的内容包括国文、数学、自然科学、历史、地理、政治和英语。只有一年级上学期的学生可以免考英语。外地的学生在考试前一天到校集合，在宿舍过夜、用餐。报考费用是半个银元。一九三二年乐益有五十个新生名额、三十五个转学生名额。（一九三二级的学生在一九二九年入学，当时共四十四人，次年只剩下二十五人，毕业册上说同学"多为了特殊原因，先后中途退学了"。)[9]

乐益女中的学生受到的教育广泛而自由。学生既读白话和翻译作品，也读文言文和古典诗词。她们每天都有体育课，大部分学生都会参与一些校内的体育活动，比如田径、足球、篮球等。乐益女中的学生还是苏州年轻女性中最早剪短发的。[10]

一九三二年，乐益的学费是每个学期二十银元，住宿费六元，伙食全包的话是二十八元，另外还有四元用于图书馆、运动和学杂。全日制寄宿生的总费用是一百一十六元一年，在当时的私立学校中相对便宜。[11]学校每学期设立十名奖学金名额，四名奖励优等生，六名补助贫困生。学校每年学费的收入不超过三千五百元，而单单教职工的薪水开销就要九千元以上，缺口就由武龄一人来填。每年开学时，武龄的子女往往不能确定他们是否还会返回学校上学，他们都明白，乐益的经费优先于他们的学费。[12]

乐益的教师收入不差，教学钟点费大约是五角，月薪大概是四十元，在二十世纪二十年代后期，这是城市中等学校老师的一般收入。[13]一九三二年毕业班纪念册中登录了十六名教员，其中两名是共产党员。[14]在二十世纪二十年代，共产党员更多一些。事实上，一九二五年共产党苏州支部的第一次会议就在乐益召开，会议组织者侯绍裘当时任乐益女中的教导主任。

武龄聘请侯绍裘担任教导主任时，侯绍裘还是上海西边松江镇上一所女子学校的教导主任，武龄可能并不清楚侯先生和共产党的关系，或不知道他的政治观念。武龄可能有些天真，要不他就单只想找一个精明能干的人来当教导主任。侯先生完全具备这种资格。一九二三年或一九二四年，在没有政府资助的情况下，他帮助维持了上海地区的两所私立学校。仅凭此事，就可以让他成为许多校长、校董寻求的学校管理人才。[15]开办之初六年，乐益的教导主任换了六个，这也意味着，武龄只要能找到合适人选，根本不会去在意他的背景。而且，二十世纪二三十年代人们的政治背景变化极快极大。周佛海[16]就是个好例子，二十世纪三十年代初，他是江苏省教育厅长，乐益女中一九三二年的毕业纪念册上还有他的题词。他在一九二一年参加了中国共产党第一次全国代表大会；二十世纪二十年代末，他又在蒋介石领导的国民党里担任宣传部长和政治理论家；一九三九年他加入了汪精卫的联合政府，为日本人工作。

不过武龄当时并没有认识到侯绍裘是个天生的激进派、煽动家——就像烫手的山芋——他的出现会给学校带来严重后果。侯绍裘儿时最崇拜的人是宋朝的民族英雄文天祥和岳飞。上中学时，他一个人跑上街头散发反帝国主义的传单。进入南洋公学后，他参与的活动更多了。一九一九年北京爆发五四运动，侯积极响应，在上海组织学生罢课，并担任了上海学联的主要联络人。他自己创办刊物，常常在上海街头发表热情洋溢的演讲，宣传日本帝国主义的罪恶和民族觉醒的重要性。有一段时间，他沉迷于巴枯宁（Bakunin）的著作，策划反对上海资本家的恐怖活动。[17]

侯绍裘在南洋公学（后来改名交通大学）上学期间就是著名的激进主义者。该校是一八九六年由李鸿章的弟子盛宣怀奏请清廷筹办的，从一开始，它的办学目标就极为明显：这是一所着意培养理工人才的科技大学。它的课程以西学为主，学校的资金全部来自政府，所以其教育理念也反映出朝廷的意愿。当时朝廷顽固地相信中国的道德优于西方。所以南洋公学的学生在接受西学的同时，也要学习儒家道德哲学。眼界更广阔的有识之士都知道这种学习西方的方法并不能解决中国的问题。就像张树声在"遗折"中所写：西方人"驯致富强"是因为西学"具有体用"，而"中国遗其体而求其用，无论竭蹶步趋，常不相及"。[18]

尽管辛亥革命推翻了清政府，南洋公学仍然小心地保留它对于中国文化的保守观念。[19] 学校坚持认为十九世纪晚期以来"中学为体，西学为用"的思路仍然可行。虽然教科学和工程的老师在课堂上更多地使用英语，修身课的老师却鼓励学生阐述一味模仿他人、忘却固有文化的危险性。侯绍裘在南洋公学就读期间，校长唐蔚芝每周都会发表以"诚"或"克欲"等理学命题为名的演说。每月初一、十五，唐校长会领导全校师生举行祭孔礼，每年的孔子诞辰日还要举行祭祀大典。唐为了捍卫道德衰败、文化污染而展开的战斗和十九世纪八十年代的清流运动相似，不过更加孤单，而且在二十世纪二十年代这些举动更显荒谬。那年，侯绍裘和他的一班同学砸掉了孔子牌位，并在学生会中提议校方废除孔子诞辰庆典，他们因此被学校开除。校方指责他"举动激烈，志不在学"。[20] 共产党方面在给侯所写的传记中称他被开除时成绩优秀，不过侯自己的说法可能更准确，他在提到校方时说："我的意志，又岂是他们所能改变的！"[21]

一九一九年到一九二〇年间，侯绍裘最热心的工作是在城市工人阶级中普及教育，提高他们的政治觉悟。五四运动后的那个夏天，他和三个同学创办了上海第一所专为工人和农民办的义务学校，在第一年吸引了大约五十个成年学生。到一九二二年，学生人数增加到一百一十三名：四十九个是产业工人，十二个是手工业工人，店员、学徒十六名，二十四个学校工友，农民五人，六个小学生和一个失业工人。他们借用了一所中学的教室，在晚上七点半到九点之间上课，除了读写之外，他们还会接触到历史、科学及时事等课程。老师自己编写教材，从报章杂志和进步刊物中取材。学生发行了一份周刊，其内容反映了社会主义思潮对他们的影响。在一九二四年出版的一期刊物中，有位工人学生写道："资产阶级只知道吸取别人的脂膏，作自己的享用。"[22]

大约在"义务学校"小有成就的时候，侯绍裘同时在为松江的景贤女校奔走，希望能够使它避免倒闭的命运。到一九二三年，侯绍裘的活动政治意味越来越浓。他在五月加入了孙中山领导的国民党，七月又加入共产党。在一九二三年这种行为是可行的，因为这一年两党领袖决定要相互联合，使得中国不再陷入军阀和外国帝国主义势力手中。在"联合战线"的相关协定中，规定其中一党的成员可以加入另一个党派，同时也保留他原来的党籍。

加入共产党后，侯绍裘很快开始将景贤女中作为秘密会议的基地。在该校，共产党员拟订了在江苏和浙江扩大其影响的计划。根据后来共产党历史学家的记载，侯绍裘"亲自在……师生中培养和发展了一批共青团员，并个别吸引优秀分子加入共产党"。我们知道在一九二四年侯陪同毛泽东和共产党书记到松江县待了很长一段时间。很可能毛泽东参加了这些秘密会议。[23]

因此，一九二五年侯接受武龄的聘请到乐益任职，或许并不觉得这份工作特别有吸引力。他在松江和上海有大量工作可做。他是两所学校的教导主任，一所是景贤女中，一所是上海大学附中，而且后者的规模相当大。他为上海大学集资，同时全力从事上海的工人运动。所以一九二五年他来到苏州，想必身负别的任务。[24]

那年一月，中国共产党第四次全国代表大会在上海召开。会议通过了修订的章程，使得申请入党更加容易。同时鼓励党员成立支部，发展新党员。在此之前，共产党集中力量发展产业工人，但很快发现这些人并不一定对无产阶级政治活动有兴趣。所以在一九二五年，共产党领导决定吸收各种人，不光是工人、农民和学生，而是所有"有阶级觉悟的分子"，加入共产党。一九二五年九月侯绍裘在乐益上任后，马上成立了中共苏州党支部。[25]

侯绍裘带了三名共产党员和五名共青团员一起来苏州。其中两个女性共青团员是景贤女中的教师。在侯的"邀请"下，她们都成为乐益的教员。中共第四次全国代表大会上修订的章程规定成立一个支部，至少要有三名党员。侯绍裘加上他带去的人已有了四个，加上五个团员，后者只要通过考试，就可以正式入党。这个小组每周至少在学校开一次会。[26] 武龄肯定有所耳闻，但他从不过问。

一九二七年四月，国共两党的合作破裂，蒋介石在上海借助帮会的势力和武装力量，在租界警察的帮助下，清除了国民党的左翼。不过在清党之前，国民党中的部分人——主要是极端右翼分子——对党内共产党员的存在深感不安。他们怀疑共产党加入国民党的用心，同时又嫉妒他们在国民党的权力组织中占据了一些领导地位。他们指控共产党员利用民族解放运动，暗中发动农民、工人进行社会主义革命。在苏州，地方政府在一九二六年一月向武龄施压，逼他解雇侯绍裘，这时侯绍裘刚刚上任四个月。他们说侯的活动构成对社会的威胁，同时他们还逼迫武龄关掉乐益女中的高中部，并警告他如果不听从，就会采取进一步行动。武龄除了辞退侯绍裘，别无选择。[27]

离开乐益后，侯绍裘没有返回教育界，却义无反顾地闯入政治旋涡。他在国民党江苏省党部工作，并努力使其向左转，因此成为右派的仇敌。一九二七年蒋介石发动清党，他被逮捕，同年死在南京监狱中。监狱看守割断了他的喉咙，然后将尸体抛入了秦淮河。[28]

有越来越多的证据证明，共产党早期的活动经常和女校相关。[29] 中国共产党召开第一次全国代表大会时，代表们最开始的集合地点就是上海法租界一所女校的教室中。侯绍裘和两所女校有关，并利用学校作为其活动的基地。从二十世纪初期，中国末代皇朝灭亡之前，公立学校和军事学堂就是革命的温床，二十世纪二十年代，共产党特别指出，除了铁路、工厂和矿山外，兵营和学校也是吸收新成员的理想之地。但共产党活动经常和女校相关，难道是因为早期共产党已经考虑为他们的革命培养女性领导人？难道女校中那么多老师成为共产党员只是一种巧合？是否因为女校看上去不显眼，所以相对安全一些？但显而易见，苏州当局没过多久就开始注意乐益女中，并且指控老师中有人进行颠覆活动。

在这起案子中，政府的指控不无道理。侯绍裘在苏州的短暂逗留有着明显的政治目的。他带来了一支宣传队伍，很快开始开展工作，在国民党集会中进行宣传，同时也向那些最可能接受社会主义理念的人宣传。侯还邀请中共著名人物到苏州来，在公园和礼堂举行公开演讲，谈中国关税制度和反抗帝国主义等问题。在他逗留的几个月中，国民党中的左翼从三个增加到二十多人，十一人加入了共产党。这十一人中，有四个工人、五个教师和两个学生。这种情况引起了当局的警觉，他们对社会主义革命可能产生的后果自有看法。所以他们指控乐益"赤化"，并决定驱使侯和他的小组离开。[30]

像侯绍裘这样的老师会对学生产生多大的影响很难说。侯在乐益只待了几个月，而且大部分时间用来做他认为重要的工作。所以他没有对课程设置和学校的整体政策产生太大影响。不过对于学生来说，有一个像侯这样的新教导主任想必是一件激动人心的事。他年纪轻轻，充满理想——对未来有很多设想。元和与允和那时都是乐益女中的学生，她们对侯的印象不深，只记得他是个文质彬彬的人，其他全不记得了。事实上，比起侯绍裘来，他来校前几个月发生的五卅惨案及由此引起的一系列事件，留给她们更深刻的印象。

五卅惨案的起因是上海工人为了反抗外国工厂主，发起的一连串罢工、抗议运动。这一惨案发生于一九二五年五月十五日，日本纱厂的一个监工射杀了一名工人，随后引发了不断的抗议、逮捕。

五月三十日，在上海公共租界里爆发了大规模的示威活动，一名英国巡捕下令警察向群众开枪，导致四人死亡、五十余人受伤，其中八人后来不治身亡。这一惨案激发了一场全国范围的运动。一夜之间，爱国主义激情席卷全国。在上海发起了全面的罢工、罢市、罢课，各个城市的国民党和共产党成员、学生、教师、工人、农民，纷纷走上街头，声援上海工人。中国共产党成立了总工会，帮忙协调上海的反抗运动，并与工人领袖共同发起在香港和广东的罢工。[31] 在此期间，侯绍裘这样的社会活动家赢得了民众的信赖，也吸收了不少成员，使共产党在长期的低潮后重振声威。

苏州的情况有所不同，尽管中共史学家在后来说法不同，但五卅惨案在当地引发的各类活动和共产党活动家无关。在乐益女中，校方决定停课十天，让学生参加集会。学生还搭建了临时舞台，演出节目为上海工人募捐。[32] 据上海《申报》报道，苏州捐献了六千多银元，而"组织募捐乐益女中成绩最优"。[33]

元和与允和说起那年春天的情绪，都是既愤怒又兴奋。她们说，在倾盆大雨中，和老师、工人一起在街头游行、为上海工人募捐是激动人心的事。行动高潮是三场由学生组织，向苏州市民募捐而举办的义演。早几年，年轻女性根本想象不到她们能从事这样的活动。但是在一九二五年，学生已经可以和老师一起策划演出内容和方式了。她们把旧剧改编成短剧，还从上海请来两位职业演员壮大声势。不过总的说来，学生才是这三天的主角。

上演的剧目改编自古典戏曲：《昭君出塞》、《空城计》、《红拂记》。[34] 奇怪的是这些剧目都没有体现爱国主义主题。《昭君出塞》可能是取材自十四世纪元杂剧《汉宫秋》并加以改编，使其更适应当时舞台演出的需要。王昭君是汉代的一个宫女，出于"和亲"政治的需要，被送到北方塞外，与游牧部落的首领可汗成亲。皇帝从数百名后宫佳丽中挑选了她，不过他从没有当面见过她，只看过一幅把她画得很普通的画像。当昭君到他的宫殿辞行时，他发现自己犯了大错。像所有精彩故事中的情节一样，皇上无法自拔地爱上了昭君，却再也不可能拥有她了。《空城计》是京剧，取材自著名的小说《三国演义》。一九二五年，在乐益只有武龄从上海请来的职业演员才能演出此戏（张家姐妹虽然学了一段时间戏了，但还不能登台演出）。这出戏和《昭君出塞》一样，全靠设计，不过《昭君出塞》的悲剧情节像是出自天意，而《空城计》则完全靠人谋。它讲的是军师诸葛亮怎样设计，在数千名敌军来袭时，保护住了一座空城，并吓退敌军。诸葛亮机智多谋，而且是位高明的冒险家。在这出戏里，他极其冷静地坐在城头抚琴，虚张声势地吓跑了敌人。第三出戏《红拂记》应该是乐益学生最感兴趣的，取材于晚明一位也姓张的苏州作家撰写的传奇 [35]，原名就叫《红拂记》。剧中主角红拂是六世纪隋朝一位权臣家中的奴仆。虽然地位低贱，她却才智出众，极有骨气。有一天府中来了一位客人，红拂对他一见倾心，看出这个人绝非凡俗，她跟踪此人到他所住的客栈，并表示愿意和他私奔。戏剧表现了他们在外闯荡和终成大业的故事。这一剧情和五卅惨案后几个星期中的群众激情也没有什么直接联系。

二十世纪二十年代末，学生演出的戏剧已经有所不同了。他们开始演出带有强烈民族意识的当代戏剧，郭沫若的《棠棣之花》在当时最受欢迎。[36] 其实它本身并不算好戏，郭沫若在二十世纪二十年代初创作了该戏，后来只保留了其中两幕。当时他大概二十八九岁，刚开始对社会主义思潮和德国表现主义文学产生兴趣——它们加在一起，并不见得会对创造力有所帮助。他笔下的人物说着陈词滥调，对军阀主义的批判也显得相当粗糙。

《棠棣之花》出版两年后，郭沫若成了马克思主义者。他写信告诉朋友自己的转变和对文学的最新看法，说"昨日的文艺是不自觉的得占生活的优先权的贵族们的消闲圣品"（《昭君出塞》、《空城计》和《红拂记》恐怕都属于此类），而"今日的文艺，是我们现在走革命路途上的文艺，是我们被压迫者的呼号，是生命穷促的喊叫，是斗志的咒文，是革命预期的欢喜"。[37]

"今日的文艺"意味着作品既有时效性，且有所指，有时它和爱国文学混为一谈（共产党借此从民族运动中获利）。当时，很多学生都喜欢阅读、上演此类作品，乐益的女生也不例外。学生自己也创作此类作品。一九三二年毕业的乐益学生都要给毕业纪念册写一篇文章。这些文章中有散文、诗歌、短篇小说和戏剧。有些作品对社会不公表示不安；有些对国家前途充满忧虑，因为在一九三二年中国正处于前途最黯淡的时刻（一九三一年秋日本已经占领了中国北部；几个月后又轰炸、攻击了上海贫民聚集的闸北区）。这里收集的散文佳作描写细腻而有条理：有些学生观察日本的内务，探讨日本的温和派是否能遏制军国主义势力；或是讨论中国与俄国和西方国家改善关系的利弊所在；还有人讨论当权军阀和日本和解是否值得。这些作品显示出，学生在上政治类课程时有多么认真，以及她们多么关注时事。她们的作品读来不像出自青少年之手，手法相当客观。[38]

纪念册中的小说很难评价。其中有些相当浅显——无非是些赚人眼泪的老套情节，比如一月日本轰炸上海后，母亲失去了孩子，父亲被迫卖儿女，壮年男性对前途灰心失望等（像郭沫若、曹禺这样的作家对学生的影响相当清楚）。其中最有创意的是一篇名为《贫与富》的小说。标题可能太过直露，但是写作技巧很灵活，白话语言运用自如，创造出令人难忘的角色：

雨后的第十九天的 Ａ 村，一向被认为那边的巨头，却会齐
在根福的家里，他们走进了打扫得很清洁很潇洒的屋，根福的
女人，清艳的容貌和周到的招待，真使他们心里轻松了许多。
她和平时一样地妩媚地笑着，和平时一样地应接着这些高宾的
莅至，切了些很可口的松花糕给他们吃。

"不论怎样不高兴的时候，漂亮女人的笑脸，终是可爱的。"
坐在长凳上的银寿一边如此想着，一边尽命的抽着根旱烟管。

"根福有如此漂亮的妻，真是好福气，管什么浪费家财，
只要能换到好看的女人。"另外一个农夫瞟了她一下之后这样
地想。[39]

作者唐月华，曾经多次获得作文比赛奖。她最要好的朋友说
她"性沉默，寡言笑"：

不知者每谓其崖岸自高，傲慢无礼，实则君之情之性，有
由然也。君思想新颖，言行每不落他人窠臼；喜阅小说，是其
特嗜，且能于精彩处，简练而揣摩之，即至形劳神疲，欣欣然
无倦色。

唐月华写的是一群农夫在根福家的聚会——大雨淹坏了庄稼，
他们商量怎样来维持生计。虽然心情不好，他们还是注意到了根福
妻子的笑容与可爱之处。根福的妻子并不是主要角色，但是她使年
轻作者试图创造的世界更加人性化了。在唐月华的小说中，并不是
每一个人物都如此鲜明动人。在人物的善恶设置中总是处于反方的
地主，塑造得最不可信。这个人物既平面又矫情，就像所有社会主
义文学中的地主原型，完全没有同情心和人类情感。

我们不禁要好奇，不知道武龄是怎么看待这些作品的，因为他也是个地主，而且是合肥数一数二的大地主。唐月华就读的乐益女中，靠的就是他的佃户——他们上缴的实物地租——作为学校的经济来源。这是乐益女中的吊诡之处，而武龄对此泰然处之。他从来没有试图解决这一矛盾，于是乐益的老师可以随意进行集会活动，学生也可以随意描写贫富悬殊。在此意义上，乐益确是天堂——不过和武龄在校歌中描写的"净土"不一样。在这个天堂中，泰伯和虞仲的美德面临挑战，其对手深思熟虑，积极进取，有时散发出难以抵抗的魅力，这儿的"多士"多半时间都不能"乐融融"。

一九三七年乐益女中关闭。日军已经逼近，前景一片灰暗。武龄夫妇迁回合肥。战后，充和姐妹回到苏州，一切似乎都已变化。在她们离去后，日本人把乐益改成医院，然后又用来当监狱。拉黄包车的常常到学校来，把犯人拉去刑场。教室里的窗户改高了，离天花板很近。墙上留有很多记号，那都是犯人们为了消磨时间信手涂鸦的结果。

注 释

[1] 教导主任的话：见乐益女中民国二十一年毕业班的纪念刊《序四》。一位乐益女中一九三二年的毕业生将她珍藏的毕业纪念刊寄给了四姐妹的小弟寰和，寰和让我读了该刊。此书成为我写乐益女中的重要资料来源。全书包括：张武龄、韦均一（张武龄妻，乐益女中校长）、教导主任（韦均一之弟）撰写的序；校史简述；校歌、十九名毕业生的照片（每张附同学代为撰写的小传一篇）；全体毕业生的文章选登；学校招生简章；每年学生注册人数和学杂费等。

[2] 乐益女中民国二十一年毕业班的纪念刊《序二》。

[3] 乐益女中民国二十一年毕业班的纪念刊。

[4] 关于太任的描述，参见《诗经》第一章。

[5] 泰伯和虞仲：见司马迁《史记》卷四《周本纪》，中华书局版，第115页。

[6] 见《论语·泰伯第八·第一章》。

[7] 关于乐益的历史：参见允和的文章，刊于《水》第九期（1998年12月）。

[8] 1926年，一银元约合五角美金。

[9] 1932年的毕业生：见乐益女中民国二十一年毕业班的纪念刊《级史》。

[10] 短发：见允和的散文，刊于《水》第九期（1998年12月）。

[11] 学费：乐益女中民国二十一年毕业班的纪念刊末页。与 Wen-Hsin Yeh 在 The Alienated Academy 一书中所述学费相比，乐益的学费似乎偏低。

[12] 子女的学费：见允和的散文，刊于《水》第三期（1996年10月），第2页。

[13] 参见 Sidney Gamble, How Chinese Families Live in Peiping（New York and London：Funk and Wagnals.1933），第317页；又参见 Yeh, The Alienated Academy，第195—196页。武龄的儿子寰和提供的数据和韦布在民国二十一年毕业班的纪念册中提到的不符。由于韦布是当时乐益的教导主任，我决定使用他的数据。

[14] 乐益的教师：乐益女中民国二十一年毕业班的纪念刊，第70页。

[15] 见《中共党史人物传》第八卷，第132页。Yeh 在 The Alienated Academy 中也有对他的描写，见该书第147页。

[16] 关于周佛海：参见 Boorman, Biographical Dictionary of Republican

China，又见该书第 147—148、150 页。

[17] 见《中共党史人物传》第八卷，第 133—139 页。

[18] 见《张靖达公奏议》第 559 页。

[19] 关于南洋公学：参见 Yeh, *The Alienated Academy* 第 93—94、98—100 页；又见《中共党史人物传》第八卷，第 135 页。

[20]《中共党史人物传》第八卷，第 135 页。

[21] 同上书，第 139—140 页。

[22] 关于义务学校：《中共党史人物传》第八卷，第 136—138 页。

[23] 关于毛泽东：见《毛泽东年谱》第一卷，第 126 页，《中共党史人物传》第 145 页。

[24] 在上海的活动：《中共党史人物传》第 146 页；Yeh, *The Alienated Academy* 第 147 页。

[25] 关于中国共产党历史的文献和分析参见 *The Rise to Power of the Chinese Communist Party*, edited by Tony Saich, 第 149—151 页；又见 Philip Short, *Mao*, 第 148—149 页。

[26] 成立支部：见 *The Rise to Power of the Chinese Communist Party*, edited by Tony Saich, 第 149—150 页；《中共党史人物传》第八卷，第 149—150 页。

[27] 国共合作和破裂：见 Jonathan Spence, *The Search for Modern China*, 第 334—354 页；见乐益女中民国二十一年毕业班的纪念刊《校史》；《中共党史人物传》，第 152 页。

[28]《中共党史人物传》，第 153—167 页。

[29] 共产党与女校：Philip Short, *Mao*, 第 119 页。

[30]《中共党史人物传》第八卷，第 151—152 页。

[31] 五卅：见 Philip Short, *Mao*, 第 153 页。

[32] 五卅中的乐益：在中共党史的侯绍裘传记中，侯到乐益女中

的时间是 1925 年秋天，后文又说，乐益女中的义演是在侯的帮助下筹备的，他还参与了演出。这两处说法显然相互矛盾。乐益女中的毕业纪念刊中也说侯是在秋天到校的。见《中共党史人物传》第八卷，第149—151 页；见乐益女中民国二十一年毕业班的纪念刊《校史》。

[33] 转引自寰和的文章，见《水》第三期（1996 年 10 月），第3 页。

[34] 三出戏：《汉宫秋》的英译见 *Anthology of Chinese Literature*，compiled and edited by Cyril Birch，第 422—448 页。《空城计》、《红拂记》分别收录于《戏典》第一卷，第 401—416 页；及第三卷，第2036—2060 页。唐代杜光庭的小说《虬髯客传》，后改编成戏曲《红拂记》。此剧的演变史及内容可参见 *The Indiana Companion to Traditional Chinese Literature*，第 210—211、823—824 页。

[35] 张凤翼（1527—1613），明代戏曲家，尚有六部作品存世。

[36] 《棠棣之花》：见郭沫若《郭沫若剧作全集》第一卷。郭沫若曾谈到自己创作此剧的经历，见第 330—332 页。又见 David Roy 在 *Kuo Mo-jo* 一书中的相关讨论，第 96—97 页。

[37] 郭沫若与马克思主义：参见夏志清《中国现代小说史》，第 124—127 页。

[38] 学生作文：见乐益女中民国二十一年毕业班的纪念刊，第1—68 页。

[39] 见乐益女中民国二十一年毕业班的纪念刊，第 13—21 页。

第九章　保姆们

　　武龄去世后，子女们对他的依恋之情更深了。然而旁人会用一种不同的眼光看待他，有人说他虚度一生：他挥霍了大量家产，作为父亲太过纵容子女，让孩子们事事自作主张。子女们承认这些说法有一定道理，但绝不全面。他们说，如果没有父亲，他们不会拥有那么好的选择机会，也不能拥有这样宽容豁达的人生观。子女们不愿用传统的尺度衡量自己的父亲。他们对父亲的了解来自亲身体验的情感教育，这是一种无法用言语表述的私人体验。在母亲死后，他们的这种心情只能和保姆们分享。

　　武龄和孩子们的保姆们相处很好，而且保持特殊关系。他对她们温文有礼，而保姆们却总是心存疑虑。她们尊敬武龄的学问和人格，但总觉得他在机灵敏捷方面还不如自己。她们也不相信对于当代的东西，武龄会有什么高明的观点和品位。保姆中最粗鲁的是汪干干，她是武龄第四个儿子宇和的保姆。她来自合肥北部的乡村，生下儿子不久，丈夫就死了，那时她还很年轻。宇和写道："她没有文化，一字不识，是干干们中最笨拙的一个。住九如巷那么多年，除了离家不出一百米的平桥头外，到观前街就认不得回家。说话虽然平和，用语却极端粗野。"

保姆们会说干净的"素"故事，同时也会说些荤段子。这些连家里的女孩子都知道。当然，她们只听得到前一种。在她们面前，保姆们自律很严，以免让女孩子想入非非。但是据宇和说，汪干干是个例外。她常常自创词汇，虽然不能说粗俗猥亵，但总归不雅。她管"喝"叫"灌"、"睡觉"叫"挺尸"、把"哭"说成"淌猫尿"、"讲闲话"说成"嚼蛆"、"闲逛"成了"骚浪"，有时候还把鼻涕和脑浆混为一谈。宇和感冒流鼻涕时，她会说："看你，还不赶紧把头脑子打浪打浪！"和别的保姆一样，她对自己孩子的事样样都要管。用宇和的话说，就是"管头管脚"，她不许宇和吃饭时呷嘴，不许他把饭粒撒到桌子上，不许吹口哨，否则她会骂："嘴噘得像鸡屁股眼似的！"

汪干干对自己给宇和做的布鞋深感自豪，她针线很密，把几层布牢牢缝在一起。但是宇和的脚长得很怪，不出几天，他的新鞋就会变得和他的脚一样奇形怪状。汪干干一看就冒火："没有见过世上有这双脚！要是长在我身上，日里不得手（没工夫），晚上也下狠心把它剁掉！"

"老妈（指汪干干）干活很利索，胆子又大，"宇和写道："比井绳粗几倍的大蛇，干干们中只有她敢打。"虽然汪干干看起来很强壮，其实她有很多种恼人的病痛——主要是各个部位的疼痛。她觉得这是因为产后调养不够好造成的，当时她只歇了三天，就下地干活了。汪干干迷信民间偏方，为治腰痛，她把干蜈蚣、蝎虎夹在粑粑里吃。若是偏头痛发作，就吃猪脑。猪脑可不像干蜈蚣、蝎虎那么容易弄到。她必须请厨子上街时帮她买；而且猪脑是美味，价格自然不菲，她往往要存几个星期的钱才能买得起。最后，为了使这一偏方生效，她还得挑选一个吉日，等到别人都上床睡觉了，端着那碗猪脑绕着水井向右走三圈，再向左走三圈，整个过程不能出声。一天晚上，当她正在履行这套仪式时，武龄听到井边有脚步声，还以为是哪个仆人要自杀。他起身，来到花园中，看到汪干干严肃地端着碗在井边绕圈子。"老汪，"他问道，"你在干吗？"汪干干根本不想开口，因为这样就会破坏仪式，之前的努力将会白费。但武龄又一次发问，她最后只好回答："你以为我在干吗？我在吃猪脑治头痛。"武龄可能没听出她语气中的火气，还开玩笑说："人头痛吃猪头脑，猪头痛吃什么呢？"汪干干反驳道："我哪知道猪吃什么！猪还头痛？"

总的说来，汪干干不太敬佩读书人，不论男女。她孙女刘翠英入学时，她首先想到要给孩子起个正式体面的学名。孙女请老师帮忙起名，老师给起了个"佩珠"，"佩戴珍珠"之义。但由于"珠"和"猪"同音，汪干干对这个新名字很是生气，她讥讽道："已经是牛（刘）了，还配（佩）上个猪（珠）！"

汪干干也不习惯当时的学生和时髦男女喜欢用的词。许多新词都是用古典词汇改造而成的，或者是从日语中借用。这些新词的出现是为了适应新的现代生活方式、新的知识体系中的概念，例如心理学、社会学、物理、化学、生物科学等。有次她责备宇和回家太晚："你'骚浪'到哪儿去了？"宇和回答："演戏，老师叫练习表演。'表演'，你懂吗？""我是不懂，"汪干干回敬道，"'裱眼'、'裱眼'，还'糊'鼻子！"宇和从来没搞清楚汪干干是在讽刺他的托词和他喜欢用的新词，还是真的就有那么粗野。[1]

汪干干并不是唯一一个对摩登事物心存怀疑的人，别的保姆也觉得新东西大多很可疑。这倒不是因为她们都很守旧落伍，而是她们觉得这些新东西不够雅致，还可能引发一些新问题，或是破坏礼俗。武龄收集了大量新奇发明，对此，她们倒并不太反对。武龄有一二十架照相机一直都锁在抽屉里，因为他从来没有学会使用方法；留声机可以用来播放京剧和昆曲，所以保姆们都喜欢；放映机可以放查理·卓别林的无声短剧，引得她们哈哈大笑。但是武龄对西方艺术的爱好，就是另外一回事了。有段日子，武龄从上海、或从二十世纪二十年代末在苏州成立的美术学校买来了西方风格的雕塑，随意摆放在家中各处。这种裸体的公然展示引起保姆们的强烈不满。"不知羞，不知羞"，当她们走过雕像旁边的时候会嘀嘀咕咕，"还这么丑！"

保姆们对文学也有自己的看法。比起现代话剧来，她们更欣赏传统戏曲——前者揭露社会的不公，后者则是才子佳人的故事。她们喜欢老戏就是因为情节动人。她们可能并不懂唱腔中那些优美的诗词；但是她们发现比起现代剧来，老戏的唱腔更加优美动听，情感也更真实，而新剧演员说着做作的白话，丝毫不能打动观众。当代作家可能更同情农民和仆人，而这些保姆显然认为充满才情的创作比宣传意识形态的作品更合口味。

保姆中文化水平最高的是郭大姐。[2] 她母亲很久以前在合肥给张家帮过佣——不过谁也不记得她的职司是什么了。女儿郭大姐成了张家的保姆之后，当妈的便常来苏州走动，孩子们都叫她郭奶奶。郭奶奶是个戏迷；有时候她看戏太入迷，居然在大戏园子里站起来冲着演员喊："扮相真俊！"或是"走板啦！"

小时候，郭大姐就跟着母亲住在张家。（孩子们叫她"大姐"而不是"干干"，大概就是这个原因。）后来她嫁了个读书人，是个秀才。可能就是丈夫教她认字的。张家不知道郭大姐丈夫干过什么、以何为业，不过在民国时期，一个前清的初级功名至少能帮他在什么地方找到个塾师的馆地。不管怎么说，他的功名只会增强他的资历，提高他在民间的地位。

丈夫死后，郭大姐回到张家帮佣。从秀才娘子变成佣人应该是一个很大的打击。奇怪的是，这种打击似乎丝毫没有影响郭大姐活泼玩闹的天性。在张家，她成了大家的"活宝"，因为她会唱歌，又会表演，保姆们都喜欢她。郭大姐表演时喜剧、悲剧角色都能来，而且创意无穷。她最擅长的是弹词——这是一种叙事抒情长诗，由一两个演员表演所有角色。郭大姐通常演独角戏，不论闺秀、年迈君王、儒雅书生，还是负心汉，她都演得活灵活现。她一手拿着唱本，另一手拿把扇子，唱得动情时，她的胖胖的身子会颤抖起来。保姆们喜欢在临睡前聚集在郭大姐的房间里或是走廊上，在她的表演中找到心灵和情感的慰藉。她们最喜欢的是《再生缘》，这是十八世纪女作家陈端生的弹词。[3] 故事讲述女主角孟丽君为情势所迫，离开父母，悄悄地改扮男装度日。因为自身的努力和不错的运气，她在新生活中一帆风顺。她连续在乡试、会试和殿试中及第，最后中了状元，年纪轻轻就官拜丞相。正当她的事业蒸蒸日上时，外人开始怀疑她的真实身份。男性觉得她娘娘腔，接近她时会产生欲望。连皇帝都发现自己渴望能够和丞相长期厮守。有一次，在君臣夜饮、唱和之后，皇帝要求她留下来同床共枕：

　　三杯玉露饮连连。明堂郦相沉沉醉，勉强在，元帝之旁侍御筵。年少君王观看笑，回头含欢吐心田："啊，郦丞相，你可晓得朕躬爱护你的好意么？

　　前者东平上本章，大家指你是红妆。若非朕在朝前护，倒只怕，难免人谈是女郎。上谕一传方禁止，郦先生，此情此意可知详？咳！这也怪不得忠孝戏于夫子，看卿的这副容貌，委实像个美人。世间男子断然无，哪有姿容似保和……今朝半日

同游苑，寡人是，更比宫中快乐多。朕意怜卿而若此，卿心待
朕却如何？啊，郦丞相，你今朝歇在宫中罢。……与贤卿，天
香馆内尽余欢。"

"嗯！宫官们，朕留郦丞相在天香同榻……"

……郦丞相，色变心惊呆一呆。

话说郦丞相一闻朝廷圣谕，并那一派怜才惜貌的言词，不
觉柳叶生愁，莲花失色，暗叫一声："了不得……"

（君王又说：）"可记得汉光武与严子陵也曾同寝？你我君
臣怕怎生，馆中一宿可谈心。外边就有人生事，朕将他，旨到
拿来问典刑。"天子言完扯紫袖，小三公，心头不觉也担惊。
难拒却，费调停，只得争先又奏君："陛下呀，微臣十九拜三
台，已是人心有妒猜。谨慎尚然难免谤，疏狂越发更遭埋。今宵
禁御同床榻，一定说，贵显都从狐媚来。馆中留宿有所碍，这现
在，君臣并少动人猜。伏乞陛下垂恩鉴，将此情形作主裁。"

郦相奏完重俯伏，元天子，龙颜惨淡暗痴呆："呀，且
住，看他的言词面色，不是像个女人了。"[4]

这种弹词很适合演员"炫技"，一个演员要出演所有的角色：父
亲、母亲、女儿、求婚者、皇帝、婢女、闺中密友、养母养父。孟丽
君这一角色更具有挑战性。例如她和皇帝的那场戏，她的形象始终
在变化：有时一本正经；有时微醺娇媚；一会儿是男人，一会儿是
女人。她的性格也一直难以把握，有时连作者也不知道对她做何处
理。在作者陈端生二十一岁前，她完成了作品的前十六卷。十二年
后，她又续写了一卷，但是始终没有写完它。[5]最后写到皇帝已经
知道了孟丽君是女性，但她还是不愿意公布这一事实。（她在宫中被
灌醉，然后被抬到一间密室，两名宫女脱去了她的鞋袜，看到她缠

过的小脚像"金莲在水花无出")。皇帝给了她三天时间考虑自己的前途：如果她坚持女扮男装，那就犯下"阴阳乱渎我朝仪"的大罪，该判处死刑；要不她就得入宫当妃子，接受皇帝的保护。在陈端生最初的构想中，这一难题始终没有解决。[6] 书的结尾只写到：孟丽君在房间里烦恼不已，甚至口吐鲜血。[7]

孟丽君这一形象之所以如此迷人，是因为她的行为不太遵守理性或基本准则。她不惜一切隐瞒身份，并不是因为留恋自己的事业，不愿回归贤妻良母的角色。如果仅仅如此，那就太没创意了。她的独立并不是事先设计或刻意追求的；后来她逐渐认识到她能够信任、该去信任的人——比如父母、朋友、未婚夫——都让她失望，她只能依靠自己。就此而言，她的故事是一出悲剧。不知道郭大姐是否这样想，那些听过她唱弹词的人都说她的表演能始终抓住观众，引人入胜。

由于是个大块头，又充满戏剧感，所以郭大姐最适合充当搞笑角色。她可以随时随地编出戏来演。充和记得郭大姐扮演过灵媒："她身子抖得天摇地动似的，两只缠过的小脚简直撑不住。她跟旁边的人说有个寡妇的亡灵来附身了，接着就哭哭啼啼地念叨起来。"保姆们看了都觉得好笑；她们都知道寡妇的痛苦，也都能拿这种处境开玩笑。

有一次，充和的保姆钟妈来苏州。她很少来访，这次竟无意中成了郭大姐表演中的一个角色。钟妈来到汪干干房间，其他保姆都围在旁边，这时郭大姐歪歪嘴，让钟妈注意睡在床上的汪干干被子下隆起的肚子。钟妈立即会意，悄悄问郭大姐，这么多年都挨过来了，怎么现在守不住。郭大姐答道："哈不讲来（谁不那样说呢）。"钟妈拉着汪干干的手，不知道是责备她好还是安慰她。突然，郭大姐伸手从被子底下拖出一只板鼓，人群哄堂大笑。钟妈发现自己被耍了，在屋子里追着郭大姐，一边大叫："郭疯子、郭疯子。"[8]

兆和的保姆朱干干是干干中的另一位"秀才"。她是个大器晚成的人，从来不识字，直到陆英在仆人中发起"识字运动"。她每天学十几二十个字，陆英过世时，朱干干已经能读简单的故事和唱本。到兆和离家去上寄宿学校时，朱干干已开始读古典小说，对文学也有了自己的观点。朱干干个性倔强清高，不喜欢向别人求取同情或乞求恩惠，不过如果遇上没见过的字，她会在走廊上追着人问。郭大姐的阅读能力比她强，但是朱干干对阅读本身更有兴趣，而且她坚信自己的儿孙辈应该受教育。

陆英死后，朱干干在阅读时一有困难，便向允和、兆和求助。晚上她和兆和同床睡觉，兆和回忆道：

> 我睡一头，朱干干睡另一头。我已经睡熟了，她还常常在看书。遇到不认得的字，就把我踢醒问我。通常我总会胡乱应对，好让她满意，放我去睡。即使我清醒得很，知道她问的字我也不认得，我还是会胡诌乱说，免得丢脸。

兆和回忆，有一天朱干干向她和允和招手示意，叫她们到厢房去。"来，来"，她说。结果"朱干干给了我们一个大惊喜——好大一条糖醋黄鱼——只有我俩独享。鱼是朱干干买的，请大师傅在厨房里做好，酬谢二姐和我教她认字"。

陆英在世时，每天早上都把字块摆在桌子上教朱干干认字，她还一笔一笔地教她笔画顺序。朱干干一有空闲，就在九宫格的大字纸上练习。她并不是特别敏捷聪慧的人，但是求学的意志很坚定。最后，她能够自己写信了，而且她还特意寄钱回合肥，敦促自己的儿子上学。多年后，兆和决定嫁给小说家沈从文，她的保姆很不赞成这门婚事。朱干干认为沈从文配不上兆和。他是有点名气，但只是靠写白话文出名的；更有甚者，沈从文连小学都没毕业，而兆和可是大学生。

兆和很在意朱干干对丈夫的看法。她生第一个孩子时，请朱干干到北京家中帮忙，在朱干干到来之前，兆和就把沈从文的所有作品从书房中移出去。她不想让朱干干读到这些作品，因为朱干干肯定不会有什么好评。后来朱干干告诉兆和，她读了书架上的巴金和老舍的作品，觉得这两位当代名作家的作品"稀松平常"，"比旧小说、唱本差多了"。

对于朱干干来说，启蒙来得太晚了，虽然学习能力已经开始退化，她还是一个字一个字地学，因为学习给她乐趣。不过她对社会的进步并不能全面接受，比如对男女自主的新式婚姻，她就大不以为然。她不喜欢兆和挑选的丈夫，因为沈从文的前途不安定，而且家庭背景和教育程度都不如兆和。朱干干并不势利，她为兆和操心的都是很实际的问题。张家对沈家不熟悉，沈家好几代都是湘西的职业军人，而湘西在当时是不安全的蛮荒之地。兆和在国际化的大都市长大，具有现代新女性的教养，怎么能适应沈家这种家庭？跟着这么一个没钱没资产的人，兆和怎么生活呢？如果兆和自己的经济状况恶化，那么怎么办？这是朱干干当时所操心的，兆和婚后也确实碰到一些这样的问题。

事实上，保姆们都不喜欢新式婚姻。她们认为这种婚姻的前提就有问题，如果婚姻建立在爱情基础上，而且遵循自由恋爱的原则，那怎么能够持久呢？但是张家的小姐如果要先恋爱再结婚，她们也无力阻止。而且，小姐们的父亲坚决支持新式婚姻。武龄从来不替子女们安排婚事，还劝阻了向他提亲的苏州亲友。保姆们常说："我们家的小姐都是自由的，连婚姻都是她们'自己''由'来的。"干干们毕竟不希望小姐们的婚姻失败,她们总是在一旁支持,希望看到小姐们婚姻幸福,就像她们希望看到弹词戏剧中的女主角孟丽君、红拂幸福如意。

在二十世纪二十年代,张家这样的家庭已能普遍认识到仆人拥有人身自由,但是没有几个仆人相信自己或是其后代能有这样的福气。张家有个女仆的女儿,年轻的菊枝,曾经尝试过获得自由,最终还是失败了。菊枝从小就和武龄的女儿一起长大,一起在家里受教育。菊枝的母亲在她小时候就给她定了门亲,但是到出嫁时,她却失踪了。张家姐妹说是她们的家庭教师王孟鸾鼓励菊枝逃跑的。后来再没有她的消息,大家都认为她离家后不久就窘困而死。

当时,像菊枝这样的女性成了变迁时代的牺牲品。她们有了受教育的机会,并被鼓励着为自己着想、为自己找出路。但是当她们想要挣脱环境的束缚时,她们会发现老师所鼓励的根本没法实现;虽然她们和小姐们一起读书,但是和小姐们不同,她们不能期望别人会支持她们的行动。她们甚至不能奢望有孟丽君和红拂的运气——那只能是虚构作品中的逃避。到了二十世纪三十年代,情况开始发生变化。另一名仆人的女儿,也住在张家,她母亲在张家厨房帮佣,想让她退学在家照顾弟弟。这一次,武龄坚决把孩子留在乐益女中上学,这女孩后来成了运动健将。

住在苏州的时候,和张家姐妹最亲密的是高干干的女儿,金大姐。她只比元和大几个月,她既是张家姐妹的大姐,也是她们的童年玩伴。她们一起在教室读书,在花园玩耍;陆英病危时,金大姐和张家姐妹一起照顾小妹妹,让她活了三天。

金大姐的母亲是位了不起的女性。她出身极端贫寒,幼年就被抵押给张家的亲戚,后来主人想强娶她为妾。为了逃避这种命运,她仓促出嫁,结果嫁了个瘾君子。她生了孩子后,到张家当了保姆，但是她不称职：因为奶水太少，而且期限未满，她的丈夫就逼她回家了。直到丈夫死后，高干干才回到张家，成为陆英第三个儿子的保姆。在张家，她过得颇为平静，也受到主人的赏识——她的记忆力、高超的记账能力使她成为陆英的好帮手，帮助陆英把整个家庭安排得井井有条。

高干干有一子一女。儿子和丈夫一样也是个瘾君子。多年来，他在外乞讨为生，捡烟头来卖。女儿是高干干的心肝宝贝，她管女儿叫"小金子"。张家姐妹因此管她叫"金大姐"。她们知道金大姐并不姓"金"，所以决定为她正名。在家塾里，老师教她们读了司马迁《史记》中陈涉的故事：

> 陈涉少时，尝与人佣耕，辍耕之垄上，怅恨久之，曰："苟富贵，无相忘。"庸者笑而应曰："若为庸耕，何富贵也？"陈涉太息曰："嗟乎，燕雀安知鸿鹄之志哉！"[9]

陈涉并没有特殊才干，他也没有在战争中获得什么军事才能。他没有帝王贵胄的气质，连上天也没有眷顾他。但是他是第一个起来反抗秦朝的人，而他的反抗激励了更多人行动，正如司马迁所说："风起云蒸，卒亡秦族。"司马迁还写道：

> 然而陈涉，瓮牖绳枢之子，甿隶之人，而迁徙之徒也。材能不及中人，非有仲尼、墨翟之贤，陶朱、猗顿之富也。蹑足行伍之间，俯仰阡陌之中，率罢散之卒，将数百之众，转而攻秦。斩木为兵，揭竿为旗，天下云会响应，赢粮而景从。山东豪俊遂并起而亡秦族矣。[10]

一个王朝的覆灭，就根源于这样的"鸿鹄之志"。这一观点鼓励了张家姐妹，给她们的同伴金大姐起了个"鹄志"的名字。不过金大姐辜负了这个名字，她根本没有什么雄心壮志。后来她结婚成家，丈夫死后，她又回到张家。先是替兆和帮忙，然后又到了允和家。张家姐妹或许不会拿她当仆人看，但是她还是为她们打扫房间、清洗床单、照看孩子。金大姐本来不必继续她母亲的工作，但她自愿这么做。最近她的孙子发表了一篇散文，谈到他祖母和曾祖母一直将张家看做她们的恩人和保护人。张家人则说并非如此，反过来，她们觉得没有金大姐和高干干，自己将很难度过生命中的某些低潮期。

战争期间，张家姐妹的三弟定和到了四川。高干干听说定和婚姻破裂，在打击之下十分沮丧，连儿子都无心照顾，就从合肥出发去西南找定和。定和说，是高干干的到来使他走出阴影，高干干帮他照顾了儿子，整个战争期间，他都因为经济困难无力支付工资，高干干也从来没有讨要过。金大姐和她母亲一样慷慨。一九四五年张家姐妹返回苏州，她们的手头那样拮据，以至于连买锅碗瓢盆的钱都没有。金大姐给她们送去了炊具、食油、碗盘、枕头棉被，还有一个脸盆。

中国人相信人与人之间的互惠互利是最有益、最美好的人类德行，而对他人的强迫施压将会破坏这一美德。在主仆关系中，情况更加复杂。高干干和她的女儿却力求使它变得单纯。她们对这种美德的坚持，深深影响了她们的后代，以致其子女都继承了这种美德。金大姐的女儿仍然为张家做事，一九四九年，她跟着元和到了台湾。

这些保姆还有一个让人不解之处。主人把孩子托付给她们，她们就视如己出。这些"母亲"不求任何回报；在男女主人都已去世多年之后，她们仍然在回报他们的恩惠。在保姆中最爱她的"孩子"、感情也最外露的是允和的保姆窦干干。允和小时候，每逢酷暑之夜，窦干干总是在绿色亚麻帐子里给允和扇风，扇子总是比允和的头高出一段距离，免得风直接对着允和，直到允和睡着。她给允和梳头的时候，会把缎带编入允和的头发，结成桃花、栀子花或是蝴蝶结的样子。允和是她的心肝宝贝，每当允和犯错被关入后房反思时，窦干干表现得更像悲剧主角，她会哭着埋怨整个世界都亏待了允和，或是太太偏心，不喜欢允和。惩罚结束的时候，允和总是得意洋洋，窦干干却不能马上平复情绪，她会把允和搂在怀里，轻轻叫唤她的名字。

窦干干的丈夫是个小贩，在合肥老家附近卖点杂货。一天早上他带着货物出门，却再也没有回来。窦干干猜测他可能死在外面了，于是带着儿子去安庆，在衙门里找到一份工作。（这些都发生在清朝灭亡前。）有天，衙门里几个官员的儿子带着她儿子到河边放风筝，他们把风筝的线缠绕在小男孩的腰上，结果风力把男孩拖到了河对岸，线断了，男孩重重摔到了地上。事后不久，窦干干就辞去工作，回到合肥在张家帮佣，把孩子托给姑姑照看。

允和上学寄宿以后，窦干干的日子过得相当平静。她在张家又待了几年，直到韦均一将她送回撮镇，合肥县的一个小市镇。在苏州时，允和不在家，窦干干想念"二姐"的时候，就会从箱子里拿出允和的衣物摸摸、闻闻。她会告诉别人：衣服上有我二姐的味道。

大家都说，窦干干退休后的日子过得不错。一九三七年允和回合肥时，窦干干已经去世了。允和到撮镇去给她上坟，那里的人都来围观。允和的短袖旗袍在他们眼中是稀罕之物，乡人们怀疑那是不是内衣。不过他们都和窦干干很熟，而且都对她评价很高。后来允和得知，窦干干常常在他们面前炫耀"二姐"的事。

　　张家的保姆雇佣期满之时，都很舍不得她们的"孩子"。允和的四弟宇和说，就连汪干干，在他去日本留学时都情绪崩溃，痛哭流涕。当时宇和吓了一跳，因为他不知道汪干干对他有这么深的感情。汪干干曾告诉宇和，她丈夫死时，她趴在棺材上号啕大哭，直到又饿又累，结果一下吃了一大碗饭，吃完还要添。她儿子死后，媳妇把孙子留给她，自己到上海纱厂工作。过了几年，媳妇也因痨病而死。宇和回忆道："汪干干总说媳妇命苦，但脸上总还堆着笑，是无意识的，不是有意的。她不让这些事情影响她。她的意思其实就是'听天由命'。"[11] 不过宇和临走那天，她却伤心欲绝，别人根本没法安慰她。宇和后来写道：

　　　　高干干等在一旁劝说："四毛哥留学是好事、喜事，不兴哭。"老妈（我一直这样叫她）呜咽着直点头，用围裙一遍遍抹眼睛，泪水还是直涌。我当时正是"无情又年轻"，觉得未免小题大作，根本没有理会到她可能已经明白再也见不到她的哥儿了。

　　　　果然，抗战中她就在合肥乡下病故了。直到解放后，高干干提起这件事，还嗔怪她话说得不好。我走后，老妈辞工回乡的时候，老先生（高干干在解放后称呼我爸爸）问她："四毛哥回国还来吗？"她说"不来了"。我爸爸又问她："那么娶亲该来吧！"她连声回绝："不来了，也不来了！"高干干说："这话回得不好。"认为是谶兆。[12]

注　释

[1] 关于汪干干：参见宇和的散文，见《水》第二期（1996 年 6月），第 7—8 页。

[2] 关于郭大姐：参见宇和的散文，见《水》第二期（1996 年 6 月），第 7—8 页。

[3]《再生缘》，见陈端生：《绣像绘图再生缘全传》。

[4] 见陈端生：《绣像绘图再生缘全传》，12：19a—b。

[5] 陈端生：*Indiana Companion*，第 236 页。

[6] 另一个女作家梁端绳，在陈端生死后续完了这一故事，可以预料，一切都以大团圆结束。

[7] 陈端生与原书结尾：见陈端生：《绣像绘图再生缘全传》，16：14b。

[8]《水》第二期（1996 年 6 月），第 7 页。

[9] 司马迁，《史记》卷四十八，《陈涉世家》。此处原文为《陈涉世家》所附贾谊《过秦论》内容，非司马迁本人所撰。

[10] 同上。

[11]《水》第二期（1996 年 6 月），第 7 页。

[12] 同上书，第 8 页。

第十章 元和

一登上舞台，元和就成了最快乐的人。所以，她最终嫁给一个演员，谁也不会觉得惊讶。她的丈夫顾传玠，是个昆曲演员。他在当红的两年里曾风靡整个上海，让观众为他疯狂。在事业正值高峰之时，他突然退出舞台，彻底改行。这是一九三一年发生的事。在这之后很久，他和元和才相遇相识，但多年来大家一直把元和看做演员的妻子——或许她自己在无意识中给了别人这种印象。

充和坦承，她和大姐元和之间没有多少共同点，除了昆曲，她们没有什么共同语言。她们的童年不是在一起度过的。那时她们每年最多只能见一面，都是在充和回苏州省亲时。充和说，即使在那样的时刻，元和也显得颇为冷淡。她是老大，比弟妹都成熟些，所以也更老成持重。祖母老是让元和在楼上的厢房陪她，很少出来和大家相处，也使得她和家里其他成员比较疏远。不过元和与妹妹允和、兆和一起长大，她们从小就形成了一个三人组。她们在家里跟着同样的老师学习，在学校也会碰上相同的教师，她们对仆人和亲戚的看法差不多，参加同样的重要的家庭活动；她们一起玩、一起闯祸。充和在这方面可差远了，即使是母亲去世、父亲再娶这样的大事，她也不在家中。一九三〇年她回到苏州家中时，她的大姐已经大学毕业，到海门教书去了。海门在长江口北岸，苏州东北方向大约八十公里处。

如果不是充和一九三五年在北平突然患病，她们两姐妹的关系恐怕会更加疏远。当时充和读大学二年级，她先是骑脚踏车出了事故，由此入院检查，症状却显示她患有严重的肺结核。元和停下在海门的工作，到北平接小妹回家。一旦回到苏州后，元和就决定在家里留下来。

接下来的两年，她们俩专心学习昆曲。元和说妹妹简直"着了魔"，经常去朋友家参加曲会，直到凌晨两点才回家。昆曲治好了充和的怪病，也让姐妹俩建立了情感交流的基础。

元和的回家还有另一重意义。她离家已经近十年了，家人都知道她为什么选择留在外地。她和继母很合不来，所以一有在外工作的机会，元和就接受了，只是偶尔回家看看，每次只待几天。（元和自己不愿意谈及继母刚进门那几年的事情，所以我们无法知道发生了什么，让她在家的日子那么难过。）

元和在父亲的乐益女校读书时，有位老师特别关心她。这名女老师叫凌海霞，家世背景和元和相似。[1] 凌家没有张家富有，但他们在海门的家也相当殷实：住处宽敞、也有可供散步的花园；园子里梅花、石榴花灿烂盛开，鱼缸里金鱼、乌龟游来游去。和张武龄一样，凌海霞的父亲也是个读书人，他也想送女儿上学。不知什么原因，海霞直到九岁才学会说话，所以她十六岁才上一年级。不过她只花了两年时间就完成小学学业；然后上了六年师范学校，又到上海的一所天主教大学读了六年，在北京读了一年职业学校。后来北方爆发内战，留在那里继续求学太过危险，她只好放弃了银行学的学位，回到家乡找工作。这是一九二五年的事，当时她已经三十二岁了。[2]

凌海霞的第一份工作是张武龄提供的。凌认为武龄的学校太散漫了，缺乏组织和方向。但是她喜欢武龄的孩子们，"见他们灵巧活泼，深觉可爱，尤其元和，使人欢喜"。[3]她说元和身体虚弱，"又患咯血"，她"日夜照料她的汤药"，因此两人日渐亲密。

元和可能没有凌海霞想象的那么弱。从她当时的两帧照片来看，元和是个纤细但是十分健康的女孩，面相清秀，容光焕发，没有一点病容。我们也知道一九二五年、一九二六年间元和在舞台上十分活跃，她负责设计服装和背景，并常常在学校演出中担任主角。她一出生，就受到祖母的溺爱。在早餐时，元和可以有多种选择，面点或春卷、火腿或碎肉、鸡肉或鸭肉、香肠或咸鸭胗，就连主食米饭也要做成蛋炒饭。丰盛的食物没有让她发胖，因为她很挑食，不过她的体格一直不错，不容易消瘦。那么，为什么凌海霞记忆中的元和是个病恹恹的少女呢？可能是因为凌海霞想要找到一个理由来解释自己对这个年轻朋友的特别关照。当时，乐益的一些同事觉得凌海霞的行为有些怪异，他们希望韦均一处理此事。韦均一当时是乐益的校长，元和的继母，但她年纪很轻，没有经验。凌海霞后来写到，韦均一对这件事处理不当，言行不一："听信诽谤"并且"不能辨别善恶"。凌海霞说，她原以为校长会让她留下，但是第二个学年，她没有拿到新聘书。[4]

认识凌海霞的人都觉得她厉害精干，性格固执刚烈，但是也有慷慨和充满母性的一面。凌海霞从来没想过要结婚，也不因为别的女人都这样而改变自己的观点。但是她很想有个自己的家——她想用自己的余生去照顾一个女儿或是妹妹。元和当时十六七岁，正是理想人选。虽然很年轻，她已经出落成窈窕淑女，洋溢着青春活力。连妹妹们都说大姐十分动人。对于元和来说，能够受到一位聪明能干的女性的影响，也是一件好事。

凌海霞离开乐益女中后，她的事业反而变得更好。[5]刚开始，她从家人那里得到大力的赞助，她的父亲和兄长捐建了一所以她命名的学校，并让她当了校长。她写道："父亲以一生劳动所得的金钱来创办学校，为地方上贫穷子女造福，哥哥孝敬双亲的钱，平时舍不得吃舍不得穿，以全部金钱捐献给海霞学校为基金。"但是一年后，她又离开学校，去上海的大夏大学任教。当时元和在那里读一年级，后来凌海霞描写了与昔日弟子再次相见的喜悦："快慰可知。"没有人知道她们的重逢是碰巧还是刻意安排。[6]凌海霞被迫离开乐益女中后，元和也转到南京的一所寄宿学校，可能在元和进入大夏大学之前，她们俩曾经通信，甚至见过面。

大夏大学校方很快就认识到了凌海霞的才干。她在大夏大学的第一年表现十分出色，而海门县教育局也很希望她能回去，准备让她担任县立女子中学校长。凌海霞本打算接受邀请，后来发现工作麻烦，比她想象的复杂得多。海门县立女中规模很大，资金来自市政府，正如凌海霞慢慢认识到的，该校深受地方政治控制。[7]

虽然自己的事业面临着这些问题，凌海霞仍然不忘对元和的前途费心谋虑。[8]元和一毕业，凌海霞就聘请她当自己父亲创办学校的教导主任。至于元和本人是否对这份工作感兴趣，凌海霞从来没有和她讨论过。这时，凌海霞已经控制了元和生活的其他方面。她自居为元和的干姐姐，并宣布自己的哥哥就是元和的干哥哥。在寒暑假期间，元和待在海门凌家。对元和感兴趣的年轻男性必须通过凌海霞的审视，才能踏进大门。元和有很多仰慕者——读大学时她是校花——不过据妹妹们说，没有几个她在意的。

在根据元和自述写成的一部简短编年体传中，她在海霞中学的四年（一九三一——一九三五）是一片空白。[9] 当问及这些年的情况，比如学校里的学生如何；作为教导主任她要处理什么问题等，元和常常没什么可说的。这并不是因为她忘记了，似乎是因为她对此份工作并无兴趣。"毕竟，那是凌海霞的学校呀。"她解释道。

充和在一九三五年的一场病对元和产生了很大影响。她因此有机会离开海门，回到苏州家中。本来，在送充和回家后，她可以返回学校工作，但是，她选择了留在苏州，向周传瑛先生学习昆曲。这也是她生活中的一大变化。次年，她在一场义演当中碰上了未来的丈夫并陷入情网，在那次演出中他们都登台亮相。

作为一个业余演员，元和在跟周先生学戏的那几年进步很快。她的第一个老师尤先生擅长扮演女性角色，周先生则擅长扮演男性角色，特别是年轻的书生或官员（巾生和官生）。他教给元和在唱功、台步和身段方面如何扮演男性。从那时起，元和、充和经常配对演出，分饰男女角色，或浪漫情节中的才子佳人。但是如果女性角色缺人的话，只要元和熟悉那个角色，她就可以轻松地转换成女角色。"演什么角色都要入戏，"元和说，"如果你把这个角色的唱功、做工里面最细腻独特的地方都学全了，那么女演男角、女演女角都不是问题，因为艺术无关乎你本人是谁。其实，你本来就不该把你自己的本色——自己的情感——带上舞台。"妹妹充和对后面这个观点更加坚持，她认为演员不能完全自制，演出就不可能达到完美。她自己很早就下定决心，绝不迷恋任何演员——不管是职业的还是业余的。她说"感情的牵扯会毁了艺术"。

元和确实爱上了一位演员，不过不是在舞台上，而且这位演员当时已经改行很久了。不过说到底，还是他的一次演出促成了两人的这段情缘。这时元和已经二十九岁了，以当时的社会标准看来，别说结婚，就连恋爱也太迟了。也许正是在海门的四年时间里，她认识到自己不想追随凌海霞的道路，也不想象她设想的那样生活——教导学生、管理学校、和凌海霞做伴，这些对她来说是不够的。所以当她回到苏州时，奇缘来的正是时候。她自己描述了事情的缘起，使我们对她那些年的情形有了更多的了解。

> 一九三五年，我向周先生学小生戏的时候，我弟弟宗和、寅和有个同学不时来我们家。他来的时候，如果我正在学戏，一定立刻打住。我知道他是顾传玠。几年前，他是上海最红的小生。后来他离开了戏班，如今在南京和我弟弟上同一家学校。他一出现，我就不唱了，否则有多尴尬呀。那时我跟他不熟，他是我弟弟的朋友。
>
> 一九三六年，昆山救火会举办义演，这是件大事，因为昆曲是六百年前发源于昆山的。苏州的职业艺人和曲社的曲友都想共襄盛举。我和弟弟也决定去参加。

演出时，元和两次登台，在两出不同的戏里扮演小生。当时，顾传玠因为同样的缘由也在昆山参加义演。在决定退出舞台后，顾传玠很少在公开场合登台。有时候，他的师兄弟在上海演出，他会去看望他们，和他们一起唱一两场，既是怀旧，也是对兄弟的情义。但是元和的老师周传瑛在回忆录中说，可惜的是当时顾传玠的表演已不如从前那么细腻出彩了。[10] 周当然有资格说这种话，因为他和顾传玠从小在同一个班子里学戏。他们都唱小生，在他们的高峰期，他们被视为同一水准的演员。

顾传玠可能也明白自己的台风和技巧都不如以前，所以他不大参加昆山义演这类的活动。那么，为什么这次他又去了呢？有人说是为了一个年轻女子，当时他正在追求对方，而她准备去参加那次义演。

这个女子也来自苏州，是个纱厂老板的女儿。她们家不许她与顾传玠接近，甚至反对她唱昆曲。当她听说在昆山有机会演出的时候，就偷偷溜到这里。元和也认识她，她们在苏州参加了同一个曲社，在《红梨记》的恋爱场面里，这名女子出演女角，和元和扮演的男角演对手戏。有一次，元和还鼓励她和顾传玠私奔，但是"她没那个胆"。

在昆山，顾传玠扮演了两个最重要的男主角：《惊变》中的唐明皇和《见娘》中的小官生王十朋。[11]《惊变》是《长生殿》中的第二十三出，该戏创作于清初，借唐朝宫廷逸事来批评晚明君主的寻欢作乐、不理朝政——这是国家衰败之因——同时重申晚明时的爱情观：爱情能超越死亡与无常。《惊变》的开场一幕，是唐明皇和他的宠妃杨玉环在御花园中饮酒赏月。明皇劝爱妃多喝，杨玉环喝到微醺。唐明皇很高兴地欣赏她的醉容，唱道：

> 我这里无语持觞仔细看，
> 早只见花一朵上腮间。
> 一会价软咍咍柳颤花敧，
> 软咍咍柳颤花敧，
> 困腾腾莺娇燕懒。[12]

这出戏的前半部分结束时，宫女们将娇弱无力的杨贵妃扶起退场回房，皇上的目光还在她的背影上流连。突然，气氛发生变化，远处传来鼓声：这是"渔阳鼙鼓动地来"。宰相上场禀告："安禄山起兵造反，杀过潼关，不日就到长安了。"皇上震惊，加快脚步，语速也急促起来。他来回踱步，偶尔停步沉思，忧虑着杨贵妃可能会被连累而遭受的苦楚。[13]

王十朋是《见娘》中的小官生，这个角色和唐明皇一样难演。在戏中他告别了自己的老母和年轻的新婚妻子进京赶考，中了状元，当上高官，准备将家属接进京城。同时，他的母亲和妻子收到伪信说他已经停妻再娶，岳父家逼着他妻子再嫁，她被逼投江失踪。顾传玠演出的那一幕，正是十朋的母亲进京寻子，她找到十朋，不过没有丝毫喜色，反而悲伤难过。同时，王十朋也正在困惑焦虑中。他在猜度妻子的下落，她是否与婆婆不和？她平安吗？她有没有生病、是不是死了？名演员、戏剧评论家徐凌云解释了王十朋这个角色的难演之处："他在旧礼教拘束下，只好先安慰娘亲，不好意思就问妻子情况。但是内心焦灼，不能释怀，所以虽然镇定，实是不自然的忍耐，这一点要掌握住。"他还说："十朋的诧异与疑虑，一步深似一步，不自然的态度，也应该一步深似一步。这是应当掌握住的第二点。"[14] 在这出戏里，十朋和母亲之间的对话、他们的动作都在兜着圈子，使得气氛相当紧张。他们有话都不能直说：儿子是受限于传统礼节；母亲是不敢说出实情。

义演的第一天，顾传玠演出《见娘》，第二天演出了《惊变》。第三天，他已经筋疲力尽，无论如何不肯多唱一场。在后台，张家兄弟宗和、寅和缠着他，要求他给他们及元和私下演出《太白醉写》这一出戏。[15] 这是明朝戏剧《彩毫记》中的一个短折子，通常是单独演出的，这出戏的特点是简洁明快，足以让演员自炫其技。全剧的背景又是唐明皇的宫中，这一次，皇帝和杨贵妃都成了诗人李白的配角，李白个性狂放、才华横溢。当时御花园里正是牡丹盛开的季节，花开富贵，娇艳一如杨贵妃。皇上见名花美人交相辉映，为之心醉，于是派人找李白，想让诗人创制"新声"，来描写此等佳境。但是李白正在酒楼里和朋友畅饮，两个太监奉命前去招他，醉中的李白却不愿动身。"我醉也，我醉也，"他说，"去不得。"太监们把他搀扶入宫，面见皇上。皇帝要太监"给金花笺与李先生赋诗"，并命令宦官头子高力士给李白脱靴，让他写起来更舒服。他还让杨贵妃给李白捧砚，"以助供奉吟兴"。[16]

《太白醉写》全剧描写醉态——不同深浅的醉，和李白的沉醉。元和的老师周传瑛说只有好演员"才能在狂放的外形中透出李白清逸的神韵来"。[17] 李白即使在大醉中，也保持着他的清高傲慢之气。他只是"看似极其松弛狂放"，其实不然，这是他和一般醉鬼的区别之处。周传瑛和顾传玠都是从昆曲的一代宗师沈月泉那里学习这个角色的。元和说当晚顾传玠演出的李白"十全十美，令人叫绝"，让她为之陶醉。

元和在上海读大学时，常常看顾传玠的舞台演出。她和大夏大学的三个女同学结成死党——自称"四大金刚"。几乎每个周六和周日，她们都会去游乐场看戏。她们总是看日场演出，因为学校规定学生必须在晚饭前返回宿舍，晚上是自习时间。而且，日场的票价比较便宜，是晚场的一半。在一九二六年，花费一角银元，就可以在游乐场消磨一个下午的时光，看戏（昆曲、京剧或地方戏）、看话剧、歌舞剧、魔术、滑稽戏、弹词，或者由女班演出的髦儿戏，花样繁多。[18]

从一九二七年到一九三〇年，元和在上海读书，顾传玠则是舞台上挂头牌的演员。元和与她的朋友们是他的戏迷，不过她们去戏院并不是专门为了他。她们喜欢看戏，并不捧角儿。有一次她们合写了封信给顾传玠——这是元和与顾传玠认识前几年——她们请他演出《牡丹亭》里的《拾画、叫画》这一出。这出戏很少上演，因为其中的男主角要从头唱到尾，这对于大多数演员来说都难度过高。给顾传玠的信开头便说"叨在同好，兼有文谊"，元和后来评论说："多正经、多客气呀，是吧？过了几星期，他真的满足了我们的要求。我们简直不敢相信，他的演出精彩极了。"

顾传玠比元和小两岁，所以他收到此信时最多不过二十岁。也许他是被这四个年轻女子的热情所感动，所以答应她们的要求；也可能他只是尽力去满足观众。当时昆曲和其他各种娱乐项目之间为了争取观众，竞争相当激烈。在二十世纪二三十年代，在上海的大型游乐场所，这种同一屋檐下不同娱乐项目的竞争相当普遍。这意味着，这边演出昆曲，相隔不过六至十二米处，在同一场地或隔壁场所，就有地方戏、爵士乐的演出。元和的老师说："你不卖力唱，就争取不到观众，人们就到另外的场子里去了。"[19]

以前在上海有专门上演昆曲的戏园。最早的一所建于一八五一年，位于闹市区，叫三雅园。三雅园不像二十世纪二三十年代的娱乐场所，地方不大，前面带一个花园，令人觉得很亲切。十九世纪六七十年代上海出现了很多家这样的戏园，有些规模较大。这些戏园大部分位于租界区，集中在广东路、福建路一带。当时某戏剧月刊描写道："自戏台起，约五六排，每排设小方桌五六只，每桌设交椅五。"戏园二楼设有包厢，在大厅左右两侧也有位子，每张椅子前放置一个小木几。茶水是免费的，但只有坐在包厢、正厅里的客人能享用盖碗茶和点心："各桌之上，例设小果碟六以敬客，四碟为瓜子，一碟为极贱价之水果，一碟为云片糕四五片。演剧至中场后，必有点心一道，春冬为花核圆，夏秋则绿豆汤或百合汤，然皆不堪入口，客鲜有食之者。"[20] 一八八〇年二月初二，报上登出一则广告，宣称三雅园翻新并扩大规模。从广告中我们得知当时去戏园的消费水平是："正桌每只洋三元，散座每位洋五角；包厢每间洋三元五角；出局每位洋七角；厅看每位洋三角；东西正边厢每位洋二角；起码每位一角；洋人每位洋一元。"[21]

对于中国社会而言，付钱看演出是一种崭新的观念。在一五〇〇年到一七〇〇年（明朝中叶至清初），昆剧历史上的头两百年间，士大夫或商人家庭会在节日、特殊场合或小型宴会上请戏班来演出；或者他们会自己在家中蓄养"家班"，可以随叫随到，演出他们想看的任何剧目。主人家对戏剧是否在行并不重要："总得备一副过得去的戏班，所以总的说来，是应酬的成分多一些。"[22]

根据雇主的喜好，戏班会在不同的场合演出，有时在租来的厅堂，有时在豪华的船舫上。[23] 在厅堂之上，舞台往往就是厅中间的一块红地毯，后面及两边都摆桌设宴。妇女孩子可以在帘子后看戏。如果在船上演出，舞台就设在船头，船尾则作厨房。

到十八世纪三十年代（清雍正年间），另一种演出场所出现了。这可能是希望从中渔利的人想出来的点子。苏州一个聪明的生意人决定将演戏和饭馆合而为一。他雇了侍者、厨师和戏班子。富商只需要租下一个房间，此人便可为其提供食物、酒水和娱乐节目。他这个点子很快流行开来。到了十八世纪八十年代，苏州一地就有超过二十家类似的戏馆。不过这种戏馆主要用于社交，客人们更重视的是吃喝交谈，并不太关注台上的演出。同时代的人这样描述这种戏馆：

> 烹羊击鲤互主客，更命梨园演新剧；四围都设木阑干，阑外容人仔细看；看杀人间无限戏，知否归场在何地？繁华只作如是观，收拾闲身闹中看。[24]

那些倚在栏杆上看戏的多是等待主人散席的仆人或车夫，他们是真正的观众，是近代剧场里观众的前辈。他们会被剧情吸引，一站就是几个小时。到了十九世纪，买得起票的戏迷可以在门口买张站票或是坐票，进场享受一番。戏园子依然供应茶点，但是观众多不在意，他们的目的只是看戏。到二十世纪早期，老爷太太已经会带着仆人一起进包厢看戏了，这或许不十分常见，但是像窦干干和朱干干就都时常跟着太太上戏园。

中国社会对于看戏的时候谁和谁可以坐在一起，本有着严格的规矩，很长时间之后这种规矩才渐渐放松，一旦昆曲的演出商业化，这种改变也在所难免。不过，虽然某些社会不公的习俗开始消失，但其他不平等的现象仍然存在。其中，戏子的地位改变得特别慢，因为中国人对于优伶成见很深。[25]直至十九世纪，戏子仍不能参加科举考试，不能像大多数人那样通过科举提高自己的社会地位。即使是倡导仁义道德的孔老夫子，对优伶的看法也相当苛刻。在《春秋穀梁传注》中，记载孔子在鲁国担任大司寇，达到其政治生涯的顶峰，他下令杀死了一批歌舞艺人，这些艺人在齐鲁签订和平盟约的仪式上表演。他们手持"旍、旄、羽、袚、矛、戟、剑、拨鼓噪而至"。孔夫子认为他们的表演野蛮，冒犯来客，并破坏了这种仪式上应有的礼数，因此要求雇用这批艺人的齐国官员将他们处死。[26]这个故事引起了许多关于儒家的争议：孔子的举动是否过分？他的处罚是否错误？毕竟，是官员请来了那些艺人，处死他们是否太冤枉？就算他们的表演不合时宜，是否就真的会影响和约的签署呢？在孔子看来，野蛮的乐舞表示着来意不善，可能隐藏祸心，所以他不能坐视不管，以免酿成大祸。他必须让齐国知道，他对此有所了解，而且有应付的能力，于是他借助严惩那些艺人警示齐国，但是也须把握尺度，不能太冒犯齐国，以至于破坏两国和约。既然他认定必须有人受到处罚，这些歌舞艺人是最合适的对象。

元和的老师周传瑛说过："昆曲是高雅之至的了，但唱昆剧的戏子终归是下贱的。"稗官野史对于中国人轻视戏子的解释是，因为戏子们混淆性别，不男不女。然而，对戏子的轻视早已存在，而戏子在舞台上男扮女装不过是几百年后才有的事情。其实，对戏子的轻视是因为他们出身大多贫贱。做父母的如非走投无路，断不会将孩子卖入戏班。常言说："家有三斗粮，不进梨园行。"[27] 孩子一旦进入戏班，他的父母必须签一张"生死由命"的文契，从此对孩子的生活再也无权过问。顾传玠是苏州人氏，家里有两个哥哥，一个姐姐。他的父亲是当地一名塾师，家里景况十分穷困，所以到他十二岁时，父母只好把他和大他一岁的哥哥一起送入昆曲学校。

戏子地位低下的另一原因，是他们善于娱乐他人——诸子百家都认为这种行为相当粗俗，扰乱人心，其中尤以儒家为最。儒家学者认为戏子的技巧充满欺诈性，很容易使人沉溺其中，却不能助人完善自我。与道德说教相比，声色之娱显然占尽优势。大部分统治者都更享受歌舞之欢而不喜欢听贤臣说教。道德家更进一步指明，不但君王富豪，普通百姓也会受到优伶的影响。[28] 十三世纪（宋代）一位理学家指责优伶引诱民众荒废工作、浪费时间精力；诱惑良家妇女起淫邪之思。另一位十六世纪（明代）的儒家学者在《家训》中晓谕自家儿孙：与优伶相交祸患无穷，因为优伶只知道巴结势力，所谈论的只是声色犬马，所追求的只是美酒佳肴。[29]

不过，昆曲是一门高雅的艺术，与其他艺术相比，它对演员的要求更高。这一点从昆曲初兴时就已相当明显。读书人喜欢昆曲，音乐家、诗人、剧作家、风雅之士、想象力丰富的人莫不如此。他们不断改进昆曲，使它精致化，做出改进、指正，根据昆曲的音乐创造新剧；他们还不断鼓励艺人精益求精、努力创新并在上演过几百次的剧中找到原创点。不仅评论家、鉴赏家对昆曲寄予厚望，而且昆曲的观众大多精明内行，因此昆曲在他们的推动下，艺术上日益成熟精致。

即使在昆曲最流行、演员拥有最佳工作环境的时期，他们的社会地位也没有什么改善。[30] 在台上演出时，他们予人高雅的印象，但一旦下台，他们仍然身份低贱。在十六、十七世纪昆曲最辉煌的年代，戏班可以自己定价，名伶除了报酬之外，尚可骑马乘轿，着锦衣，喝参汤。虽然他们的经济状况大有改善，他们的社会地位却依然如故。社会规范决定了这一切。清代诗人、评论家袁枚曾经提携过几位年轻的伶人，并与他们保持密切关系，历史学家章学诚便因此公开指责他是"无耻文人"。[31]

社交礼仪在伶人和他们的恩主之间划下了一条鸿沟。演员常常去大户人家教授昆曲，上课持续好几个钟点，然后他去别处过夜——例如和别的艺人同处一个房间；或是住在码头附近的船上。景况不佳时，他只能依靠家人、朋友帮助。[32] 大部分跟职业演员学习昆曲的人，并不知道老师课余的生活是怎样的。充和说："艺人来你家教昆曲，可是连跟你同桌吃顿饭都不行。我们家是例外，父亲不在乎这些规矩。"她的老师阿荣，经常在吸饱了鸦片之后，出现在她家的晚饭餐桌上。这时他圆睁着双眼，滔滔不绝地聊上三个小时，讲他在外飘荡的生活，或是他认识的演员，完全忘记了他的本职工作是给充和上课。他会就着炸虾米喝两杯酒，到了十点、十一点左右，他的精神突然没了，眼皮都睁不开，肤色发黑，显出皱纹。然后他慢慢走出张家大门，消失在夜色中。

当职业演员和非职业演员（串客）同台演出时，规矩更严。在昆曲表演刚刚出现时，就已经有了职业演员和串客同台的现象。到十九世纪，一种新现象出现了。昆曲不再盛行后，职业演员几乎找不到工作，戏迷也很难找到串戏的机会，于是他们纷纷组成自己的曲社。[33] 有时候，几个曲社会联合包场，共同演出。（戏园老板一般不会放过这个机会，因为曲社自备行头，自己雇用临时演员，还支付场租费。）为了准备一场公开演出，曲社成员会在职业演员指导下，练习几个星期。为了招揽观众，这些弟子会在广告上打出老师的名号，宣传会有某位名伶同台演出。但演出主角毕竟是票友：他们安排演出，支付费用，所以是当仁不让的主角。而且，上流阶层的人觉得在任何场合都应该尊卑有别，就算演戏，也不能例外。所以他们的老师在戏里只能跑跑龙套。

这种现象一直延续到二十世纪。一九三六年，充和与南京的一个大曲社有往来，该社集结了很多社会名流并以此为傲。社员中有民国政府要员、大实业家、作家、作曲家、大学教授及满清末代皇帝的堂兄。那年，有一个北方的昆曲班子到南京演出，该社邀请了当地名流和这个班子一起演出。那时，指导充和演出的是韩世昌，他是当时一个善演旦角的资深艺人。

充和本来预备出演杜丽娘，并希望韩先生扮演角色同样重要的丫鬟。可是，演出前几天，她得知有人反对这一计划。反对最力的是褚民谊，他是曲社的资深成员。褚民谊也是民国时期的政府要员，在医学教育、公共卫生和艺术方面都颇有名气。（他在法国取得了医学博士学位，并曾游历日本、欧洲。）虽然褚是一个颇谙世故的人，他还是不能容忍艺人和票友在舞台上扮演同等重要的角色，他认为这不合规矩。那年春天，充和刚满二十三岁，只是曲社中的小辈，但是她不肯屈服。她宣布退出演出，坚称这些规矩是错误的、不合理的。她这样做，会令事情陷入僵局。如她弟弟宗和所说，这样会让艺人感到尴尬。艺人们很感激充和的仗义执言，但是为了生存，他们也必须和曲社的其他成员保持友好关系。[34]

所有这些，足以说明为什么元和与顾传玠的婚事会令当时社会大为震惊。上海小报以"张元和下嫁顾传玠"为题大事渲染。元和相信父亲会完全同意这门婚事。（她写信给父亲禀明此事，不过信在父亲死后几天才到。）她也相信父亲不会在意顾传玠父母的身份，他为什么会进入梨园行当，也不会顾虑别人如何看待两家悬殊的地位。充和的看法可不是这样。她相信，倘若你对昆曲的感情够深，就绝不可能爱上一个昆曲演员。元和爱上的是顾传玠的艺术吗？或者她是因为顾传玠在后台唱的《醉写》才爱上了他？和他接近之后，是否发现他更让人迷恋？

顾传玠十八岁时，有位评论家这样评论他："一回视听，令人作十日思。"[35]顾传玠的台风潇洒自如，特别适合扮演帝王。他最擅长演的是皇帝，例如唐明皇，或是明朝灭亡前在花园树上自缢的崇祯帝，他们很有气派，但是弱点也很明显，往往能产生出震撼人心的悲剧。[36]顾传玠演出时有皱眉的习惯动作，这个小动作成为他演出时的个人风格——使得他的悲剧英雄形象更加真实。他的同行周传瑛记得，某次顾传玠扮演唐明皇是如此投入，以至于在唱完"恨只恨，三百年皇图一旦抛"后，他匆匆下场，一到戏房便吐出一口鲜血。此后，这折戏他就不常唱了。

周传瑛一直觉得顾传玠表演方面极具天赋。他们一起长大——童年时便进入昆剧传习所学习。这所学校创立于一九二一年，是苏州唯一一所昆曲专门学校。周传瑛说："大多数人要学戏，也都投'大京班'，很少有人学昆剧的了。我们这些孩子，一则是家里穷，二则是学堂好，三则都是苏州人，而苏州……一直是唱昆曲的。"在苏州，传习所的口碑很好，周家和顾家附近，就有五个**男孩**同期进入这所学堂。[37]

传习所位于苏州城边的荒凉地带，原来是家属在下葬亲人之前存放棺木的地方。在中国，寺庙里和空地上常常可见停放的棺木，有的露天停放，有的搭着临时的棚子；直到家人找到合适的墓地并选好吉日，才会正式下葬。有时要花上几个月甚至几年的时间，死者才能入土。家人对死者尽心，却常常让活人觉得诡异、不舒服。

传习所中的艺人还记得，小时候，他们和死人挨得很近，让他们毛骨悚然。周传瑛说道：

> 就从这个"五亩园"划出一半地方来办了这个传习所，棺材、殡柩则集中移到隔壁。前面是杀场，旁边是殡舍，阴森森得怕人……我们年纪都小，像传淞算大了，也不过十四五岁，我们年纪小的，不是有哥哥带着或者成群结队，不敢上厕所。我记得那时还吓死过一个小名叫"茄团"的小朋友。[38]

这所学校的创办者叫穆藕初，他是一位既务实，也不乏梦想的人。[39] 他年轻时苦学英文，得以进入海关任职，后来又通过函授学校挣到足够的学分，进入美国大学。他在西学方面的修养相当全面——科学、语言学、数学、农学、经济学和政治学——这是张树声梦想着每个中国人都能拥有的教育素质。他在获得伊利诺伊大学（University of Illinois）的农学学士学位、得州农工大学（Texas A & M）纺织工业硕士学位后回到国内。到一九二二年，穆藕初已经在上海拥有了三家纱厂和一家银行。前一年，他和一群昆曲专家及热心人士在杭州聚会，讨论昆曲的前途。他们认为，老"文全福"的演员最多还能撑十年，之后昆曲怎么办呢？谁能传承这门艺术？他们这些银行家和工厂老板对此又能做些什么呢？在这次会上，穆藕初决定捐出巨资（据说是五万银元），来建立一所专招男生的昆曲学校。他愿意承担所有费用。[40]

穆藕初对学校有很多想法，希望将之办成一所新式学堂，禁止体罚，学生在接受昆曲训练之外，还要学习读写。学校提供食宿，孩子们伙食不错。指导老师全是"全福班"的老演员，其中一位便是元和的启蒙老师尤彩云，他是那个时代最有声望的老演员。穆藕初将学校命名为"传习",即传授和学习之意。这个名字让人想起《论语》中的一个观念——后来此观念成为儒家在讨论知识和知识传承时的中心思想。《论语》中称孔子的弟子曾参每天都会问自己:"传不习乎?"[41] 穆藕初学校训练出的每个学员,艺名中都带一个"传"字,这个字表明了他们的辈分。

从一开始,顾传玠的老师就注意到他的天赋:嗓音宽而亮,身段轻盈柔软。老师们用心培养他,但并不曾给他特殊待遇。所有的男孩被公平对待——这是传习所的一贯风格。后来,当他们在上海登台演出时,很快就能看出许多观众是专门来看顾传玠和其他少数几个演员的。尽管如此,他们的赞助者穆藕初还是不会让他们挂头牌,有时还要他们演配角或跑龙套。周传瑛是这样解释的:"我们师弟兄在传习所是同学,一桌子同吃一锅饭。'帮演'时是同科,大家一样拿点零用钱,开头是很少的。"[42] 他们的酬金有些微差别,但是"本来都是应当的"。

一九二七年,穆藕初的纱厂面临了严重的财政危机,他不得不撤回对学校的赞助。另外两个实业家严惠宇、陶希泉接管了学校。他们改变了戏班的名字,还更改了很多规矩,建立了"捧角儿制",使得学员间的酬金和待遇有了很大差别。受到陶、严赏识的演员享有特别待遇:"吃住都把他们带在身边,和其他师兄弟隔开。"陶、严不会让他们喜欢的演员演配角,"明星"学员可以决定他们要演哪些角色。"到他们的正场戏快上了,才带着他们坐了包车来,正场一唱完,便又坐了包车走。"这些演员还会得到"夏绸冬裘"这样的特殊礼物。周传瑛认为新的赞助者对戏班造成了很大的伤害,破坏了演员之间的情谊,也破坏了演出的水准和戏德。[43]

一九三一年,严惠宇和其他赞助者决定中止与大世界游艺场之间的合同,那是传习所演员固定演出的场所,并且断绝了与传习所戏班的一切关系。[44] 至于严最喜欢的几个演员，只要他们愿意，严就同意资助他们上大学。在他挑选的三个人中，只有顾传玠接受了这份馈赠。

严惠宇和顾传玠之间的关系，不同于一般赞助者和艺人之间的关系。严认为顾传玠聪明能干，所以鼓励他转行。可能他觉得演员毕竟没有多大前途。戏班子里其他人都看得出严先生虽然喜欢昆曲，但是他的心思并不真在此。事实上，当严在季中突然撤回赞助时，别的人都没有感到意外。文化史家陆萼庭认为，传习所如此收场是必然的——严惠宇不应该负全责。他写道：

> 穆藕初等人为延续昆剧生命所表现的热忱和行动，固然值得称赞，但是对于这个（怎样经受现实考验的）老问题，他们可从来没有考虑过，也根本无法解决。昆剧演员的新队伍组成以后，准备走怎样的演出道路呢？剧艺、制度方面需做一番应有的、必要的改革吗？打算争取什么样的观众以及在群众中间造成怎样的印象、取得怎样的评价？这一串的问题，在当时（传习所早期）自然都被忽略过去，或是为正式公演以后所引起的种种美梦所淹没。[45]

严惠宇和陶希泉撤回资金后，演员们决定自谋生路，自己洽谈演出合同，自己做宣传，自己管理账务。就这样，传习所又维持了六年。开始时，演员们只要有演出机会，就从不放过——在小戏园、游艺场、百货公司、私人家中、在河船上，在乡村小镇，沿着长江上下，不拘时地的演出——有时候一个下午或一个晚上就演出几场。一个演员一天最多能挣一元左右，如果天天有此收入，他们就可以维持生活，不过实际演出并没有那么多。[46]

到了一九三七年八月十三日，日本飞机开始轰炸上海，炸毁了几家百货公司和大世界游艺场，他们的固定演出场所不复存在。很快，戏班解散，因为战时没有人会听昆剧，所有的演员都只能另谋生路。[47] 有些改行当了茶房；有的成为工人或按日计酬的临时工。在《太白醉写》中扮演宦官头子、和顾传玠演对手戏的演员，最后成了算命先生。[48] 周传瑛等人加入了其他戏班，而只要有机会，他们就给私人教戏。最落魄的人沦入黑暗的角落，悄无声息地死去。一九三一年，在顾传玠之后获得第一小生称号的人就落到如此下场，死后被埋在上海的乱葬岗。戏班子中的鼓手选择了自杀——在一天夜里卧轨而死。[49]

在一九三一年，顾传玠是否预料到如果自己仍留在戏班子，可能也会落到如此下场？即使是他的妻子元和，也说不准他当时的想法。她只知道顾传玠离开戏园时，仍然热爱昆剧，喜欢演出。顾传玠在上海风光过几年，不过他可能意识到了好景不长。在二十世纪二十年代末期，昆曲曾有短暂复兴，但是那是因为三位赞助者（穆藕初、严惠宇和陶希泉）投入了大量资金，而他们的赞助总有结束的一天。同时，顾传玠认为演员的生涯太过复杂，很容易染上不良嗜好。他的很多同行都染上了鸦片瘾。有两次，他在舞台上的搭档因为饮酒过量，瘫倒在他怀里。[50]

顾传玠可能对演员的处境颇有自知之明。男男女女每天晚上都来看演出，但是演员连与他们同桌吃饭的资格都没有。在他与元和订婚之前，他的赞助人严惠宇曾问元和为什么愿意嫁给顾传玠。元和回答那是因为他"志气轩昂"。但他的志气究竟是什么？是像陈涉那样的"鸿鹄之志"？是想摆脱低人一等的生活，争取更高远的目标？

顾传玠为了自己的抱负，付出了很大代价。他必须放弃自己已被认定的天赋。允和曾说："戏剧浸润了他全部的生命。他的性格或许不无缺陷，但他演戏可真没话说！"为了奋发向上，顾传玠必须从中学读起，而当时他已经二十二岁了。

严惠宇可能告诫过顾传玠，教育是他获得独立及尊严的途径。严自己只受过私塾教育，后在法政学校读过一年。但是还不到三十岁，他就当过上海一家银行的副经理，经营过一家纱厂，建立了自己的烟厂和煤矿公司，并开始筹办一个规模宏大的农场。他认为凭借顾传玠的聪明才干，这个得意门生也可以在实业方面取得同样的成就，但是首先，他希望顾传玠能接受他没有受过的教育。在他的一生中，严曾经资助过很多青年上学，用自己赚来的钱送他们读大学或出国留学。其中的大部分他根本不认识，只是得到了他提供的奖学金。不过，顾传玠是他亲自相中的。[51]

严惠宇的期许想必一直给顾传玠带来不小的压力。对于一个戏班出来的演员来说，一切要从头开始，并不容易。顾传玠在昆剧学校里学了读和写，又因为唱戏，他很早就受到了美学的熏陶。不过这种教育毕竟有限，他没有学过数学、科学、实用知识，甚至不读经书和白话文学。等到学校正式变成戏班后，学员们每天工作，一天演出日夜两场，还要到私人家中演出。如果有一点时间，他们会用来学习新戏，丰富表演剧目。[52]

顾传玠在中学的成绩应该不错。他参加了南京金陵大学的入学考试，考了两次才考上，不过入学以后成绩优秀。严惠宇鼓励他学习农业，他照办了。大学毕业后，顾传玠在上海的一所农业大学教了一阵子书。这同样出自他的赞助人的意愿。严惠宇可能还为他策划了一些宏图大计，可能想让他经营一处在镇江的农场。严还希望顾传玠娶他的大女儿。

如果娶了严的女儿，顾传玠的生活可能会大不相同。一九三六年，严小姐刚满十八岁，严惠宇希望把她培养成养蚕专家，她也很听父亲的话。娶了她，顾传玠就会成为严家农业产业方面的继承人，并且和上海各个银行建立良好的关系，同时获得"严惠宇女婿"的新身份。顾传玠大概没有答允这门亲事，不然就是他在对方正式提亲之前就决定另娶。严小姐比他小十一岁，她一直在农业学校学习如何养蚕和管理农场。[53] 她务实聪明，但是可能不太有风韵。在她那个年纪，元和已经登台演出，自己设计舞蹈。严小姐受过良好的教育，而元和却过着相当吸引人的生活。

她们两人的父亲都很富有。不过元和的父亲武龄靠的是祖产，过着潇洒优雅的生活，因为活得自在，他几乎无忧无虑。相反，严惠宇勤奋上进，不断创新，敢于冒险，时间对他来说很不够用。他的母亲曾这么说他："他是八个汤罐七个盖，盖上这个又忙那个，日夜不得安稳。"武龄创办了一所学校，严惠宇创办了三所，外加一所医院和不少赈济项目。严惠宇练习书法，不过不是为了乐趣，而是培养毅力。他爱好昆曲，但是也不会过分沉醉。[54]

与元和相比，严小姐可能与顾传玠更为般配。他俩都受到严惠宇的影响，知道应该怎样利用时间和资源。但是最终，顾传玠选择了元和，除了昆剧，他和元和没有什么共同点，但一旦结合，他们的命运就被牢牢地连在了一起。

顾传玠去世三十五年来，元和对他的感情始终没有改变。她从来不在背后说丈夫的坏话——我们甚至不知道他是否有什么坏习惯——而且她也从来不谈夫妻之间的私事。元和为人颇有戒心。不过在谈话时很难发现这一点，因为她总是充满活力，开朗活泼，从容自在。但一谈到顾传玠，她总是坚持照着固定的脚本来讲，从来不被扰乱。她提到顾传玠时，多半和昆曲相关：他们在昆山相会，在上海再次见面，他们的婚礼，以及他们在战时上海的社交生活。她还会谈到顾传玠的一些性格特征：例如在上海演出时，他喜欢过了午夜，到空无一人的澡堂洗澡；在上台演出之前，不管四周多么嘈杂，他都会旁若无人的伸展四肢，喃喃自语；私底下他更喜欢扮演女角，等等。元和还记得他们婚后，顾传玠下班回家时，如果心情不错，他会展示一个特技动作，一个吊毛，身体腾空，向前翻滚，优雅地落在床上。[55]

我们不知道顾传玠如何评价元和的唱功。他们俩都扮演男主角，他肯定会对元和的歌喉、功底有些看法。他们有没有讨论过昆曲的美学？他们的观点是否一致？元和会听丈夫的意见吗？他曾经教元和在《牡丹亭》的一折戏里扮演女主角，他是怎么教她的？十七世纪的批评家李渔曾说，教一个女子唱戏，不管唱男角女角，教的人必须掌握精妙的方法：他必须"贵自然"。他还说，教师必须掌握女子的"天然之性"，并据此进行教学。[56] 顾传玠是一位敏感的，能感同身受的老师吗？元和对这类问题的答案往往简单、空泛。如果问得再直接些，例如顾传玠是否曾为放弃戏曲生涯而后悔？元和会简短回答"不"，不加任何解释。

我们很难猜测顾传玠如何看待自己的一生，但是可以肯定他心存遗憾。离开学校后，他尝试的事情没有一件成功。虽然一心向上，却没有多少成绩可言；于是他心情焦虑，他摆脱过去的意图也越发明显。但是别人可不会轻易忘记他的过去。即使他努力讨好，别人只会觉得他们的看法没错——他知道自己低人一等。元和很明白这一点，她很早就下定决心要陪伴丈夫度过。每次创业失败，元和都鼓励顾传玠重新开始。所以顾传玠先后尝试过股票投机、烟草采买、调查田地开垦等事；他还卖过中药、开过毛线制品店。元和的家人对她始终如一，她的兄弟姐妹很快就接纳了这个姐夫。当然，父亲准许他们交往也是重要因素。尽管如此，元和婚后的日子还是远逊于从前。

　　不像她的妹妹，元和不太显露强烈的情感。她对事没有鲜明的爱憎，对各种各样的人也没有明确看法，除了丈夫和儿子，她对别人也没有特别深厚的感情。她不喜欢夸夸其谈，无论碰到什么情况，她都能应付自如，即使在别人大多濒临崩溃的情况下，她仍然能保持优雅的仪态。

　　抗战八年，元和是兄弟姐妹中唯一一个留在沦陷区的。一九三八年她与允和一起待在汉口。那时日本已在上海集结军队。当时已经当了妈妈的允和，和中国沿海城市的其他难民一样，带着孩子从汉口前往四川——那里是国民政府临时首府所在地。元和本可与他们一道走，但是她没有这么做。相反，她决定回到上海，和干姐姐凌海霞、顾传玠做伴。次年，元和与顾传玠结婚。他们在一家西餐馆举行仪式。顾传玠在传习所的师兄弟们在喜筵上表演助兴。尽管凌海霞不接受顾传玠，凌家还是送了元和一千元礼金，让她支付婚礼开销，并开始新生活。

　　元和曾说，在沦陷区的生活"还过得去"。她仍然可以从合肥老家的管事那里领到固定的收入，这是四弟去西南之前为所有兄弟姐妹做好的安排。她和传玠在法租界安家，太平洋战争爆发之前，那里是一个相对平静的地区。那时日本军队还不会进入外国租界，因为在抗日战争中，西方列强在原则上处于中立地位。一九三八年，富商、难民、新闻工作者、作家、间谍，以及任何可能被日本警方逮捕的人，全都涌入租界避难。住在租界的中国人称一九三八年至一九四一年为"孤岛"时期——这个称呼意味着这一地区不仅与世隔绝，而且享有特权和保障。

　　"孤岛"生活是怪异而充满矛盾的。一九三八年到一九三九年，"孤岛"曾出现过短暂的繁荣。[57]由于邻近的城市和上海原"中国区"成为战争地带，工厂纷纷迁入租界，在此他们仍然可以从国际市场购买原料，并将成品销往东南亚和美国等地。同时，大量的难民提供了廉价劳动力。到一九四〇年这种繁荣景象就终止了，日军在"孤岛"周围加强了封锁，使它与外部的交流减少。[58] 日用品价格上涨，带动了投机风潮。手头有点儿现金的人都经不住参与投机的诱惑。凌海霞在她的自传中写道：一个女友投机成功，几个月便成了富婆。[59] 那时，顾传玠要不是在做股票经纪人，要不就是自己在炒股票，不过始终没能发财。

一九三九年底，汪精卫决定投靠日本，这使中国的局势更加显得无法看清。汪曾经是民国革命时期的英雄，孙中山最信赖的助手，汪精卫政权中的那些人一直是国民政府里的要员，他们从青少年时期就开始为推翻满清、打倒帝国主义列强而奋斗，所以当汪精卫宣布他组织的政府将与日本合作，将西方列强赶出中国，建立"东亚新秩序"时，实在让人难以置信。一直以来，汪精卫和他的顾问团都表现为热忱的民族主义者，因此到了此刻，一般中国民众很难相信他们的诡辩。汪精卫一派并非无赖，他们见过世面，也为中国的命运思考良多；往日的历史证明了他们不乏勇气，能做大事。战争结束后，汪精卫手下受到审讯（汪精卫本人一九四四年去世），他们都说自己受到汪精卫的威逼利诱，才被迫下水，并非自愿。辩解失败后，就平静地接受无期徒刑或走上法场。他们的行为令人费解，他们最终的结局更是一个谜。

顾传玠的资助人严惠宇与汪精卫政权的一位头面人物来往甚密。这人就是周佛海。[60] 一九三七年之前，他曾担任江苏省教育厅厅长和蒋介石的宣传部长。在汪精卫的伪政权中，他是第二号人物。一九二四年到一九二五年周佛海任江苏教育厅长期间，和严惠宇每日都有往来。严惠宇还是周佛海长子的干爹。战争期间，两人关系发生变化。严不再让周进他的家门，此时周佛海已经身兼财政部长和警政部长，他给老友安排了一个肥缺，（伪）中央储备银行总裁。严惠宇谢绝了。随后，周佛海开始派人监视严宅。一九四〇年，严惠宇远赴英属香港暂避。次年太平洋战争爆发，日军进入香港，于是严又回到上海。

一九四一年严惠宇回到上海时，"孤岛"时期已经结束。[61] 日本人侵占了所有外国企业，除了德国人、意大利人、维希政权统治下的法国人以外，所有的西方人都被迫戴上红袖章，然后被分批送往上海近郊的集中营。至此，日本控制了整个上海。一九三八年迁入租界的所有工商业被迫进行"中日合作"，与日本公司或是与伪政权的经济部门合作。严惠宇在法租界有两家工厂——一家纱厂和一家大东烟厂。一九四二年，他的纱厂受到巨大压力，被要求与日本合作。董事会上，有些人表示已经准备接受这样的安排，但是严惠宇起身离开，并说他绝不妥协。经过这件事，他基本上放弃了对该工厂的经营。大东烟厂的情况有所不同。严在一九二二年创办该厂，战争刚开始时，该厂的总部在轰炸中被毁，严惠宇在租界重新建立新厂，一直坚持到一九四三年；不过他从香港返回上海后，已经不太过问工厂事务。在战争的最后几年，严惠宇转而收集字画，还开了一家小古董店。[62]

顾传玠在自创的中药店关闭之后，于此时担任了大东烟厂的副经理。元和记得他们在上海时，顾传玠每天都要去严府请安，完全把严惠宇当做自己的老师。[63] 严从来没有在学校任教过，但是他有很多学生，有些是受过他调教的员工，有些是昆曲传习所的学员。顾传玠兼具两种身份，所以与严惠宇的关系非同寻常。一九四一年，传玠与元和搬到严家隔壁一栋别墅，那是严家的一个朋友托严惠宇照管的，严把它借给传玠夫妇暂住。元和记得那房子相当精巧舒适，她和顾传玠在那里一直住到战争结束。

多数认识严惠宇的人都觉得他并非温和的人。战争期间，任何与汪精卫政权有关系的人都被他拒之门外，包括以前的老朋友和他的得意门生。看来严惠宇从不曾怀疑顾传玠，因此也始终对他颇为关怀。不过在那几年，传玠与元和常常去褚民谊家唱昆曲。二十世纪三十年代初期，褚民谊是国民政府行政院要员，也是艺术活动的热心赞助者。（那次充和邀请昆曲伶人和她同台演出并扮演主角，指责她不合规矩的就是褚民谊。）褚在战时出任汪伪政权的外交部长。他为人非常自信，喜欢追求女性，不论上海社交界如何变化，褚民谊始终是风头浪尖上的人物。他常有公开发表的合影相片，不是与日本来访者在南京，就是与日本东道主在东京。严惠宇自己也喜欢昆曲，必定知晓褚民谊家的曲会，他自己从来不去参加，但也不阻止传玠出席。严惠宇可能分得很清楚，哪些人是同汉奸做生意，哪些人只是在闲暇时间和他们社交。战后，褚民谊因汉奸罪被判处了死刑。

战争期间，戏院几乎荡然无存。很多戏院完全被毁，剩下的也经营困难。一九四一年之后，全面控制上海的日本人关闭了所有戏院，也关闭了外资报纸和主要的出版社。[64] 日本人对所有的文化活动心怀戒备。当时业余昆曲剧社每周仍有一两次小型聚会，每月还有一次较正式的聚会，下午演出，晚饭后继续演唱。许多职业演员到处找寻工作，每个月花二十或三十元就可以雇用一名演员，每周来给一群人上课。[65] 每个月轮流主持聚会的社员多是有办法的人：家里的房子必须大到能容纳四十到五十个客人，主人还要有能力宴请这么些人。元和说，他们中的大部分是医生、律师、银行家和商人，有时他们的妻女也会出席，这类聚会在褚民谊家举行的时候最为豪华。

褚民谊家中有一间能容纳一百人的戏院，在那里朋友可以欣赏私家演出。演出的都是非职业演员，他们会自己准备全副行头——包括戏服、头饰、化妆品——就像在商业演出中的准备一样。由于聚会在汉奸家里举行，所以难免让人想象，在悠扬的乐声中，会有人交换情报、谈生意、出卖机密。这些想象中的事大概都不曾真的发生。元和说他们去的目的只在昆曲，观众的目的只是听戏，"和以前没什么不同"。

沦陷区的城市有自己的权宜之计。它试图保留一点尊严，日常生活也仍旧继续。沦陷区的人不能被简单地判别孰善孰恶、孰忠孰奸。像严惠宇这样的人可以遗世独立，坚守自己的原则，是因为他有这样的经济实力。在他离开上海后，还有人管理他的工厂，产业还属于他。同样，他还拥有别的便利。虽然他得罪了投敌的老友周佛海，以致对方命令秘密警察向他施压，但也仅此而已。因为曾经是朋友，一点面子还是要给的。所以战争期间，像周佛海这样的汉奸，最终反而会成为严惠宇的保护人。

不过，大多数沦陷区的人民没有守气节的本钱。那么，他们该怎么办？这段时间，上海出现了一本背景不明的刊物，一份由傀儡政府支持的文学杂志，提供了一些沦陷区生活的场景。该刊名为《古今》，从一九四二年三月创刊到一九四四年十月停刊，一共五十七期。[66] 每期约有十二篇文章，大部分是笔记小品；风格语气都模仿十七世纪的作家，只是没有张岱、李渔那样的才情和新意。不过，这些文章反映出当时的知识分子是如何消磨时光的：寄情遭怀于何物；回忆哪些战前的生活；怎样纵论古今中外，等等。文章题材还包括奇闻逸事、阅读古代经籍和流行小说的札记、风俗人情等。这份杂志强调其特点就在"杂"："因为'杂'才可无所不包，从'宇宙之大'以至虫鸟之微，风谣之琐碎，小说戏文之考据等等。"[67] 奇怪的是，日本人没有染指该杂志，其中也几乎看不到关于政治的文字。汪精卫及其手下常常为该刊物写稿，但是他们也不去碰那些令大家均感尴尬的政治话题。

有名作家曾写文章评论荔枝和杨梅，广征博引诗人与学者对两者的评价。另一位作家回忆"夏季北京的家常菜"：包括五种凉面的做法、七种烹调茄子的方法（和猪肉或干虾米一起烧，和羊肉丝或韭菜一起炒，一层猪肉夹一层茄子蒸，用茄子夹猪肉炸，烤熟后拌上芝麻酱和酱油等）。[68]食物是常见的话题，此外爱情和离婚、男女话题也很受欢迎：女人是否应该离婚，男人怎样求婚；谈论男人中的长人、阉人，"怕太太"的人；或是长了胡须的女人、声名狼藉的女人、殉情的女人、作妓女谋生的女人。此外，杂志还会介绍前清的权贵、一千五百年前的逸闻、除了诗律之外不受任何约束的诗人以及各色戏曲演员和评论家。

有些人认为这些笔记是一种真实记录，不论轻松幽默或是厚重严肃，背后都藏有深刻的真相，即人们如何看待政府和评论是非。有评论家说这些笔记内容"翔罗一代故实"，因此"是现实的"。[69]这些读者会把杂文和时评混为一谈，在他们看来一篇描写扬州点心的散文，背后也暗藏对食物缺乏的不满。但是像《夏季北京的家常菜》这样的文章，除了描写茄子的美味外，实在看不出其中包含了什么微言大义。此文写于战时生活最困难的时候，但是看来作者无意放弃追求享乐的兴趣。不妨说，那些埋首注经的人，津津乐道历史细节的人，每周参加昆曲社并每月演出的人，都是如此。在沦陷的上海，也还有着精致的生活。

在战争的影响下，社会上弥漫着无所事事的风气。那些日子元和没有工作。海门的学校已经毁于战火，要在别的地方找到一份教职也相当困难，因为学校关闭的关闭，合并的合并，以求节省场地与开支，总数少了许多。不过元和也根本没有试图找工作。婚后一年她就生了孩子，是个"手脚都很漂亮"的女孩。孩子的父亲给她起名"顾珏"，意思是"双玉"。十八个月后，元和再度怀孕，但很快便流产了。她的干姐凌海霞立刻赶来看望，离开时带走了婴儿和奶妈。她说元和还未康复，她愿意帮忙照看婴儿。后来凌海霞再也没有把顾珏还给她的父母。她甚至把孩子的名字改为凌宏，这意味着孩子成了凌家人，成了凌海霞的女儿。顾传玠大为生气，元和也不高兴，但主要是因为改了孩子的名字。她回忆道："别的事我倒不怎么在乎。"她婆婆劝他们算了，随凌海霞的便："她爱怎么做都随她吧。名字改了也罢，女孩总有一天要出嫁，反正也要改姓的。名字算得了什么呢！"可是顾传玠并没有因母亲的话而释怀，他坚持认为凌海霞抢走了他们的女儿。

这并不是凌海霞第一次抢人家的女儿。顾珏说，在元和之后，顾珏之前，凌海霞还曾有一个同居的女孩。那女孩和凌海霞一起生活，直到她十三岁时被父母叫回家。凌海霞非常伤心，不过最后还是让女孩回去了。

元和对女儿的命运，并没有坚定的想法。一九四九年他们全家迁往台湾的时候，以及刚刚抵达台湾那一阵子，她本来都可以改变女儿的命运。他们夫妇曾写信给凌海霞，要求她把女儿送到海峡彼岸，其时台湾和大陆之间往来尚未中断。但是凌海霞拖延时日，元和也没有催她。女儿被带走后一年，元和又有了一个儿子，顾传玠给他起名"顾圭"——他的"圭田"。顾传玠的"圭田"是元和的心肝宝贝。不知道是因为她眼前只有这个孩子呢，还是一开始她就偏爱这个孩子："有次顾珏——那时她已经改名凌宏——回家来，她弟弟推了她，凌宏就说：'我要回家去了。'你看，凌海霞的家才是她家。我们都觉得好笑。"

战争结束后，有一阵短暂的狂欢。元和与兄弟姐妹重逢，弟妹们在她家打地铺，住了几个星期，通宵达旦聊天，弥补这六年来的分离。然后他们各奔前程。此后几年中国再次陷入动荡：这次是中国人打中国人，国民党和共产党之间的内战。

一九四九年初，严惠宇想买一块填海区土地，将它改造成农场，养奶牛、种植桑树和油桐。他派顾传玠去海门调查地产状况。顾传玠到海门后住在季方家。季方是凌海霞的亲戚，也是当地的军政要人。抗战开始时，他自己组织了农民武装，与国民党、共产党军队都没有关系，而抗击日本军队成绩显著。一九四○年共产党新四军进入海门一带，季方和他们联合，接受了共产党领导。季方从未入党，但长年和共产党运动家、党的领导人、战地指挥官合作。[70] 从他那里，顾传玠了解到共产党军队的纪律，以及那个政权的规范和理论。回家后，他告诉元和他们必须去台湾，哪怕她不去，他也要一个人走。

即使到现在，元和仍不明白为什么丈夫那么坚决要走。他反复说共产党里面的人全都走极端。他是否已经意识到像自己这样的人在这种政权下会被整倒，所以就算要与娇妻爱子及老母长久化离，他也在所不惜？当时元和身边没有别的人可以依靠，允和、兆和都在北京，充和夫妇则在美国，而凌海霞带走顾珏后，元和就很少见到她了。最后，一个朋友出面调停，他告诉顾传玠，如果要去台湾，他必须带整个家庭一块儿走。

顾传玠只有几天时间用于准备行装。上海卫戍司令是他的朋友，为他们全家找来了船票，每张一两金子。顾传玠买了六张票，带着妻子、儿子、母亲、儿子的保姆、高干干的外孙女（她在顾家帮佣了好些年了）一同启程。他们的女儿仍然留在苏州和凌海霞一起，由于战争，道路已经断绝，即使顾珏有法子回上海和父母一道走，凌海霞也不会让她这样做。

元和搭乘的船在五月十八日离开上海。十天后，上海被共产党接管。直到三十一年后，元和才再次见到女儿，其时顾传玠和凌海霞都已去世。事实上，这两个与元和关系最密切的人是在同一年去世的。

凌海霞在海门的学校关闭后就放弃了教职。战争同样粉碎了她的雄心。多年来她一直依靠哥哥的资助生活。一九四九年，她哥哥决定退隐。他原来是个很有事业心的人，曾当过银行行长，赚了很多钱，也曾慷慨资助家人、朋友、地方。他不赞同共产主义，而且非常固执，不愿让步，但也无力还击。所以他决定不再工作。当他的资助断绝后，凌海霞变得孤立无援。最初她尝试种植茉莉花，但是在苏州，必须到离城好几里外才有可供种植的土地。所以每年的春天和初夏，她几乎每天都要长途跋涉地去照顾她的植物。酷暑难当的时候，是茉莉花花苞的采摘季节，采茉莉花必须在含苞待放、花色浅白的时候，才适合用它来制茶，因此凌海霞必须在极端恶劣的天气中，夜以继日地工作。[71]

几年后，凌海霞决定放弃。在接下来的十二年里，她养了好几百只供试验用的白鼠，赖此谋生。她在去世前不久写道："惟海门教育事业，经日寇摧残后，遂一蹶不振。"随后又写道："永别了父母，尚有梦寐相见；永别了千辛万苦成长出来的教育事业，只有抱着无限的隐痛与仇恨。"[72]

元和的遗憾全与丈夫有关。迁往台湾后，顾传玠也想自己干出一番事业。他的赞助者严惠宇留在大陆，和凌海霞的哥哥一样，他选择了退隐。共产党将他的农场收归国有，他所有的计划都已无法实现。因此他将可观的艺术收藏品全部捐给了镇江和南京博物馆，然后不问世事。此时，顾传玠在台湾也屡屡碰壁，诸事不顺，欠了许多债。戏曲界人士去找他，希望他能够帮助他们在台湾复兴昆剧，但是顾传玠让他们失望了，他一心只想推行下一个新计划：开一个蘑菇养殖场，或者是自创品牌啤酒。[73]

顾传玠再也不曾登台演出。元和说，没人能劝得动他。他们在台中的房子一般，有时在家里，他还会唱戏，扮演的多是悲剧英雄，听众只有元和一人。一九六六年初，顾传玠患上肝炎，而且看上去已无法疗治。四月，他与世长辞。

丈夫去世后，元和再次在票友演出中上场。有一次，她出演《长生殿·埋玉》中的唐明皇，戏中皇帝被迫让自己的爱妃杨玉环自尽。这出戏的结尾是杨玉环下葬，她的身体用锦被包裹，被草草安放在浅坟中。多年后，元和回忆起那晚的演出，觉得颇有讽刺意味："原来我埋的不是杨玉环，而是顾传玠这块玉啊！""玠"的意思就是"玉"，顾传玠有良玉一般的才能，而且对于元和来说，他就是一块美玉。元和葬他于戏台之上，不是再恰当不过吗？

注　释

[1] 凌海霞的家世背景：凌海霞，未出版的自传，第 1—2 页。

[2] 凌海霞所受的教育：凌海霞，未出版的自传，第 1—28 页。

[3] 凌海霞笔下的元和：凌海霞，未出版的自传，第 31 页。

[4] 凌海霞在乐益女中：凌海霞，未出版的自传，第 31—32 页。

[5] 凌海霞在事业上的发展：凌海霞，未出版的自传，第 33—34 页。

[6] 两人的重聚：凌海霞，未出版的自传，第 34 页。

[7] 凌海霞，未出版的自传，第 32—53 页。

[8] 为元和考虑前途：凌海霞，未出版的自传，第 35—44 页。

[9] 允和根据元和提供的材料，为她撰写了年谱，载入 1984 年 11 月 27 日的日记。

[10] 周传瑛对顾传玠的评价：见周传瑛：《昆剧生涯六十年》，第60页。周传瑛这本回忆录记述了二十世纪上半叶昆曲艺人的生活，生动感人。也为传习所戏班的历史提供了最可靠的资料。

[11] 演员、戏剧评论家徐凌云曾说这两个角色难度很高。在他看来，昆剧中能与这两个角色相提并论的，只有《琵琶记》里的《书馆》中的角色。

[12] 洪升：《长生殿》，第108页。

[13] 同上书，第108—109页。

[14]《见娘》：《荆钗记》中的一折。《荆钗记》是明代常常上演的剧目之一。徐凌云的分析收录在他的《昆剧表演一得》中，第104—120页，此处所引见第110页。

[15]《太白醉写》：收入《六十种曲·彩毫记》，第31—34页。

[16] 在屠隆原著的《彩毫记》中，这出戏名为《脱靴捧砚》。

[17] 周传瑛论李白：《昆剧生涯六十年》。周在该书中有一章专门讨论《太白醉写》的演出，见该书第144—156页，引文见第146—147页。

[18] 关于游乐场：见周传瑛：《昆剧生涯六十年》，第53页。

[19] 见周传瑛：《昆剧生涯六十年》，第86页。

[20]《戏剧月刊》1:1，转引自陆萼庭《昆剧演出史稿》，第273—274页。在昆剧演出史的研究领域中，该书是经典之作。陆萼庭旁征博引，擅长利用各种散文作为自己的资料：包括回忆录、笔记等，治学风格博大精深，很少有文化史家能超越其研究。

[21]《申报》1879年2月22日，转引自陆萼庭《昆剧演出史稿》，第274页。

[22] 家庭戏班：陆萼庭：《昆剧演出史稿》，第123页。在明代文人的作品中，常常可见对家庭戏班的描写，其中张岱的作品尤其为人熟知。陆萼庭在书中引用了这类文字（第123—132页）。

[23] 陆萼庭：《昆剧演出史稿》，第 120、203 页。

[24] 兼卖酒菜的戏班，见陆萼庭：《昆剧演出史稿》，第 205 页。

[25] 对戏子的轻视，见谭帆：《优伶史》，第 164—182 页。

[26] 见《春秋穀梁传注·定公十年》，第 458—459 页。司马迁《史记》卷四十七《孔子世家》（第 1915—1916 页）中也有相关记载。

[27] 见周传瑛：《昆剧生涯六十年》，第 3、4、18 页；侯玉山：《舞台生活八十年》，第 162—168 页。引文见侯，第 165—166 页。

[28] 对优伶的看法：法家与墨家著述中都有对优伶不以为然的看法。儒家观点可见孔子《论语·微子第十八·第四章》。

[29] 《家训》：转引自谭帆《优伶史》，第 143 页。

[30] 见陆萼庭：《昆剧演出史稿》，第 143 页。

[31] 袁枚：David Nivison, *The Life and Thought of Chang Hsueh-ch'eng*，第 262—265 页；Arthur Waley, *Yuan Mei*，第 109 页。

[32] 艺人生活：见周传瑛：《昆剧生涯六十年》，第 74 页。

[33] 串客和曲社，见陆萼庭：《昆剧演出史稿》，第 81—84、322—324页。传统的串客和上世纪的票友有所不同。以前，串客常常是社会地位不太高的人，像乐师、书画家、治印者、医生、商贾、清客等。二十世纪二三十年代以来的曲社，成员身份更加多样，许多学者、官员及其家眷都加入其中。

[34] 南京曲社：侯玉山在回忆录中，也谈到此事。见侯玉山：《舞台生活八十年》，第 204—205 页。

[35] 转引自陆萼庭：《昆剧演出史稿》，第 348 页。

[36] 见周传瑛：《昆剧生涯六十年》，第 60 页。

[37] 传习所里的男孩，见周传瑛：《昆剧生涯六十年》，第 15页。又见允和的日记，1984 年 12 月 4 日。该年允和赴美国加州，元和向她谈及顾传玠在传习所时的生活，允和记入日记当中。

［38］见周传瑛：《昆剧生涯六十年》，第 15 页。

［39］穆藕初：生平参见 Boorman，*Biographical Dictionary of Republican China* 第三卷，第 38—41 页。穆本人也写过自传，收录于《上海滩与上海人丛书》里，不过书中所述多为其在美国的经历。

［40］捐赠资金，见周传瑛：《昆剧生涯六十年》，第 11—12 页；陆萼庭：《昆剧演出史稿》，第 345 页。

［41］"传习"出处见孔子：《论语·学而第一·第四章》。明代思想家王阳明又赋予了"传习"一词更丰富的内涵。

［42］见周传瑛：《昆剧生涯六十年》，第 57 页。

［43］同上书，第 57—58 页。

［44］撤回资助：见周传瑛：《昆剧生涯六十年》，第 57—58 页。

［45］陆萼庭：《昆剧演出史稿》，第 348 页。

［46］周传瑛：《昆剧生涯六十年》，第 58 页。

［47］同上书，第 65—66 页。

［48］允和的日记，1984 年 12 月 4 日。

［49］周传瑛：《昆剧生涯六十年》，第 74—76 页。

［50］允和的日记，1984 年 11 月 2 日。

［51］提供奖学金：见《严惠宇纪念文集》，第 77—79 页。转引自《镇江文史资料》，第 165 页。

［52］周传瑛：《昆剧生涯六十年》，第 42—44 页。

［53］严小姐即严忠婉。《严惠宇纪念文集》，第 92—101 页有她所写文章，记述了自己的经历和父女关系。

［54］严的个性：见《严惠宇纪念文集》，第 93、96 页。

［55］顾传玠的癖好：允和日记，1984 年 12 月 2 日。

［56］李渔：《闲情偶记》卷七，习技第四《歌舞》款，《闲情偶记》第一册，7：31b—33a。又见陆萼庭：《昆剧演出史稿》，第 164—165 页。

[57] 繁荣期：参见 Poshek Fu, *Passivity, Resistance, and Collabora-tion*，第 46—47 页。又见 Parks Coble in Yeh, *Wartime Shanghai*，第 64 页。

[58] 1939 年之后：Poshek Fu, *Passivity, Resistance, and Collaboration*，第 46—47 页。

[59] 凌海霞，未出版的自传，第 54—55 页。

[60] 严与周的关系：《严惠宇纪念文集》，第 172 页。《镇江文史资料》，第 152—153 页。

[61] Poshek Fu, *Passivity, Resistance, and Collaboration*，第 120—121 页。Coble in Yeh, *Wartime Shanghai*，第 66—67 页。

[62] 《严惠宇纪念文集》，第 3、171—173 页。《镇江文史资料》，第 147—167 页。

[63] 顾对严执弟子礼：《镇江文史资料》，第 165 页。

[64] Poshek Fu, *Passivity, Resistance, and Collaboration*，第 121 页。

[65] 沦陷区的艺人：周传瑛：《昆剧生涯六十年》，第 74 页。

[66] 《古今》：耶鲁大学 Sterling 图书馆藏有《古今》杂志全套，读来颇有兴味。Poshek Fu, *Passivity, Resistance, and Collaboration* 一书中有一专章论述这本杂志，第 110—165 页。

[67] 《古今》第 29 期，第 1106 页。

[68] 关于食物：《古今》第 50 期，第 1843—1844 页；第 49 期，第 1809—1810 页。

[69] 《古今》第 29 期，第 1106 页。

[70] 季方：见 *Biographic Dictionary of Chinese Communism, 1921—1965*, edited by Donald Klein and Anne B.Clark, vol.1，第 163—166 页。

[71] 凌海霞未出版的自传，第 63 页。

[72] 同上书，第 66—67 页。

[73] 允和日记，1984 年 11 月 28 日。

第十一章　允和^[1]

还是个孩子的时候，允和就不喜欢看戏里面的爱情场景，或是那些多情小生担当主角的戏。它们会让她昏昏欲睡。她喜欢那些性格鲜明的角色，喜欢勇敢激烈疾恶如仇的英雄。这些英雄里面她最喜欢的是关公。^[2]

在中国人心目中，关公的一切——他的外貌，他的性格，他的赫赫功绩——都像天神一样。东汉末年长久的三国争战，造就了这一代名将；后代的说书者在此基础上尽情渲染，将他的形象塑造得更为伟大。十六世纪（明代中叶）的一部作品形容关羽"身长九尺，髯长二尺；面如重枣，唇如涂脂，丹凤眼，卧蚕眉"。

允和五六岁的时候，并不害怕关羽的红脸长髯。关公的相貌看上去可能奇特夸张，但是面容庄重，正气凛然，容不下世上任何的奸诈与不平。有诗赞曰："气挟风雷无匹敌，志垂日月有光芒。"^[3]这正是关羽吸引允和之处。允和还喜欢关公戏的舞台气氛，因为关公被看做天神，所以他的戏气氛总是非常庄严肃穆。她最喜欢的一幕是《麦城升天》，一开场，便是关羽在麦城被斩首，当晚"一魂不散，荡荡悠悠，直至一处，乃荆门州当阳县一座山，名为玉泉山"。允和记得舞台上浓郁的烟雾，象征着关公的英魂不散。她说："那气氛既神秘，又令人充满不祥的预感。"

这出戏源自小说《三国演义》，书中写道：

> 山上有一老僧，法名普净，原是汜水关镇国寺中长老，后因云游天下，来到此处，见山明水秀，就此结草为庵，每日坐禅参道，身边只有一小行者，化饭度日。
>
> 是夜月白风清，三更已后，普净正在庵中默坐，忽闻空中有人大呼曰："还我头来！"普净仰面谛视，只见空中一人，骑赤兔马，提青龙刀，左有一白面将军、右有一黑脸虬髯之人相随，一起按落云头，至玉泉山顶。普净认得是关公，遂以手中麈尾击其户曰："云长安在？"[4]

关公认出了普净，问他："今某已遇祸而死，愿求清诲，指点迷途。"普净回答："昔非今是，一切休论；然后果前因，彼此不爽。今将军为吕蒙所害，大呼还我头来，然则颜良、文丑、五关六将等众人头，又将向谁索邪？"关公茅塞顿开，看破人生际遇，也悟透了佛教因果，于是"稽首皈依而去。后往往于玉泉山显圣护民，乡人感其德，就于山顶上建庙，四时致祭"。[5]

允和觉得自己和关公有相似之处，也是个生性激烈的人，不过没有关公那种自我反省和谦让的本事。她说，小时候她和老师顶嘴，或者在妹妹不听话时打她，但从不为这些劣迹心生悔意。为什么要忏悔呢？反正她的保姆会站出来保护她，让她为所欲为。窦干干与允和一样不讲道理，心直口快。允和觉得，她们俩联起手来，所向披靡。

允和将自己的性格归因于出生时的难产。正是她这种拼搏精神，才让她存活下来，所以她想，为什么不利用这种天性呢？她的第一个老师是性格温和的万小姐，她教允和认字时，允和开始顶撞她。万小姐只比允和大十岁，在允和眼中也只不过是个女孩子，何况她教给允和的十个字，她已经认得八个。年仅六岁的允和在教室里的表现，连窦干干都很着急。窦干干只好坐在她身边充当和事佬："这是'钗'字"。她跟着老师念，希望自己以身作则，允和会肯听从万老师的教诲。但允和就是不服气，觉得老师太年轻，太温和，毫无威信可言。闹了好几个回合之后，她才接受了万小姐。

五年后，情势大变。妹妹充和从苏州来和家人相聚几周。母亲指派允和做她的"小先生"。允和解释说："因为我比她大四岁。大姐教大弟，三妹教二弟，她们都已经有了自己的学生。"这是一九二〇年的事，这一年张家开始发起教保姆们识字的运动，允和写道：

> 妈妈也买了蓝布，教我们为每一个学生做一个书包，再替学生起个学名。我们三个大姐姐欢喜得要命，每人都对自己的学生特别巴结。尤其是我，我认为我的学生最难对付。她虽然只有七岁，可是她在合肥有两位老学究教她念古文，古文的底子比姐姐们强。但是姐姐们知道胡适之，她就不知道。我们的新文学水平比她高。于是我信心大增。我左思右想，要替小四妹改上一个名字，叫"王觉悟"。不但改了名字，连姓也改了。我在四妹书包上用粉红丝线，小心地绣上了"王觉悟"三个字，我好得意。
>
> 小四妹并不领情。有一天，小四妹忽然问我："我为什么要改名叫觉悟？"我说："觉悟么，就是一觉醒来恍然大悟，明白了一切。"她又问："明白了什么？"我支支吾吾说不出所以

然，便煞有介事地回答："现在新世界，大家都要明白道理，要民主、要科学，才能救中国。"她摇摇头说："就算你起的名字没有道理也有道理，我问你明白道理的人，你为什么要改我的姓？我姓张，为什么要姓王？王是'皇帝'的意思。皇帝和土匪是一样的人，俗话说：'成者为王，败者为寇。'你是说，土匪也觉悟了吗？什么王觉悟，我不稀罕这个名字。"她撇撇嘴："还是老师呢，姓名都起得不通，哈哈！"这一笑可把我气坏了。我不能打她、骂她。我说："把书包还我，我不当你的老师了！"我拿了一把小剪刀，一面剪，一面哭，一面拆书包上"王觉悟"三个字。"王"字好拆，"悟"字也不难拆，就是"觉"字不好拆，是有二十笔画的繁体字。[6]

虽然是在自己家，充和也是个稀客，她的到来是家里的一件新鲜事。大家都欢迎充和来访，即使是天生喜欢欺负妹妹的允和，也会心甘情愿地让着她，不声不响地收拾自己摆下的烂摊子。三个大姐姐坚持说，妹妹充和这么受欢迎，不仅仅因为她是家里的稀客。她们都承认自己对小妹妹心存敬意，虽然她说着一口很土的方言，穿着也不如姐姐们漂亮，但是她们心里都明白这个小妹妹才智超群。"她小小年纪，"允和说，"临碑临帖，写两个字，还真有点帖意。"

正因为充和令人心折，所以允和受了她的气，也不大敢张扬。对另一个小妹妹，她可就没有这么客气了。即使在兆和最容易受伤的时候，允和对妹妹也绝不心慈手软。每每允和吃完早餐（窦干干惯着她，给她吃的有坛子鸡、熏火腿等），即使明知道兆和的碗里只有粥和泡豇豆，她还是非得看看那里面都有些啥。

而今允和已经九十一岁了，仍然喜欢挑衅寻隙。她和兆和逗趣的时候，总是活跃无比。当她们是孩子时，总是一个打，一个逃，逃的那个受了欺负，也只能忍气吞声。她们的母亲对此心知肚明。但如果她骂了允和，允和必定会在走廊里荡来荡去，闹闹嚷嚷地抱怨自己受了委屈。她会弄得全家不得安宁，以至于到最后母亲只好不去管她。陆英常说："这二猫子，谁也管不了她。老窦（窦干干）老护着她，我一点办法也没有。"[7]

允和很爱父亲，但她觉得母亲才是完美无缺的。陆英眼界开阔，为人大方，举止洒脱，但是又庄重端正。不过即使这样的父母也管不住允和。过了很久，允和才学会将自己的牛脾气用于正途。这种变化是从母亲去世那一刻开始的。母亲的死带给允和极大冲击，使她学会了控制自己的脾气。而且，生活也变得日益沉重起来，不久之后，大姐元和离家去读寄宿学校，允和成了家里的老大，必须担负起照顾弟妹的责任。

但允和的变化并非全然由外界环境变化引致。年轻的时候，大家对她的任性相当纵容，使得她性格中的其他方面被遮蔽了。因此很难看出她容易动情，环境变动也会对她产生强烈的影响。在所有姐妹中，她最为恋旧，她对往事的记忆也最为完整。因此即使在她血气方刚的青年时期，她仍然在人生道路上拾取了很多东西：凶兆、绝望的目光、渴望的神情、何为善良、死亡与灾难的声音，还有童年时的嬉戏之乐。虽然还要再过上一些年，她才能领会这些东西的全部含义，明白它们的重要性；但是终其一生，她始终对这些情境满怀兴趣，关注它们可能对人生产生的影响。允和自认是一个有探索精神的人，同时也是一个鲁莽的人，路见不平便义愤填膺。她承认自己也有偏见，并不总是能做到公平。在这方面，她和关公还真有相似之处。

关公拥有英雄人物的公道观，与哲学家或高僧相比，这种公道观的层次稍低。那晚关公被杀后，英魂不散地来到玉泉山顶索要自己的头，当时镇国寺的方丈便指出了两者的不同。这位沙场老将认为自己一生都为忠义而战，所以死后他应该得到全尸，才算公道。老和尚则指出，如果关公向老天索要公道，那么死在他刀下的人"又将向谁索耶"？这是英雄常有的毛病，他们在完成大业时对其他人事都很漠然，所以在上天眼中，他们也只不过是好勇斗狠之徒。尽管他们豪迈大气，还是会犯下自以为是的错误。所以即便英雄的作为造福了人民，却不是所有的人会对他们心存感激。

允和天生就是"急性子的小东西"，不乏英雄情怀。但是她看上去"瘦骨嶙峋"，一点不像能做出什么壮举的样子。在中国，女孩子常常被比作花朵——百合、荷花、牵牛花等等。张家亲友觉得允和瘦得像条韭菜，她可不觉得这个比喻有趣。等她长大了点，别人的说辞也委婉了些。他们将允和比作林黛玉——十八世纪小说《红楼梦》里的女主角。这更不算什么好话，因为林黛玉脾气不好，而且年纪轻轻就得了肺病。在新文化运动之后，人们心目中的美女是那些喝着牛奶长大，健康强壮而又积极乐观的人。

允和依靠自己的大胆弥补了体格方面的缺陷。从小学习昆曲，使她无所畏惧："在几百人面前演出，我不怯场，出了错，也不害怕。"读中学时，允和擅长在公开场合演讲，更擅长在公共场合与对手比拼。她最早的挑战对象是她的继母。在允和记忆中，新妈妈太嫉妒陆英，想抹去她留下的任何一点痕迹，除掉她过去珍惜的所有东西。《礼记》中说，孝子对于死去的父母应该"色不忘乎目，声不绝乎耳，心志嗜欲不忘乎心"。[8]允和虽然小小年纪，也已经懂得这个道理。她也了解，死者已经进入虚空和永恒的世界，只有活着的人的记忆才能将他们留住，带回人间；同样，我们这些活着的人，不能失去他们，因为"我们频频从忧伤中汲取心灵成长的养分"。[9]因此，当继母想抹去她的悲伤记忆时，允和会奋起反抗。

允和对于别人的打压很是敏感。当继母刚进家门时，她们之间的关系非常紧张，以至于有时允和必须避到姑奶奶家里去。最后，还是这个老人家劝住了允和，她说："干吗糟蹋自己？气坏了自己的身子，又有什么好处呢？"

虽然允和常常被比作《红楼梦》里面的林黛玉，她小时候也曾经学演《牡丹亭》里的杜丽娘，但她的一生和她们完全不同。林黛玉和杜丽娘都为情所困，很年轻便死去了。这两人都是用情至深的人，她们放纵自己的情感，这可以对抗僵硬的理性和不近人情的命令，但这也是因为她们没有别的选择，只有这一个办法。

允和姐妹们年幼时，生活过得和林黛玉和杜丽娘一样，是封闭的，门禁森严。当她们在花园玩耍的时候，看门人会盯着她们。偶尔乘其不备，她们可以溜出去从街上的小贩那儿买些零食。她们还住在上海时，有一次允和与兆和溜了出来，元和从她们身后关上了大门，还上了锁。允和说："我们大叫，求大姐开门，胡同尽头的房子里，几个女孩从楼上窗中指着我们骂，用的是我们听不懂的上海话。她们骂得越大声，我们敲门敲得越急。最后元和出现了，我们三人一起回嘴，骂她们'小丫头'，然后赶快把门关上。""小丫头"是她们想得起来的最狠的骂人话，在上海方言中这个词的意思是"小女仆"。看门人尽职地向陆英报告了这一切，结果她们都受了罚。陆英和武龄绝对禁止孩子们骂人，而那天女儿们的行为更加恶劣："叫外面那些女孩'小丫头'，表示我们自己是小姐。爸妈觉得非常不好。"允和记得她被关在后面的房间里，那滋味当然不好受，但是比起被关在大门外，还是好多了。在街上被陌生人嘲笑，被那些同龄的女孩用听不懂的方言骂自己，实在是可怕的经历。后来，允和认为在苏州的幽静生活如同天堂一般，不过也仅仅在母亲生前是如此。陆英去世后，一切都变了。是父亲创办的学校，帮助允和度过了这个转折期。

在乐益女中，允和迷上了几何概念和数学推理。她的"手急、眼快"、[10]精力充沛和辩才无碍终于有了用武之地。她还在学校接触到哲学、生物、学校体育活动以及当代政治，学习帮助她走出阴霾。二十世纪士绅家庭的女儿在这一方面，比她们的前辈幸运得多，特别是当她有一个像武龄这样开明、平易的父亲。允和最喜欢的老师是几何老师周先生：

> 周先生有两个孩子都死了，待我就像自己的孩子，每个礼拜天必请我到他家吃饭，我那时怎么那么皮，饭量小，每顿只吃半碗饭，还不好好吃，饭桌上总是不停地讲话，老师把筷子一放，"个小娘唔（小姑娘），不好好吃饭，要饿死的……"先生的江阴话我一直记得，先生家的清水虾现在还是我顶爱吃的菜。
>
> 夏天放学后，周先生走在五卅路上，我怕太阳晒，走在先生的影子里，穿长衫的影子拉得长长的，把我完全罩住了……

即使是面对周先生，允和冲动起来还是会莽撞无礼。有一次，因为没有拿到一百分，她当着周先生的面把卷子撕得粉碎。周先生冷静而理性地对待她的举动，七十五年后，允和对此事仍记忆犹新。正是周先生和她父母这样的人，最能折服允和。他们知道以柔克刚，而且生来懂得适可而止，允和缺乏的正是这种天赋，她必须通过努力学习才能学会。

不管允和有何弱点，她总是能够用自己的长处来弥补，而且成效显著。元和升上大夏大学二年级那一年，继母觉得学费太贵，不愿意让元和返校继续读书。当时继母是乐益女中的校长，允和就站在乐益女中的门口，鼓动学生们罢课。允和说如果校长连自己的女儿完成学业都不支持，那么乐益的学生上课又有何用呢？她单枪匹马展开的圣战，使得张家非常尴尬，结果家族中的长辈决定从地租中筹集资金，来让元和完成学业。可能也因为这次事件，武龄的孩子后来都顺利完成大学学业，没再受过财政危机的影响。

允和与她的姐姐元和、妹妹兆和都是先在南京上寄宿学校，然后到上海去念私立大学。私立学校的学费比公立学校高得多，有的甚至是后者的两倍，每年至少要交三百五十到四百五十银元。许多私立学校的建立起源于冲动，往往是校方和某派师生决裂后的产物。决裂的原因很多，可能是课程调整问题，也可能是对学校的政治立场有不同意见，特别是在对重大国内政治事件的意见上。至于在教会大学发生的这类争执，通常会反映出中西方之间的紧张关系。元和与允和的母校大夏大学与光华大学，都成立于二十世纪二十年代，成立的原因都是如此。兆和读的是中国公学，创办的时间比大夏和光华早了十年。当时一群留学生为了抗议日本对中国留学生的不公平待遇，从日本返回上海并创建了这所学校。这类学校创办之初总是依靠富有士绅阶层的资助，他们会提供一些永久基金及私人捐赠，可是并不能保证他们的捐赠源源不断，所以，后来私立学校的主要收入就越来越依赖学生缴纳的学杂费了。[11]

二十世纪二三十年代，只有有钱人家才能送孩子去读私立学校。张武龄有三个女儿读私立大学，张家可能会因此有些入不敷出，但还不至于让武龄改变他的生活方式。他没有减少对乐益女中的资助；也没有大幅裁减家里的佣人；他照常去上海看戏、买书，一次就在旅馆住上好几个星期。如果武龄能够支付女儿上私立大学的费用，那么他的妻子为什么反对？也许是韦均一觉得在上海上私立学校不值得。许多有钱人家的子弟上私立学校是为了混一张文凭，换句话说，就是用钱来提高身份。这样的学校大多希望招徕更多学生，绝不会让学生辍学，所以考取此类学校不难，要混到毕业也很容易。在上海的休闲时光很好打发，可以去戏院、舞厅、夜总会，或是游乐场，胆子够大的人还可以去一些更刺激的场所。允和记得某些光华大学的学生是这样打发时间的：

> 他们每逢周末都开派对，男男女女成双成对在旅馆里过夜。上光华大学之前，他们多半念教会学校，像圣玛利亚女校和中西女塾。这些人过惯了养尊处优的生活，开口闭口讲英语。女生都穿高跟鞋，浓妆艳抹，每天都像是要去参加婚礼或赴宴似的，哪有心情读书呢？

允和看不起这些女生和那些外表光鲜的花花公子。她看不惯他们的自命不凡和装腔作势。允和之前读的是中国人办的中学，而且不在上海，在光华大学像她这样的学生很少。尽管如此，她还是被女生们选为女学生会会长。

允和一开始念的是中国公学，大二时转到光华大学。她与妹妹兆和同时进中国公学，后来转到光华，兴许是她希望姐妹俩各有各的私人空间。在中国公学时，允和虽然只是一名新生，但是她热心投身于学生社团活动，很快就因为坚持主见、敢于发言而在同学中赢得声誉。她从不轻易放过那些夸夸其谈的人或沙文主义者，也看不起没活力、没骨气的人，不论男女。此时，因为年岁渐长，她已经能够控制自己的脾气，但是其行事作风并没有太多改变。她不再因为生气而发病，辩论技巧也大有长进。这些就是她仅有的进步。

大一时，允和写了篇名为《落花时节》的散文。这是一篇命题作文，而且也是个过于老套的题目；不管是谁，写这个题目都可能会落入类似窠臼：秋风扫落百花、悲秋之情满怀等等。允和却不写秋愁："落花时节，是最好的机会。秋高气爽，是成熟的季节、丰收的季节，也正是青年人发奋读书的好时候。伤春悲秋，是闺中怨妇的事，我生长在一个开明、快乐的家庭，又自认为是'五四'以后的新女性，我为什么要悲？要悲……"[12]次年，她转学到光华大学后，赢得了演讲比赛第一名。她用作文中那种乐观的语调，鼓励同学们"抓住现在"，奋发向上。[13]如今，允和说自己当时太高调，也很可笑，她热情鼓励别人去迎接生命路途上的困难，但是自己却和别人一样懒散。

大约就在这个时候，允和坠入了情网。她一向见不得大学女生把全副精力都放在恋爱上，和男生随随便便，或者最后草率成婚。她十六岁时就认识了日后的丈夫周有光，因为周有光的妹妹与允和是乐益女中的同学，两家也时有来往。后来，允和去南京读寄宿学校，比她大五岁的周有光此时则在上海读大学。直到允和上大学，她和有光才开始重新交往。刚开始他非常小心谨慎，这是他的风格，也正好合乎允和的脾胃。允和可能很早就已经意识到，有光将会成为她的终身伴侣。他为人耐心，很有绅士风度，值得允和尊重，并且也有充分的能力来节制允和。他们本来可以早些结婚，不过允和觉得还是晚一点的好。

允和的大学教育中断过两次。一次是光华大学的女生宿舍失火，停了一阵子课；一次是一九三二年日本对上海的轰炸，迫使她转到杭州一所学校读了一个学期。因此允和花了四年半时间，才获得历史系的学士学位。她说，她坚持修完学业，是因为不想让父母失望。她父亲认为女性应该经济独立，而只有完善的教育、正确的职业，才能保证做到这一点。她母亲在这方面也对她产生了影响，不过不是如此的直接和明显。

允和及姐妹们都记得，母亲常常唱一首关于杨八姐的歌曲。杨八姐遇到了微服南游的皇帝。皇上要娶她为妃，她说，如果皇上能满足她的十个条件，她可以考虑婚事。她开了份单子，上列的物品包括：镶嵌珠宝的衣服，金银线绣成的袍子，若干匹绫罗绸缎——要能从"南京扯到北京城"，还要一个金盆。接着她提出的要求更为过分，简直不可能办到：她要"天上小星一对"、要"仙鹤来下礼"，"凤凰来接人"。她这些过分的要求激怒了皇帝，他宣布杨八姐娶不得："为人莫娶杨八姐，万贯家财要不成。"

允和并不认为杨八姐"娶不得"，她说："等她想结婚了，又有了合意的对象，自然会结婚。"允和认定这是个老观念，在"封建传统"里受到推崇，在文学作品中更被描写成妇女的美德。"我们四姐妹都受戏曲影响，中国人现在把戏曲说成'封建'、'反动'的东西；好吧，我们的判断、原则都是在那个封建世界里建立起来的，我们却对皇帝都敢嗤之以鼻。"

结婚前不久，周有光写信给允和，告诉她自己的担忧。他害怕的是"我很穷，怕不能给你幸福"。允和回了一封十页的长信，只表达了一个意思："幸福是要自己去创造的。"允和在兄弟姐妹中结婚最早。父亲给了她两千元作为嫁妆。允和能够得到这笔嫁妆，纯属侥幸。一位在当地银行工作的亲戚，偶然发现武龄的一个账户里还有两万元钱，而武龄早已忘记了这个户头，或者是已把存单弄丢了。

家里的保姆们拿着这对新人的生辰八字，到算命先生那里去合婚，结果算命先生说两人都活不到三十五岁。不过婚礼还是照常举行，邀请了两百多名客人。新郎穿着燕尾服，打着黑领结；新娘穿着白色礼服。充和唱了昆曲《佳期》中的一段。婚礼之后，有光问允和，她的四妹是否明白自己唱的是什么。原来曲中唱的是云雨之事："一个斜欹云鬓，也不管堕却宝钗／一个掀翻锦被，也不管冻却瘦骸。"[14]

一九三二年冬，就在允和与周有光结婚前几个月，一位高中同学来上海看望允和。这名女子叫戴婕（化名），她告诉允和，自己病了，肚子里长满了寄生虫，但允和很快就察觉她是怀孕了。事实上，她已经有了六个月的身孕。戴婕想堕胎，允和劝阻了她，说这样做会伤及母子两人的性命。

在二十世纪三十年代的中国社会，未婚女性一旦怀孕，会陷入完全孤苦无告的境地。家庭不会接纳她，她自己大概也不愿意向家人求助。她的这种越轨行为，会被旁人认为是家教不好所致，所以她会尽量不连累自己的父母。如果回家，父母将不得不严厉惩罚她。就算他们愿意，亲戚和邻居也不会容许他们大发慈悲。所以，这样的女子会找个地方躲起来，能躲多久就躲多久。她的前途将是一片黑暗。

允和为戴婕提供了一个栖身之地，让她待到孩子生下来为止。她希望这样可以争取一点时间，让她们好好考虑下一步该怎么办。那年冬天，戴婕寄居在九如巷张家，就在乐益女中旁边。等到允和自己成家了，她就把戴婕安置在他们夫妻卧室后面的一个小房间内。这个安排几乎毁了她的婚姻。"谁听过这种事呀？"她说，"把一个未婚怀孕的女子藏在新婚夫妇的内室里！我们把自己搞成笑柄了。隔壁的老太太逢人便讲。她跟我婆婆说：'你那新来的媳妇是怎么回事啊？居然收留一个还没结婚就怀了贱种的女人。你媳妇是不是和那女人一样乱来呀？'

允和的婆婆当然很不高兴。有光是她的独子，小两口还没安顿下来，当媳妇的就把大家都弄得很尴尬。有光的日子也不好过，他发现妻子和妈妈都很难对付，他自己也陷入了道德困境。把无路可走的戴婕赶出家门肯定不对，但是让她留下，会让母亲烦恼不已，这也不对。而且这里还有他姐妹的问题。

　　若干年前，有光的父亲觉得家人的作梗令他和他的小妾不能过舒心的日子，所以把有光的母亲、有光和四个姐妹一起赶出了家门。这些年来，一家六口过得相当艰难。姐妹们都是能干的女性，她们照看母亲，同时设法供有光读完大学。现在，有光觉得自己有义务顾及她们的感受。在戴婕的事情上，姐姐们完全站在母亲那边，并不断向允和施压。兆和后来说："她们不知道逼我二姐做她不想做的事是不可能的。其实，你越施压，她就越顽强抗拒，很可能做出不可思议的事来。"

　　戴婕生下孩子后，允和就做了"不可思议的"、非常鲁莽的事情：

　　　　七月二十日（一九三三年），戴婕和我带着她女儿，拎着装婴儿衣裳的柳条箱上了火车。孩子的爸一家人住在杭州，我们到后，用假名住进旅馆。次日早上，我们把宝宝喂饱，在枕头下放了张纸条，是写给孩子的奶奶的。接着，我们换下旗袍，穿上西服，离开了旅馆，搭火车回上海。

　　七月二十二日当天，杭州人都读到了当地报纸上的一则新闻：两个神秘女子住进某旅馆，在房间里遗弃了一名婴儿，然后就不知去向。[15] 孩子的奶奶拒绝承认婴儿是她家的，把婴儿送进了孤儿院。头几年，张家一个在杭州读书的朋友还会去孤儿院探望一下孩子，后来战争爆发，那些知道孩子情况的人都失去了联络，孩子最后下落不明。

　　允和的侠义行为，让她的婚姻、她与夫家的关系都受到了损害。兆和与充都提到了这一点，不过没人批评说允和当初不该这么做。这两姐妹都与戴婕熟识，戴婕是她们家中的常客，常常走进张家的书房，站在书架前，浏览武龄收藏的史书。戴婕很聪明，非寻常女子：思想激进，充满浪漫情怀。她出身四川名门，两个兄弟都是出色的学者。十五岁时，她就和年轻的爱人私奔。在逃往东南的路上，他们碰到过恶人，也在不少环境险恶的地方投宿过。有一次他们还在床底下发现一具尸体。到南京后，她年轻的爱人死了。戴婕埋葬了他，自己进入一家寄宿学校，在那里她与允和、兆和相识。谁给她钱交学费，至今仍是个谜。她的父母不可能寄钱给她——女儿跟人私奔，又在路上跟那人过夜之后，父母哪可能再与她保持正常的关系？她的兄弟倒有可能私下接济过她。他们在抗战期间常常见面，先前也可能一直保持着联系。

高中毕业后，戴婕进了广东的中山大学，学习生物学。一次去海南做田野调查时，她爱上一位同班同学，在一道瀑布下怀上了他的孩子。那就是她与允和留在杭州的孩子。戴婕个性冲动，很容易坠入情网，但是她并不像允和轻视的那种女性。她不穿高跟鞋和时髦衣服，而且在她自己看来，她并非随便和男人发生关系的人。她是个有点儿另类的浪漫剧女主角。第一个爱人死后，她并没有一蹶不振。第二个爱人遗弃了已经怀孕的她，她也不曾自怜自怨。就连她的外表，看上去也不像人们想象中的浪漫剧主角。别人形容她长得短小粗壮，相当"不讨喜"。她说，在她最落魄的时候，她甚至因为缺乏魅力，想卖身而不可得。战时，她成为四川丝厂里顶级的研究员。后来，她和一个年纪比她小的同事结了婚——"一个英俊可爱的人"——还生了三个孩子。

允和的第一个孩子，恰巧在她结婚周年那天诞生。她总是对人说，她的孩子小平是她结婚那天生的——过了好一阵子，她才发现自己这句话中的语病。第二年，女儿小禾出生。后来她又怀过三次孕，一次流产了；一次孩子生下来太小以致夭折；还有一个好像是出生时受了感染，只活了二十天。

兆和说，允和在十二岁之后就没有过过太平日子。先是母亲去世；接着继母进门；结婚之后，她必须和婆婆及四个大姑子一起生活。允和自己却不这么看。她认为人际关系紧张不算什么大事，战争和暴君对意识形态的控制才真正可怕。她说，大难的第一段是从一九三七年秋日军进攻中国的那夜开始的。从那时起直到战争结束，她至少经历了"十次大搬家、二十次小搬家"。刚开始逃难时，她带着二十件行李，一行七人——两个小孩，两个保姆，丈夫，婆婆和她自己。等到回乡时，只剩下了五件行李，四个人。她失去了女儿，一个保姆病死了；另一个保姆则在四川安家落户了。

允和逃难的第一站是她的出生地合肥，逗留的时间很短。日本飞机开始轰炸时，允和把孩子和婆婆送到了合肥西郊，住在周公山下的祖宅中。一百年前，闹太平军和捻军的时候，她的曾祖父及其兄弟们把家里的一个老圩子改造成了军事要塞。他们利用环绕四周的小河作为天然屏障，在房舍四围建筑土墙。墙上挖出很多枪孔，可以对外开火。一九三七年，这些防御工程保持得很好，从外表看来，待在这里会比在外面世界更安全。当然，日本飞机可以在几分钟之内把这里炸成平地，但是他们应该不会把弹药和燃料浪费在安徽的乡村。

允和带着孩子们刚刚在合肥安顿下来，有光从上海发来一份电报，要求她们前往武汉，再转道去四川，他将和她们在那里会合。他已经决定和银行里的同事一起到重庆去。一个张家的朋友派了一辆卡车来接有光的老小。这时武龄也已经回到合肥，允和于是去向父亲告了别，这是她和父亲的最后一面。

允和从武汉乘船溯流而上，去往重庆。五十年前，她的祖父带着她八个月大的父亲，走同一条路线到巴县去出任川东道尹。与允和同船的还有曾国藩的孙女。十九世纪六十年代，曾国藩与允和的曾祖父张树声同为朝廷军队的统帅，曾并肩作战击败太平军。现在，他们的后代却成了难民。

十天后，船抵重庆。这时已经是一九三七年底，允和觉得那一年是她生命中最漫长也最艰苦的一年。然而这仅仅才是个开始。当张武龄给女儿起名时，每个女儿的名字中都有两条"腿"，他可能并没有想到，日后她们真的会流离失所。[16] 在重庆，允和及家人换乘一艘小船，在长江支流上向北航行了五十公里，抵达合川。她的朋友戴婕在这里工作，她愿意替允和照顾孩子和婆婆，好让她抽身到成都的光华中学教书。成都离重庆很远，需要搭两天一夜的卡车。那时两个城市之间没有铁路，大多数公共汽车都因为路途太过凶险而无法跑这条路。允和做出的安排实在很不切实际，但是她觉得自己必须好好工作，学以致用。

次年春天，她丈夫也到了四川，在重庆工作。允和把儿子和婆婆送到重庆郊区，自己和女儿则陪丈夫住在城里。空袭是司空见惯的，有光又老是出差在外。允和必须独自解决所有"最难的题"："没水、没食物的时候，我走遍全城去找，有时四周一片漆黑。"她终于了解了"死寂"的意思，呼吸到空气中烧焦的味道；她看到道路边肝脑涂地的惨象，也看到堆成一人多高的棺材。但是她觉得自己是幸运的："炸七星岗的时候我在上清寺，炸上清寺的时候我在枣子岚垭。"[17]

允和的好运气结束于一九四一年五月。当时她们住在重庆郊区，周有光又一次出差在外。有一天，他们的女儿小禾突然肚子痛，她的体温急剧上升，可附近根本找不到医生。三天后，允和终于设法把女儿送到重庆的医院，但是太迟了。小禾得了盲肠炎，此时已经开始溃烂，感染也已扩散。小禾在病床上挣扎了两个月才死。看着孩子慢慢死去真是酷刑，这是允和一生中最黑暗的时期。

即使到现在，她还是不愿意提及此事。

在那两个月里，充和与五弟寰和花了很多时间来陪伴允和，在绝望痛苦的情形下尽其所能地帮助允和。在小禾生命的最后几天，连允和的精神也濒临崩溃。她没有勇气再抱起女儿或是安慰她。面对小禾的哀哭与求救，她只能说："你干嘛不死呢?"充和还记得小禾去世那天的情形：

> 那是个闷热的七月天。好热，好潮湿，我觉得姐姐和我非出去散散心不可，不能老是伴着垂死的孩子。我提议去找点冷饮喝，请弟弟寰和看着小禾。我们去了多久，我记不得了，可能有几小时吧，回来时，我看到门边放了一具白木小棺。我心里明白，小禾已经死了，就和姐姐说，今晚我们应该到别处过夜，去朋友家吧。我不确定那天下午她可曾看到那具棺材。第二天，我们回家，葬了小禾。前晚，弟弟把棺材存在防空洞里。葬礼很简单，姐姐没哭。

一年半后，允和全家迁到了成都，一天她儿子突然被流弹击中。子弹穿过他的腰部，内脏上被打出六个洞。有一阵子，医生也没有把握他是否能挺过来。允和的丈夫此时又一次奔波在外，当他在重庆得知消息后，立刻冲到充和家猛拍房门。一个同住的人前去应门，充和记得当时她在楼上，听到姐夫的语声，立刻意识到姐姐又一次遭了大难："我膝盖都软了，不记得是怎么走下楼的。"

周有光之所以来找充和，是因为他知道，只有充和才能帮他在次日早晨去成都的公共汽车上找到座位。充和通过一位酷爱昆曲的朋友办到了，那人是水力发电公司的头头。两周后，有光给充和写了以下这封信：

重庆车站别后，我带着一颗沉重似铅的心，经过漫天的雨天路途，到家已在廿九日晚六时。在家门口，没有进门，我隔门问房东家里的男工："小平怎样？"他说："在医院里。"在他的语音里，我听出小平安全的消息，这才松了一口气，否则，我真不敢进这个大门。我上楼，只有老母亲一人在做鞋……我转身到医院，在半路上遇见允和，也已经没有紧张的情绪，但仍是非常兴奋……

（小平）最初三日昏迷，到第四天才敢说危险过去，这好比在八堡看钱塘江潮，平静的海岸忽然可以卷起百丈波涛，等到我赶回成都，又已是潮退浪平，只能看见江岸潮痕处处了。

我记得当定和三弟闹离婚问题时，他气愤几不欲生，我以"多面人生论"开导他，当时他虽固执，今日他已深明此义。我知道允和把一切希望寄托在小平身上，万一小平有意外，允和的悲痛又非定弟那时可比，我唯一可以劝解她的，也只有"多面人生论"。而我为自己解说，自己和自己辩论，汽车的颠簸叫我疲倦，叫我麻木，这也帮助我心情平静下去，但我无论如何不能鼓起积极的生活兴趣，也不能自己接受自己的积极人生观，我逐步步入宗教的安慰里去。我在教会学校读书多年，但是没有信教，小禾死了第三年，我才受洗礼，但我没有做过祈祷，这次我为了小平，做默默第一次祈祷。我渐渐失去了对人力的信赖，我只有茫茫地信赖神力了。

八姐（堂姐）绮和说："如真小平有事，我看二姐（允和）难活，老太太也经不起这打击，耀平岂能独存，这不是一家完了吗？"真的，假如我一到门口问着那个房东家男工，如果他的答复是另一种，那么我眼前的世界将是完全另一种色泽。人生的变换我真无法捉摸的了！……[18]

信中还提到，之前定和曾为离婚之事心灰意冷，但是最近刚刚举行了新作音乐发表会，大获成功；小平错过了这场演出，定和就把整个演唱团搬到病房，给他一个人办了一场音乐会；允和还给儿子买了一对小白兔，与他做伴；阴历新年即将来到，生活中的一切回复正常。

同一封信中还提到兆和夫妇寄来了一万元钱。"我们只能暂借一用，仍旧要还给他们，因为他们也很困难。而我们现在还有办法挪借，不若小禾不幸的当儿，那么走投无路，这或许也是小平之所以幸于小禾吧！"[19]

有光相信，如果小平出事时不在成都，如果不是附近有好医院，如果不是医生马上动手术，那么他也很可能会重蹈小禾的命运。而他若去世，祖母和母亲也活不下去了。幸好天公作美，他们才能安然无恙。允和却不这么想，小平中弹时，有光不在成都。她和女房东赶紧将小平送到空军医院。她三天三夜不能合眼，直到小平脱离危险，此时有光也回到家中。她对婚姻生活的描述是："大部分危机总是留给女人去处理。"这不是抱怨之辞，只是实话实说。

允和靠着兄弟姐妹和朋友的帮助渡过了难关。她在日记中详细记录了亲友对她的帮助，如果是金钱资助，那么日后她可以根据记载偿还，如果是无法量化的情感支持，她将铭记一生。例如在一九六四年，她全家的月收入只有二百四十一元，但每个月光给年迈的婆婆买西药，就要花费七百元，根本无法负担[20]。妹妹兆和及一些老朋友——少时的朋友——都送来大笔金钱，帮她支付医药费用。到了"文革"期间，周有光的薪水减低到每月仅三十八元（那是对"坏分子"的惩罚），兆和前后共借给她三千元，好让允和一家不至于挨饿。允和写道："（兆和夫妇）生活也不好，可他们总会竭力为我张罗。我一辈子怕张口问人借钱，这下子完了，只好厚着脸皮乞讨，这也是人生应有的履历。"[21]

在一九六六年到一九七二年间，允和好几次陷入绝境，但每次都仗着自己的能言善道逃过一劫。她说，唱戏的经验经常在这种情况下发挥作用。一九六八年八月十三日，文化大革命最为激烈、变化最剧的时期，好管闲事的邻居带着两个极端激进分子，闯进她家——那时她家只有两个房间。这两个年轻人声称自己是从北京大学来外调的特派代表，要调查一个叫张芝联的人。允和暗想：张芝联？他过去曾是上海光华附中的校长，我在那里教过书。他比我小十岁。怎么，他碰上麻烦了？她记得当时那两个人"像连珠炮似的问了我关于张芝联的好几个问题，我都茫然，只得回答：'不知道。'几个'不知道'，就触怒了他们。左手的小伙子指着我的茶杯说：'拿开，不许喝茶！'"允和"乖乖地把茶送进里屋"，然后"匆忙地回到外屋"。[22]

这杯茶是之前允和的干女儿给她倒的。她们没有给来访者泡茶，允和知道这些年轻人反正不会喝的，因为"如果喝了资产阶级人家的茶，那就划不清阶级界限了"。她还写道：

> （我）正准备坐下去的时候，忽然听见一声吆喝："不许坐，站起来！"我还没有坐稳，就扶着桌子边站起来。站起来的时候，背后的椅子，挡住了我的腿，所以我的身子紧靠着桌子边。这样的站法似乎有所依靠，让他们看上去很不顺眼。左手的小伙子又吆喝了一声："不要靠桌子，退后两步！"我遵命退后两步，把椅子用腿推到后面，靠到椅子上。他们可能想：不叫你靠桌子，你又靠上了椅子！那小伙子又嚷了："向前走一步！"我又遵命向前走一步。这样，前不巴村，后不着店，没依没靠地站着。他们可能是满意了吧。

我站稳了。我想，我是快满六十岁的老太婆了。这些年轻人，是在导演我唱什么戏呢？他们是十分严格和严厉的导演，而我是忠实执行导演指挥的好演员。

一抬头，窗子外面都是孩子可爱的小脸和一双双惊奇的大眼睛。我（再也）看不见丝瓜（从架子上垂下）的大叶子。

我等待他的再次吆喝。他在几次大声嚷嚷之后，似乎有些累。不过，年轻人是不会累的，尤其在这种场合。

我对面的小伙子说："你仔细想想，张芝联过去干过什么政治勾当！你又何必包庇他呢？"我很感激这个小伙子对我的温和态度。

我说："我们只同过不到两年的事。他是校长，我是教员。我们仅仅在会议上碰头，讲过很少的话。"[23]

那个持"温和态度"的年轻人决定再给允和五分钟时间考虑考虑。允和得以稍作喘息："因此全屋子里的人，……都得到了放松和休息的机会。布满在屋子外面的瓜架上、窗框子上的孩子们，也似乎安静了些。"允和这才有机会观察了一下坐在对面的年轻人："好漂亮的小伙子！雪白粉嫩的脸，一双黑白分明……的眼睛，……看上去只有大学一年级。我想：他跟女孩子谈恋爱的时候，一定是非常温柔，非常温柔的美男子！"允和告诉自己不要生气："只要孩子们觉得有趣，我就没有什么不愿意的。"

我双手交叉放在胸前。我想举起右手，手托香腮，好帮助我仔细地想。不行，这个姿态可能会引起误会。我依然双手交叉放在胸前。

左手的小伙子咳嗽了一声。

这时候，我忽然产生了危险感。这不一定是有趣的事。斗争是尖锐的，是面对面的。斗争不但伤人的身体，更会伤人的心。也许有一天会斗死！也许就在这个时候！

正当允和开始意识到自己的危险处境时，那个强硬的年轻人站了起来，伸伸胳膊，让她吃了一惊。不过他仅仅是做了个深呼吸。允和注意到他的长相：他皮肤黑黑的，比较粗犷。允和心想：这个人像张飞，刚才那个漂亮的像赵子龙。[24] 和关羽一样，张飞、赵子龙都是三国里的英雄人物。他们同在刘备手下作战，而且始终忠贞不二，但他们是两个完全不同的武将。张飞勇猛鲁莽："身长八尺，豹头环眼，燕颔虎须，声若巨雷，势如奔马。"虽然他"颇有庄田，卖酒屠猪"，[25] 但是他更具有草莽英雄的特征。赵子龙在战场上和张飞一样骁勇善战，但他是儒将，举止庄重得体——更受读者喜爱。

从张飞和赵子龙，允和的思绪转到了戏班，还有那些她年纪稍长后喜欢扮演的角色上。二十世纪五十年代，她是北京昆曲研习社里的成员，演过几次小丑。她觉得每出戏里都应该有小丑，才能给整出戏带来欢悦与魔力——现在上演的这场戏也是如此。她就这么默默想着。她需要想些有趣的事情来减轻压力。但是这出戏里（如果这是戏的话），她说不准谁更像小丑，"他们是小丑？我是小丑？"究竟谁在戏弄谁？允和想："幸好他们不知道我脑子里想的是什么。如果知道了，那我准得被剐了！"

这时，给她的五分钟到了。外表温柔，使她联想到赵子龙的那个年轻人"看了一下表：'交代吧！该想起了吧！你过去难道不曾打听他干过什么事？'"

我脑子里这才又想到张芝联反革命的问题，把小丑暂时搁置一边。如果再给我五分钟，我可以写一篇《论小丑》了。

"交代，实在没有什么可以交代。"我不敢说得太轻，也不敢放大喉咙。我把音调调整到恰到好处，慢慢地说："他是校长，我是教员。我没有到过他的家，他也没有来过我的家。我从来没有想到去打听他过去的事，那时候好像不作兴去问人家的履历，他过去的情况，我一点儿也不知道。"

我左手那位"猛张飞"生气了，大声说："不知道？岂有此理！"

允和觉得他最后那句话"戏剧性强极了"。"他接着说：'你不坦白交代？你包庇他，刘、邓包庇你！你们一伙都不是好东西！'他算替我下了很客气的结论。"这时，屋子里的其他人都来劝允和好好配合。

屋子里的人七嘴八舌地都来劝我。什么坦白从宽啦，抗拒从严啦！要我（向这两位被派来外调的人）好好地交代，否则就要吃苦啦！

我有什么好说的？这时候，我失去了涵养。我气愤地说："不知道就是不知道。我不能造谣说谎。我不能向群众脸上抹黑。我不能对不起人民，对不起国家！"[26]

这是允和自创的台词。她按自己的路子演，而不是两个年轻导演硬派给她的剧本。这一招似乎奏效了。不论是来"外调"的年轻人，还是居委会的干部，谁能说她不愿"对不起人民，对不起国家"这句话有错呢？那位还保留一点礼貌的年轻人站了起来，对她说道："好吧，用笔写你的交代吧，过三天我们再来拿！"他的这句话总算给了大家一个台阶。

这并不是允和第一次独对群狼。一九四六年，她就曾为了朋友，登门拜访上海黑帮老大，提出了一连串的要求。这位女友是她中学时认识的，名叫徐素英，二十世纪三十年代初嫁给了一个学法律的学生，育有一女。战争结束前，她丈夫将她赶了出来。战后，允和在苏州与她重逢，徐素英此时境况悲惨，饱受惊吓，走投无路。她丈夫时为上海某犯罪集团的法律顾问，在经济上完全有能力照顾她。允和立刻去见这个男子，要求他赡养自己的妻女，让她们有地方住，衣食无忧，每月提供基本生活费用。对方不予理睬，而徐素英也没有勇气继续追究。但允和坚持向徐素英丈夫在上海的雇主詹先生告状。于是她们俩和徐素英丈夫口中的"老师"詹先生约定了见面时间：

> 我跟徐素英说，见了他们以后，如果一筹莫展，她就得作戏了——假装情急拼命，宁愿从二楼跳窗自杀，也不愿再被拒绝。我也告诉她不要演得太过火，不许做傻事，只要假装有意自杀就好。她当然很害怕。我向她担保，如果谈判破裂，她只要专心扮好自己的角色，别的事都交给我。
>
> 我们一到詹先生家，我就知道得演戏了。那两个男人一味支吾其词，我们谈来谈去毫无进展，这时素英朝二楼窗边奔去，她女儿昏倒在地。那两个男人没料到会出这种事。整出戏进行得太快，他们根本没时间细想。不过他们都怕素英铤而走险，闹得满城风雨。大家七手八脚阻止她跳楼后，两位男士就决定答应我们的条件了。他们要求我在正式签署协定时到场。我去了，还摆出一副趾高气扬的样子。我猜他们自始至终都以为我背后有能人撑腰，其实我完全是虚张声势。

允和的这场私人战役打得理直气壮，简单明了。她当时的对手是真正的罪犯，从事的都是可耻的非法勾当。但是二十年后，两个自以为是的小青年居然说她不是好东西，只因为她不愿意说谎来伤害别人。在他们给允和思考问题的五分钟里，一个想法掠过允和心头：这个世界已经疯了——连她也说不清自己是好是坏，"每一个都把自己当做好人，别人是坏人。自己说自己是好人不能算数，别人说你是坏人，恐怕也不能算数。"

允和的这些念头，可不能让那些审讯者知道。他们不会明白允和的疑问是指向自己的，他们只会滥引她的观点。允和注意到共产党当权后，世界变得比以前更加复杂，同时也更加简单了。过去的标准被他们推翻，现在的标准被明白宣示。不论是在思想、创作或是寻找是非标准方面，都不再需要精致细微。

在新世界里，允和很早就成为一名受害者。抗战之中，有大约两年时间，她收过合肥老家的地租。一九四九年中华人民共和国成立后，这一行为使她被定为地主，因此在阶级斗争的道德概念中，她就成了阶级异己分子。从一九五二年起，她被贴上了"反革命"和"老虎"的标签，在人民教育出版社的编辑工作也丢了。

当编辑之前，允和是上海一所高中的历史教师。她当时觉得自己"肚子里没有多少货"，所以一边教书一边学习，只要手头能找到的书就拿来读，尽量充实自己。她还加入了一个教学研讨会，与其他历史教师定期讨论如何修订历史教材。教学研讨会里的一些同事鼓励允和把自己的观点写出来，她也很乐意这么做。"我就是喜欢听人家夸我，"允和后来说，"一高兴，写了两万多字。"她把这篇长论文寄给了一家教育杂志社，但是没有回音。这篇未发表的稿子可能被辗转送到了北京，因为不久后，她的一些观点出现在《人民日报》的长篇社论里。人民教育出版社的资深编辑读了这篇社论，很欣赏允和的观点。

他们一直在为新政府修订、重编历史教科书制订准则，允和主张在科技与科学史中加入更多的历史事件和人物，并在历史教学中纳入文学与哲学的发展状况，他们很赞成这些观点。允和还呼吁历史教学应该更灵活、更贴切，增加介绍少数民族历史的内容，也得到了他们的认可。人民教育出版社于是聘请允和担任编辑，帮助他们编写中学历史教材。允和面对新工作非常兴奋，觉得自己"开始了一个全新的职业生涯"。但是被贴上"反革命"标签之后，一切都化为泡影。允和回忆道："我从此没有了工作，解放后的第一次运动我就下岗了。"她决定退休，"我这个……老虎只好养在家里了。"[27]

允和刚刚离职，历史问题研究委员会就全面控制了历史教科书的编写工作。允和不知道如果她留在原先的工作岗位上，会有什么样的命运："如果我遵守他们制订的规则方针，写他们要我写的历史，我能说自己写的东西不是违心之论吗？而且，我可能会腐蚀年轻人，不是吗？"

刚丢了工作的时候，允和既愤怒又失望，羞于见人。她不想待在北京，以免触景伤情。于是她回到苏州。她的五弟在战后搬回了九如巷的老宅，允和就住在五弟家里。他们重访儿时旧游之地，允和也开始重新联络以前昆曲研习社的朋友。[28] 几个月后，她回到上海，已经从"恶劣的情绪"中解脱出来。每个礼拜六，她都请张传芳（她姐夫顾传玠在昆曲传习所的老同学）教她昆曲。他们一同编写了一系列的身段谱，换句话说，就是供演员使用的导演手册。昆曲上演时通常不设导演，因此这种身段谱很有用，但在昆曲发展史上，这种身段谱非常少见。职业演员和业余爱好者经常联手进行这类工作：前者有多年的舞台经验和老师手把手教的知识；后者对文本有所研究，能够理解戏剧作者的艺术和用心。

一九五三年，允和与张传芳一道，整理出了六出戏的身段谱：

昆曲于我，由爱好渐渐转变成了事业。我没有完，结缘昆曲，有了一种新生的感觉。"塞翁失马"，时间越长我越体会到这是一种幸运。如果我没有及早下岗，如果"文革"时我还在工作，那我必死无疑，不是自杀就是被整死。[29]

从一九五六年到一九六四年，允和一直担任北京昆曲研习社联络组的组长，这个研习社得到了文化部的支持。在二十世纪五十年代末，她甚至帮人写现代戏，为了颂扬人民公社，写了些诸如"楼上有绸缎，楼下有葱蒜"之类的词。她说这些戏词都是胡编乱造的，完全是迫于文化部的压力。一九六四年昆曲研习社关闭，一九七九年恢复后，允和重新出山，并被选为社长。

如果有人问允和，一九五二年以来都做了些什么，她会坚持自己只是"家庭妇女"，是"一个最平凡的人"。她靠丈夫的收入生活。（周有光是语言学家，他精通英文，兴趣广泛，有"周百科"之称。所以能在短时间内大转行，新政府当时急于展开文字改革，因此周有光成了不可或缺的人物。）允和为昆曲研习社写信联络事务、安排演出，却从没有领过政府的钱。她的工作是自愿的，而且和别人一样勤奋。直到十五年前，中国共产党统治下所有拿工资的人，理论上说都是国家职工。允和不愿意成为其中一员，也许是深思熟虑后的行动。她太直率、声音太大，太容易打抱不平，也太过固执，不肯放弃自己的原则。因此虽然对教历史和编教科书颇有兴趣，她还是选择做一名家庭主妇。

过去，每逢乱世，那些奇才异能之士或者容易闯祸的人便会装愚守拙，以免引人注目，但是鲜有成功的先例。哲学家都说，泯然众人绝非易事。毕竟，谁不愿意展示才华，蒙人赏识呢？即使是那些高人雅士——比如说仙风道骨的列子——也没有办法让人家把他看做平常人。列子发现，他吃十家饭馆，"而五浆先馈"，于是他很忧虑，因为尽管自己想韬光养晦，却仍然"形谍成光"，这可能会给他带来祸患。[30]允和自称是个家庭妇女。她花了很长时间才接受这个称呼，但到最后，她却欣然于这重身份的保护。

一九六九年，她的丈夫被下放到宁夏，在邻近内蒙古的一个小村中接受劳动改造。对周有光来说，这个地方简直像是集中营，荒凉而与世隔绝。最近的城镇也在三十多公里之外。周有光在那里待了两年四个月。允和本来可以陪他去，但是她选择了留下。她告诉丈夫他只能自己去受苦，她说："我身子太弱，也太疲倦了，没法子跟他一起去受罪。"所以允和留在北京，照顾他们的孙女。

那些年，周有光害了青光眼。如果没有眼药水，他可能会失明，但是他所在的"五七干校"的小医务室里没有这种药，只能靠允和从北京寄给他。这也并非一份轻松的任务。因为在"文革"初期，即使小到眼药水的处方，也必须出示工作单位的正式批文。一九六九年，周有光的大部分同事都在宁夏接受再教育，只剩下两个人留守北京的办公室：一位年轻老师和一名十五岁的红卫兵。一天早上，允和去办公室为她丈夫申请眼药水，办公室里只有那个红卫兵在。他的名字叫吴开明。允和至今还记得两人之间的对话：

允和：吴开明同志，我爱人需要治青光眼的药，请你写个单子，批准给他开药。

吴：让他去医疗室拿，不就行了？

允和：他们医疗室没有这个药。

吴：那就让他去医院拿药。

允和：医院在三十多公里外呀。而且那医院也没这药。

吴：那就叫他别用这药算了！

允和：如果他瞎了，就不能劳动，也不能改造自己了。

允和说，她不能和这个"小造反派"争辩，更不能嘲笑他如此之笨，如果这样做了，很可能会挨揍。所以她只好赖在那里不走，直到她的倔强迫使某人让步。等了快一天，那个年轻老师出现了，他草草写了几个字，批准允和为丈夫开药。"于是，我每个月都用小木盒给他寄两瓶眼药水，有时还加上几条巧克力糖。"

丈夫在宁夏孤立无援时，允和家庭妇女的身份发挥了作用。革委会的人不能挑她的眼，即使是小毛病也找不到，因为她的档案里几乎没有什么记录。他们本来可以翻看她的私人文件，找出一些不利于她的证据，但是她又抢先了一步。一九六七年"文革"刚开始时，允和就毁掉了几乎所有私人文件，包括信件、文凭、日记和她写的散文、诗歌。她的儿子则帮着销毁了照片，这些事情花了一个星期才完成，允和说："我的指头好酸，全身都痛。我把珍贵的东西毁得一干二净了。"

十五年前，解放后第一次政治运动展开时，允和就被贴上了"老虎"和坏分子的标签，当时政府派人到她家，带走了多年来周有光写给她的所有信件，说是要拿去"研究"。允和觉得"简直是一种耻辱"。她说："夫妻间的一点'隐私'都要拿出来示众，还有什么尊严可言呢？"有好多天她吃不下睡不着。最后，她找到那些主管的委员，当着他们的面说："如果我确实有问题，请处理我。如果没有，请把我爱人的信退还给我。"过了几天，他们把所有信打成一个包送了回来。[31] 一九六七年，允和亲手烧毁了这些信件，以免再次受辱。就这样，她保住了自己的"一点隐私"。

一九四九年之后，姐妹中只有兆和与允和留在了大陆。元和夫妇在内战结束前去了台湾。充和嫁给了一个西方人，移民去了美国。允和与妹妹兆和、妹夫沈从文关系一直很亲密。一九八八年，在沈从文去世前一天，允和写了一篇关于沈的文章，提到他和他们这群人的逸事，也谈到近十五年来他们的世界中都发生了些什么：

> 我和三妹同年（一九三三年）结婚，我嫁周耀平（现名周有光），她嫁沈从文；我和三妹同年生儿子，我的儿子叫晓平，她的儿子叫龙朱。卢沟桥事变，我们两家分开。她老沈家住云南呈贡，我老周家在四川漂流，从成都到重庆，溯江而上到岷江，先后搬家三十次以上。
>
> 日本投降后一九四六年，张家十姐弟[32]才在上海大聚会，照了十家欢。这以后又各奔前程。从此天南地北、生离死别，再也聚不到一起了。
>
> 一直到一九五六年，有三家定居北京，那就是三妹、三弟定和跟我三家。算是欢欢喜喜、常来常往过日子。十年后（一九六六），猛不丁的来了个文化大革命，这下子三家人又都妻离子散。两年后，北京三家人家只剩下四口人：沈家的沈二哥、张家的张以连（定和的儿子）、我家祖孙二人，相依为命。连连十二岁独立生活，我的孙女小庆庆九岁。三妹下放湖北咸宁挑粪种田……三弟下放放羊。我家五口人：儿子晓平、媳妇何诗秀先后下放湖北潜江插秧、种菜。我家爷爷（周有光）下放宁夏贺兰山阙的平罗。捡种子、编筛子、捡煤渣，还有开不完的检讨、认罪会。大会多在广场上开。有时遇到黑黑的空中大雁编队飞行，雁儿集体大便，弄得开会的人满头满身都是黏答答的大雁大便，它方"便"人可不"方便"……我家有光幸亏戴顶大帽子……有光跟我谈起这件事，认为是平生第一次遭遇到的有

趣的事。看来大雁比人的纪律性还强，所谓"人不如禽兽"。[33]

二十世纪八十年代，生活逐渐回复正常与有序。这些年来，允和找到了很多消除焦虑的方法，比如《心经》就是很好的一剂药。《心经》说得是如何消除焦虑——终结一切苦难。要达到这种境界，必须明白一切皆空。"色、受、想、行、识；眼、耳、鼻、舌、身、意"都是转瞬即逝的，是空的。所以不应该执著于此，才能"心无罣碍。无罣碍故，无有恐怖"，所以"远离颠倒梦想，究竟涅槃"。[34]允和常常吟诵这些偈句来舒缓内心焦虑。

不过允和并非宗教信徒，也不认为自己能完全无所执，因此当她陷入低谷时，偶尔会哼唱五百年前的戏曲《佳期》中的一段香艳的唱词。在这场戏里，一个年轻的小姐和她的情人在床上如胶似漆，丫鬟在门外想象着屋里的情形：

小姐小姐多丰采，
君瑞君瑞济川才。
一双才貌世无赛，
堪爱，
他每两意和谐。
……
一个半推半就，一个又惊又爱，
一个娇羞满面，一个春意满怀。[35]

这些曲子也能给她带来安慰。

九十一岁了，允和仍然津津于她心目中英雄们的故事。她原有可能落得和他们一样的收场——被砍头分尸——但是她还是得能全身以退。人们说她懂得养生之道，能够保持活力。其实她没有特别的养生食谱，也不修身养性。事实上，她没有什么独门秘方。允和执著于世俗生活，从不装出心如止水的样子，而且很喜欢娱乐消遣。

二十世纪八十年代，允和得以再次见到元和及充和，她们那时都已定居美国。允和去了加利福尼亚，在元和奥克兰的家中待了几个星期。这时，她已经恢复了写日记的习惯——为了避免麻烦，她有将近二十年没写过日记。一九八四年八月二日，她记道：

> 昨天整整一天是戏剧节，早上八时许开始化装，大姐先帮我化装，然后我自己化装，她还是那样像小时一样慢条斯理的，把我前额头发贴大贴片。化装完已下午一：〇五，吃点东西拍《游园》身段。

> 尤彩云身段，标准身段，"烟波画船"、"明如剪"。连梅兰芳、韩世昌在排演这场戏时也会向尤彩云请教身段。这戏我们姐妹六十年前合演过，那时不过十三五岁。

> 昨天下午四时，大姐在右颊加黑色一抹，也在上唇画得高大些，我拍了"剔银灯"照后，又拍惊丑，在屋外，光亮不好，不够理想。[36]

注　释

[1] 本章资料主要来自我和张允和在 1996 年、1997 年两个夏天的对谈，其中部分内容和她的日记重合，部分也出现在她的两本自传性散文集中。这两本集子均在大陆出版，书名为《张家旧事》和《最后的闺秀》。

[2] 关公，见罗贯中：《三国演义》第 6 页。

[3]《三国演义》，第 942 页。

[4] 普净：《三国演义》，第 943 页。允和所看的是平剧而非昆曲，根据小说改编、浓缩而成。原书的描写细腻动人，戏剧则比较平易。剧本全文参见《国戏大观》，第 247—253 页，《关公显圣》。

[5] 关公和普净的对话：《三国演义》，第 943 页。

[6] 参见允和 1979 年稿。

[7] 二猫子：陆英夫妇给他们的孩子起的昵称。女儿都叫猫子，儿子叫狗子。

[8]《礼记注疏》，四部备要版 47：2a。

[9] 引自里尔克《杜伊诺哀歌》。当然，里尔克认为死者并不需要我们将他们挽回。他在《杜诺伊哀歌》中写道："他们终于不再需要我们，那些早逝者，/他们怡然戒绝尘世一切，仿佛长大了/亲切告别母亲的乳房。"（绿原译）在另一首《献给好友的安魂曲》中，他还写道："我有我的死者，我让他们离去，/并惊异地看到他们那么安详，/那么快地安于死亡，那么快乐，/那么不同于他们的声誉。"（陈敬容译）

[10] 张允和：《张家旧事》，第 109 页。

[11] 上海的私立大学：Yeh, The Alienated Academy，第 101—112、195—205 页。

[12] 张充和：《落花时节》，见《张家旧事》，第 109 页。

[13] 张允和：《张家旧事》，第 111—113 页。

[14] 见《六十种曲·西厢记》第二十七折《佳期》，第 77—78 页。这出明代戏是根据元代王实甫的原作改编而成，但艺术成就远不如王实甫。明代的版本有"南西厢"之称，曲调优美，但曲词明显粗俗很多。

[15] 杭州的报纸：我找不到任何当天的地方报纸，即使在杭州的市档案局中也没有保留。

[16] 元和、允和、充和、兆和名字中的第一个字都有"儿"字。"儿"在古文中属于"人"字部。《通志·六书略》中称:"人,象立人,儿,象行人。""儿"字看起来就像两条腿。

[17] 张允和:《张家旧事》,第 135 页。

[18] 同上书,第 145—147 页。

[19] 同上书,第 147 页。

[20] 当时,中国的一元相当于美金两角五分,可是其购买力很难估算。

[21] 张允和:《最后的闺秀》,第 53 页。

[22] 同上书,第 72 页。

[23] 同上书,第 72—73 页。

[24] 张飞和赵子龙:参见张允和:《最后的闺秀》,第 74—77 页。

[25] 罗贯中:《三国演义》,第 5 页。

[26] 张允和:《最后的闺秀》,第 77 页。

[27] 张允和:《张家旧事》,第 201—205 页。

[28] 回苏州老家:张允和:《张家旧事》,第 205—206 页。

[29] 张允和:《张家旧事》,第 205—206 页。

[30] 关于列子:《列子·黄帝篇》。

[31] 周有光给允和的信:张允和:《张家旧事》,第 204—205 页。

[32] 陆英生了九个孩子,韦均一生了一个。但张家姐妹一向把这个同父异母的弟弟当做亲兄弟看。

[33] 张允和:《最后的闺秀》,第 52 页。

[34] 见《般若心经五家注》,13b—18a。

[35] 见《六十种曲·西厢记》,第 77—78 页。(参见该书第 171 页注)

[36] 允和日记:1984 年 11 月 2 日。

第十二章　兆和

一九三一年六月，兆和后来的丈夫沈从文，从北平给她写信：

　　××[1] 我求你，以后许可我作我要作的事，凡是我要向你说什么时，你都能当我是一个比较愚蠢还并不讨厌的人，让我有一种机会，说出一些有奴性的卑屈的话，这点点是你容易办到的。你莫想，每一次我说到"我爱你"时你就觉得受窘，你也不用说"我偏不爱你"，作为抗拒别人对你的倾心。你那打算是小孩子的打算，到事实上却毫无用处的。有些人对天成日成夜说："我赞美你，上帝！"有些人又成日成夜对人世的皇帝说："我赞美你，有权力的人！"你听到被称赞的"天"同"皇帝"，以及常常被称赞的日头同月亮，好的花，精致的艺术回答说"我偏不赞美你"的话没有？一切可称赞的，使人倾心的，都像天生就是这个世界的主人，他们管领一切，统治一切，都看得极其自然，毫不勉强。一个好人当然也就有权力使人倾倒，使人移易哀乐，变更性情，而自己却生存到一个高高的王座上，不必作任何声明。凡是能用自己各方面的美攫住别的人灵魂的，他就有无限威权，处置这些东西，他可以永远沉默，日头，云，花，这些例举不胜举。除了一只莺，他被人崇拜处，原是他的歌曲，不应当哑口外，其余被称赞的，大都是沉默的。××，你并不是一只莺……××，你不会像帝皇……××，你是我的月亮……

　　××，我看你同月亮一样。……是的，我感谢我的幸运，仍常常为忧愁扼着，常常有苦恼。（我想到这个时，我不能说我写这个信时还快乐）。[2]

　　沈从文并没有夸大他的忧愁。一年前的某日，那时他认识兆和没多久，就忍不住向她倾吐了自己的心声，但兆和的答复是自己正专注学业，不需要什么男朋友。当时兆和是中国公学的大二学生，沈从文是她的老师。

　　二十世纪二十年代末期，沈从文引起了中国文坛的极大关注，他的文学创作饱受赞誉。他生长于湘西小城凤凰，四岁入学，但他大部分的童年时光是在沅江畔玩耍，在街上或城外的庙宇中看热闹：绞绳子的和织竹篾的并肩坐着，旁边有人在练拳；一个伞铺"大门敞开"，从街上可以看到大批学徒一起做伞；有个老人"戴了极大的眼镜"专心磨针；还有屠户、剃头铺、豆粉作坊、染坊、豆腐作坊、出租花轿供人办婚丧嫁娶的轿行。[3] 十五岁时，他便进了当地一所军事学校，试图成为一名士兵，因为对于湘西的年轻人来说，这是"一条出路，也正是年轻人唯一的出路"。[4] 后来，他大病一场，同时恰逢一个朋友的意外死亡，这两桩事件成为沈从文生命的转折点。他不想就这么死去，因为"许多没有看过的东西不能见到，许多不曾到过的地方也无从走去"，于是他决心离开湖南，去北京求学。他写道："我准备过北京读书，读书不成便作一个警察，作警察也不成那就认了输，不再作别的好打算了。"[5] 这是一九二二年的事。到二十世纪二十年代末，沈从文已经成为知名作家，他以记忆中湘西生活为蓝本的小说，令中国的读者震惊。史学大家、文化改革者胡适时任吴淞中国公学的校长，虽然知道沈从文只有小学学历，还是聘他为学校的中国文学讲师。他说，对沈先生这样的天才，理应破例。[6]

不管别人对他如何推崇，沈从文对于自己的评价却不高。他从来不觉得凭着自己的文学成就，就能够或者应该能够得到他所倾慕的女子。所以面对兆和的拒绝，他一点都不生气，只是觉得很伤心。他告诉兆和最好的朋友："因为爱她，我这半年来把生活全毁了，一件事不能作。我只打算走到远处去，一面是她可以安静读书，一面是我免得苦恼。我还想当真去打一仗死了，省得把纠葛永远不清。不过这近于小孩子的想象，现在是不会再去做的。"[7]

沈从文向胡适请假，胡适劝他慎重考虑。胡适甚至答应，如果张兆和的家庭反对的话，他可以出面为沈从文说话。[8] 沈从文恳请胡适不要介入此事，却向兆和的朋友王小姐打探，想知道兆和到底有没有可能爱上他，或需要他的爱情。王小姐告诉他，兆和的理智胜过情感："她从不为朋友一言所动，也不为朋友而牺牲己见。"她还警告沈从文，她这朋友的个性很倔强："她在你极高兴时极以为得计时，给你一个'我不'！她完全孩气未脱，若是有一事逼得她稍过一点，她明明干了要说不干了。她的回答是无足轻重的。"[9]

一九三〇年七月四日晚，兆和将王小姐给她的信里有关与沈从文谈话的细节，抄进自己的日记。在末尾她添上了自己的感想：

我到这世界上来快二十年了……我也不是个漠然无情的木

石，这十年中，母亲的死，中学里良师的走，都曾使我落下大滴的眼泪过；强烈的欺凌，贫富阶级的不平，也曾使我胸中燃烧着愤怒的斗争之火，透出同情反抗的叹息过；在月夜，星晨，风朝，雨夕中，我也会随着境地的不同，心中感到悲凉，凄怆，烦恼……各种不同的情绪。但那也不过是感到罢了，却不曾因此做出一首动人的诗来，或暗示我做出一桩惊人的事来。可是我是一个庸庸的女孩，我不懂得什么叫爱——那诗人小说家在书中低回悱恻赞美着的爱！以我的一双肉眼，我在我环境中翻看着，偶然在父母，姊妹，朋友间，我感到了刹那间类似所谓爱的存在，但那只是刹那的，有如电光之一闪，爱的一现之后，又是雨暴风狂雷鸣霆布的愁惨可怖的世界了。我一直怀疑着这"爱"字的存在，可是经了她们严厉的驳难（尤其是允[10]）后，我又糊涂了。[11]

四天后，兆和去见胡适。[12] 许多学生、年轻学者、作家和世界公民都喜欢去拜见胡适，因为他眼界开阔，学识渊博。某些年轻的来访者还相信胡适能够当他们的恋爱导师。当时广为人知的事实是，胡适在纽约哥伦比亚大学读书时，曾与一位美国女性相爱。但他始终没有离弃自己的妻子（他们的婚事是他十二岁时由家庭包办的），所以他一直很同情那些为情所苦的人，也同情那些彼此相爱却可能伤害到别人的情侣。

兆和去拜见胡适，并不是有感情困扰或其他问题向他求教。她是去表明自己的态度的。她从朋友那里得知，沈从文把对她的感情告诉了胡适。她不知道沈从文具体说了些什么，但她觉得沈从文在谈到感情问题时纠缠不清，语无伦次，所以她想亲口向胡适说明自己的立场。当她到达时，隔着花园的门，就已能听到客厅里喧哗的谈笑声。

兆和决定先不进去，因为里面的人"多半是我认识的"。胡适请她过两个小时再来，到时他们可以单独会面。当晚，兆和在日记中写道：

> 于是我说了沈先生的事。他也把他由沈先生那里得知的事情报告点给我。他夸沈是天才，中国小说家中最有希望的什么，及至我把我态度表明了，他才知道我并不爱他。这下子他不再叨叨了，他确乎像是在替我想办法，他问我能否做沈一个朋友，我说这本来没甚关系，可是沈非其他人可比，作朋友仍然会一直误解下去的，误解不打紧，纠纷却不会完结了。这里，他又为沈吹了一气，说是社会上有了这样的天才，人人应该帮助他，使他有发展的机会！他说："他崇拜密斯张倒是真崇拜到极点。"谈话中这句话他说了许多次。可是我说这样人太多了，如果一一去应付，简直没有读书的机会了。于是他再沉默着。

两天后，胡适写信给沈从文，解释了他当时为什么会"沉默着"。[13] 但是兆和合上日记前，又表达了一些她对胡适的看法。胡适是当时最有名的、也最受人钦佩的公众知识分子，兆和在九、十岁的时候就读过他的作品：

> 临行时，他说："你们把这些事找到我，我很高兴，我总以为这是神圣的事，请放心，我绝不乱说的！"神圣？放心？乱说？我没有觉得的已和有名的学者谈了一席话，就出来了！[14]

很难想象任何与兆和同龄的女孩面对胡适，会做出这样的反应。胡适不是什么天才——他称沈从文为天才时，可能认识到了自己的局限——但是大部分人，尤其是年轻人，对他都推崇备至。他们崇拜胡适的观点和人格，也佩服他同时精通中国训诂学和西方的分析哲学。但是兆和却颇为怀疑胡适能否真正理解她，理解人类的天性。她发现胡适在倾听她诉说近日困扰后，所发表的意见颇为陈腐，所以自己也没有理由因为他的盛名在外便接受他的影响。

得知这次会面情形后，沈从文随即便给兆和写了封信。在信中，他承认自己"顽固"，因此也尊重她的"顽固"；同时又说两个人都寸步不让，也不是坏事。"我尊重你的'顽固'，"他在信的开头说，"此后再也不会做那使你'负疚'的事了。若果人皆能在顽固中过日子，我爱你而你偏不爱我，也正是极好的一种事情。得到这知会时我并不十分难过，因为一切皆是当然的。"最后，他说了几句略带忧伤和反讽的话："我愿意你的幸福跟在你偏见背后，你的顽固即是你的幸福。"[15]

沈从文对兆和个性的了解证明了他的确是个天才。其他人，即使是兆和的至交与允和都没能了解到这一面，遑论胡适先生！兆和自己也只是"在顽固中过日子"——她不会自我分析。她的日记告诉我们，就在这段时间，允和对兆和几年前的一个观点有所批评。允和相信有无条件的爱存在，而兆和则坚持所有的爱都有目的，即使最初的动机并非利己。她们就此问题争论了一个晚上。[16]

在与兆和见面的时候，胡适形成了对她的看法，于是把自己的想法写信告诉沈从文，并将副本寄给了兆和。这是一种光明磊落的做法。他在信中写道：

> 张女士前天来过了。她说的话和你所知道的大致相同。我对她说的话，也没有什么勉强她的意思。
>
> 我的观察是，这个女子不能了解你，更不能了解你的爱，你错用情了。我那天说过，"爱情不过是人生的一件事（说爱

是人生唯一的事，乃是妄人之言），我们要经得起成功，更要经得起失败"。你千万要挣扎，不要让一个小女子夸口说她曾碎了沈从文的心……

那天我劝她不妨和你通信，她说，"若对个个人都这样办，我一天还有功夫读书吗?"我听了怃然。

此人年太轻，生活经验太少，故把一切对她表示过爱情的人都看作"他们"一类，故能拒人自喜。你也不过是"个个人"之一个而已。[17]

兆和读了胡适的信后，撰文反驳，因为只是写给自己看的，她把此文放在日记中：

胡先生只知道爱是可贵的，以为只要是诚意的，就应该接受，他把事情看得太简单了。被爱者如果也爱他，是甘愿的接受，那当然没话说。他没有知道如果被爱者不爱这献上爱的人，而光只因他爱的诚挚，就勉强接受了它，这人为的非由两心互应的有恒结合，不单不是幸福的设计，终会酿成更大的麻烦与苦恼。胡先生未见到这一点（也许利害的观点与我们不同），以为沈是个天才，蔑视了一个天才的纯挚的爱，那小女子当然是年纪太轻，生活太无经验无疑了。但如果此话能叫沈相信我是一个永远不能了解他的愚顽女子，不再苦苦追求，因此而使他在这上面少感到些痛苦，使我少感些麻烦，无论胡先生写此信是有意无意，我也是万分感谢他的。[18]

那天晚上，兆和曾考虑写封信去安慰沈从文，因为"他究竟是个好心肠人"，但是又怕误导了他，她写道：

这是我们女子的弱点，富于同情而不敢表示。也不怪，女
子在这世界上是最软弱可怜的，她们的一切行动思想均在苛刻
的批评下压伏着，她们偶一不慎，生命上刻上了永世不消的人
们的口印，便永久留着一个洗不脱的污迹……[19]

一九三○年七月十四日的日记很长，而且几乎像是出自两个不
同的女人之手。其中一个自负得像个孩子，对知名人士的批评无动
于衷。另一个则像是比实际年龄成熟很多，觉得自己受到严密监
护，唯恐行差踏错。兆和的这一面总是让允和担心。两天前这两姐
妹彻夜长谈爱情，详情如何，我们不太清楚。（兆和在日记中说，朱
干干"催了几次睡觉了"，[20] 所以允和离开房间后，她都没有时间写
下她们谈话的内容。）她们争论的问题很可能包括了兆和的过度戒
备。允和是与兆和完全不同的女性。她对自己的行为也很谨慎，但
是她有过冒险刺激的经历。她相信爱的可能性，所以她更愿意看到
爱情的实现。允和也不认为女人会因偶然的失足，即使是在浪漫爱
情中的失足，就留下一生的污点。她对女人的勇气、智谋更有信
心，也比较相信旁人会善意看待女性的失足。兆和因为对人生怀疑
多多，所以才会胆怯。她不喜欢受压抑，觉得女人必须比男性忍受
更多的压抑，但是她不愿意冒险去改变现状。

允和觉得妹妹以前并不是这样的，多年后她写道：

　　（我们在学校演话剧，）兆和自小欢喜穿男装，就自告奋勇演
（女伴男装从军的）花木兰……（后来）在《风尘三侠》[21] 中，大
姐元和演红拂，三妹兆和演（红拂的爱人）李靖。三妹坐在"龙
椅"上，双脚够不到地，两腿荡荡的，还一副羞人答答的样
子，好笑极了。三妹演这样的角色打不起精神来，她顶爱演的

是滑稽戏，脸画得乱七八糟上台，自编自演"万能博士"、"天外来客"。

三妹在学校里很活跃，常常出洋相。有时睡到半夜人不见了，大家起来找，原来她一个人在月光下跳舞。放在窗台上的糖爬满了蚂蚁，她说"蚂蚁是有鼻子的"；半夜三更同宿舍的同学笑得睡不成觉，她却没什么事呼呼大睡。那时的她和现在……的三妹完全是两个人。[22]

允和坚持认为是生活中的"重压和磨难"改变了兆和。但是早先她真的有那么大的不同吗？从一九三〇年的日记来看，她当时已经是一个沉默内向的人了，这和她的另一面——沈从文迷上的那个好勇斗狠的女孩——形成了鲜明对比。兆和、允和都说当时除了沈从文，还有很多男生写情书给她。兆和几乎从来不回信，也不把信退回。她把这些信收藏起来，给每个求爱者一个代号，再将信一一编号。在这些信中，还有一封来自她之前的中学老师。这个男人一直等到兆和上大学了，才写信给她，问她会否考虑和他结婚，因为有另一名女子对他表示好感，他想先知道兆和会不会接受他，再决定如何回应那女子。兆和接到此信大吃一惊，她喜欢那个老师，但是从来不曾想到他会提出这种问题。她回信写道："拜读尊翰，不知所云。"她的回答直截了当，毫不留情，因此绝不会引起任何误解。

沈从文刚刚陷入情网时，觉得兆和的这种语调——冷冰冰毫无感情——既伤人又迷人。他希望兆和明了她以前从不了解的情愫。同时，他又觉得如果兆和能继续这种无忧无虑的生活，也很不错。在一九三一年六月的信中，他写道：

一年内我们可以看过无数次月亮，而且走到任何地方去，照到我们头上的，还是那个月亮。这个无私的月不单是各处皆照到，并且从我们很小到老还是同样照到的。至于你，"人事"的云翳，却阻拦到我的眼睛，我不能常常看到我的月亮！一个白日带走了一点青春，日子虽不能毁坏我印象里你所给我的光明，却慢慢的使我不同了。"一个女子在诗人的诗中，永远不会老去，但诗人，他自己却老去了。"我想到这些，我十分忧郁了。生命都是太脆薄的一种东西，并不比一株花更经得住年月风雨，用对自然倾心的眼，反观人生，使我不能不觉得热情的可珍，而看重人与人凑巧的藤葛。在同一人事上，第二次的凑巧是不会有的。我生平只看过一回满月……我行过许多地方的桥，看过许多次数的云，喝过许多种类的酒，却只爱过一个正当最好年龄的人……

×　×……我把你当成我的神，敬重你，同时也要在一些方便上，诉说到即或是真神也很糊涂的心情……天下原有许多希奇的事情……譬如想到所爱的一个人的时候，血就流走得快了许多，全身就发热作寒，听到旁人提到这人的名字，就似乎又十分害怕，又十分快乐。究竟为什么原因，任何书上提到的都说不清楚，然而任何书上也总时常提到。（有人将）"爱"解作一种病的名称……

你是还没有害过这种病的人，所以你不知道它如何厉害。有些人永远不害这种病，正如有些人永远不患麻疹伤寒，所以还不大相信伤寒病使人发狂的事情。××，你能不害这种病，同时不理解别人这种病，也真是一种幸福。因为这病是与童心成为仇敌的，我愿意你是一个小孩子，真不必明白这些事。[23]

当然，沈从文这是言不由衷，他常这样。比如说，他写信给兆和宣称要尊重她的顽固，以后不会再纠缠她，但同一天，他又写了另一封信，说："如果我爱你是你的不幸，你这不幸是同我生命一样长久的。"[24] 在一九三一年六月的一封信中，他告诉兆和希望她能一直作个"小孩子"，但是紧接着又说："天将不许你长是小孩子。"他还写道："'自然'使苹果由青而黄，也一定使你在适当的时间里，转成一个'大人'。××，到你觉得你已经不是小孩子，愿意做大人时，我倒极希望知道你那时在什么地方做些什么事，有些什么感想。"[25]

　　沈从文积习难改，而且他关于"自然"的话也是错的。"自然"并没有把他的妻子变成一个成熟女性，而是他自己做到了这一点。婚后三年，他把自己的认识写入了短篇小说《主妇》。这篇小说使用了"他说、她说"的叙述形式，奇怪的是，竟然与兆和当年写日记的方式一致。兆和一九三〇年在日记中，频繁地引用了沈从文写来的信，接着她在日记中和他对话，有时还会引入第三者——比如她最好的女友，或胡适这样的人——对双方作出的评价。《主妇》中的女性名叫"碧碧"：

　　　　今天八月初五。三年前同样一个日子里，她和一个生活全不相同性格也似乎有点古怪的男子结了婚。为安排那个家，两人坐车从东城跑到西城，从天桥跑到后门，选择新家里一切应用东西，从卧房床铺到厨房碗柜，一切都在笑着、吵着、商量埋怨着，把它弄到屋里。从上海来的姐姐，从更远南方来的表亲，以及两个在学校里念书的小妹妹，和三五朋友，全都像是在身上钉了一根看不见的发条，忙得轮子似的团团转。纱窗，红灯笼，赏下人用的红纸包封，收礼物用的洒金笺谢帖，全部齐备后，好日子终于到了。正同姐姐用剪子铰着小小红喜字，预备放到糕饼上去，成衣人送来了一袭新衣。"是谁的？""小姐的。"拿起新衣跑进新房后小套间去，对镜子试换新衣。一面换衣一面胡胡乱乱的想着……

一切都是偶然的，彼一时或此一时。想碰头大不容易，要逃避也枉费心力。一年前还老打量穿件灰色学生制服，扮个男子过北平去读书，好个浪漫的想象！谁知道今天到这里却准备扮新娘子，心甘情愿给一个男子作小主妇。

那么，为什么兆和会嫁给沈从文？当初他向她表示爱意的时候，她"并不爱他"，甚至"连他写的故事也不喜欢读"，还觉得沈从文经常流鼻血是古怪不体面的事。时至今日，她还记得那几年沈从文的行为"恼人"，"惹她生气"。她们多年的婚姻，她在沈从文病中与死后对他的忠诚，都不能抹去这些印象。她说她嫁给沈从文是因为"他信写得好"。沈从文的《主妇》阐发了这个理由。[26] 因为是从沈从文的视角进行写作，所以他对自己笔下留情：

当她从中学毕业，转入一个私立大学里作一年级学生时，接近她的同学都说她"美"。她觉得有点惊奇，不大相信。心想：什么美？少所见，多所怪罢了。有作用的阿谀不准数，她不需要。她于是谨慎又小心的回避同那些阿谀她的男子接近。到后她认识了他，他觉得她温柔甜蜜，聪明而朴素。到可以多说点话时，他告她他好像爱了她。话还是和其余的人差不多，不过说得稍稍不同罢了。当初她还以为不过是"照样"的事，也自然照样搁下去。人事间阻，使她觉得对他应特别疏远些，特别不温柔甜蜜些，不理会他。她在一种谦退逃遁情形中过了两年。在这些时间中自然有许多同学不得体的殷勤来点缀她的学生生活。她一面在沉默里享用这份不大得体的殷勤，一面也就渐成习惯，用着一种期待，去接受那个陌生人的来信。信中充满了谦卑的爱慕，混合了无望无助的忧郁。她把每个来信从头看到末尾，随后便轻轻的叹一口气，把那些信加上一个记号收藏到个小小箱子里去了。[27]

兆和年满十九岁后，吸引了众多男性的眼光，那些人都对她满怀仰慕之情。对此，不只是兆和自己十分意外，就是她的姐姐们也觉得不可思议。在家里，从未有人注意到她的姿容丰采。她的皮肤黑黑的，头发剪得很短，像个男孩子，身材壮壮胖胖，样子粗粗的，一点都不秀气。[28] 对于姐妹来说，兆和可不是什么"黑凤"或"黑牡丹"——这些都是仰慕者在背后给她起的绰号。在张家，老大元和才是美人，而且充满神秘感。

在兆和的记忆中，自己早年的长相和姐妹们所描绘的差不多。她喜欢在傍晚和爸爸一起出去散步，和姐妹们一起读经书（"琅琅随两姐"），每天"大字写两张，小字抄一张"，[29] 看门的老头从自己的碗里分给她一些糙米饭，她也吃得津津有味。没有人娇宠她，也没有人会为她心痛流泪；更没有什么关乎她的逸事在家人中流传。母亲很爱她，因为住在家里的女儿里她是最小的一个，但是母亲太忙，也没太多时间管她。早上她会让兆和待在自己房间里，自己忙着处理家务，在盆里放一串糖葫芦给兆和，让她自个儿玩。她的父亲耳力不大好，所以说话大嗓门的允和最能引起父亲的关注。兆和的干干是个很理性的人，很少流露情感，她相信凡人都应该自制、自强。

张家还在上海住的时候，她们的老师万小姐每天都会早早来到张家，上课前先在书房里用早餐，孩子们常常和她一起吃。允和的干干窦干干负责准备早餐，主食通常是粥，配上各种腌菜、豆腐乳、咸花生米、黄瓜片等等。兆和食量很大，所以吃饭的时候，她总是第一个坐下，最后一个离开的；要是没人管的话，她会多要一碗饭，就着剩菜的汤汁吃。所以每天一大早，窦干干还在摆桌子的时候，兆和就已经坐下来等着吃早饭了：

> 有一天，窦干干对我说："嘘，出去！就你一个人等不及。老师都还没来呢，你急什么！"朱干干听说后气得要命，跟我说："咱们不吃她们的早点。我拿腌豇豆给你吃。"接着她就从腌菜坛子里捞出两截长长的腌豇豆，放在一大碗粥上。从那天起，这就是我的早点。如果两截腌豇豆不够，我就自己打开坛子再拿一截。

朱干干教导兆和，为人不可贪婪，得不到自己想要的东西时不要自怜，也不要显得可怜兮兮。她也希望自己照料的孩子身体健壮，刚强，但不好争辩。她的教导方式很适合兆和，所以兆和的童年没有像兄弟姐妹那么被娇惯。凶巴巴的家庭教师于先生拿着木尺打她的手心时，她不哭；姐姐允和欺负她的时候，她也不埋怨。因为她总不吭声，所以受的罪最多。允和如今会说："你干吗不像我一样大喊大叫？没人敢碰我，连于先生都不敢。"兆和却有自己的理由。她不在意独自解决问题，情愿保持沉默，就像多年后她的好友王小姐告诉沈从文的那样。

即使在调皮捣蛋的时候，兆和也喜欢单独行动，悄悄策划。在家里，她是有名的"小捣蛋"。她用自己的小凳子把一个泥娃娃砸得粉碎，又赤手空拳地将一个布娃娃撕成碎布。最后，父母给她买来一个橡皮娃娃，心想这一次她总破坏不了了。结果兆和研究了一会儿，然后从朱干干的针线盒里找了把剪刀，只一刀就干净利落地剪掉了娃娃的头。[30] 兆和还能够在楼梯的栏杆间钻来钻去，看到她做这么危险的动作，保姆们先是大吃一惊，很快她们就为她喝彩，并鼓励她再来一个。"除了我妈，从来没人会为我瞎操心，"兆和解释道，"可我妈又死得那么早。"被老师处罚，受了二姐的欺负，兆和当然会垂头丧气，但是朱干干总是对她说："别想了！没什么了不起。去喝你的粥，吃腌豇豆吧，吃完就没事了。"

所有这些加起来，造成了兆和有些古怪的性情。兆和内心顽固、喜欢沉思。看起来她很执拗，但是也有慷慨宽容的一面。作为一个年轻的女孩，她希望在学校能表现优秀，干出一番事业。她自觉是个可有可无的人，在家里无足轻重，但她也不觉得自己受了亏待，从未心怀不满。她并非那种天生就仪态万方的人，学习昆曲或许增加了她的风度，可家里的一场事故，使她只学了一年就再也无法继续：

> 姨奶（祖父的姨太）踩到剪刀，刺穿了她的小脚，伤口又深又长，怎么也不愈合，只得去上海求医。她要我陪她一起去。医生先切了她的脚趾，后来又切除了那只脚，最后她死于坏疽。那年夏天我陪她待在上海，元和姐、允和姐在家学了《游园》和《惊梦》。从此我就赶不上她俩了。

兆和在学校演出时，仍然会与两个姐姐同台。但是严肃的角色会让她紧张，只有演闹剧时她才会轻松自如。有好几次，她都几乎把正剧变成了一出闹剧。有一次她撞倒了一棵用厚纸板做的假树；另一次，她又打掉了元和的头饰。兆和可能更喜欢永远做个孩子，就像她在苏州时那样，但是和沈从文的婚姻彻底破灭了她这个梦想。

连续三年，沈从文不断写信给兆和，因为他知道她会收下这些信件。他们先是同处于一个城市，他从城市的另一端写给她；然后他到了北京，从那里写给她；随后发信地点又变成了青岛这个"海滨城市"。当他几乎把所有的话都快说完时，兆和来到了这个海滨城市，然后他们结婚了。他们生活中的这一幕也出现在《主妇》中：

> （他告诉她）他认识了很多女子，征服他，统一他，唯她有这种魔力或能力。她觉得这解释有意思。不十分诚实，然而美丽，近于阿谀，至少与一般阿谀不同。她还不大了解一个人对于一个人狂热的意义，却乐于得人信任，得人承认。虽一面也打算到两人再要好一点，接近一点，那点"惊讶"也许就会消失，依然同他订婚而且结婚了。[31]

兆和同意和沈从文结婚后，沈从文便写信向张家提亲。他在信中写道："让这个乡下人喝杯甜酒吧。"武龄夫妇欣然同意，根本无需费力劝说，而允和更迫不及待地要让沈从文知道这个好消息。她跳上一辆人力车，飞奔到电报局发了一封电报："我在人力车上想，电报怎么打。想到电报末尾要具名。我的名字'允'字不就是'同意'的意思吗?"所以她的电报只有一个字"允"，自觉颇为得意。稍后她告诉兆和，兆和听了一言不发，她有些担心沈从文可能会不明白二姐的信息，于是她悄悄地跑去又发了一封信："乡下人喝杯甜酒吧。兆。"[32]

兆和婚后的生活说不上快乐或不快乐，她常常失望。但是，与小说《主妇》中的碧碧不同，她不会因为不能"征服"丈夫而觉得"幻灭"，也没有"对主妇职务的厌倦"。[33]她更不担心"惊讶"的感觉渐渐"被日常生活在腐蚀，越来越少"。这本来是她丈夫的困扰，不过在小说中重塑她的角色时，沈从文把这个问题交给了她。兆和关心的是实际问题：诸如丈夫的消费习惯，她怎样才能用那么一点收入度日。正是与沈的夫妻生活把她变成了一个家庭主妇，这种转变来得何等的迅速。

> 我们开始时真是一无所有。本来，我要结婚，按理是可以从家里得到像样的嫁妆的。允和比我早几个月结婚，婚前大姐出面，向继母争取到两千元给允和做嫁妆。但轮到我时，沈从文写信给我父亲和继母，说我们一个钱也不要——虽然我们一无所有，仍旧什么也不需要。我父母当然如释重负。我们婚后没多久，和朋友杨振声同住的时候，沈从文送了条裤子去洗，给人发现口袋里有张当票，就告诉了杨振声。原来是沈从文把我姑母给我的一只玉戒指当掉了。后来，杨振声说："人家订婚，都送给小姐戒指，哪像沈从文，不单没送新娘戒指，还因为缺钱，把新娘的戒指都给当了。" [34]

也就是这段期间，沈从文的"小九妹"离开了北平的天主教会学校，搬来和他们同住。"小九"是沈家最小的孩子，从小就最遭人疼爱，也最会制造麻烦。她是母亲最心爱的孩子，在湘西的时候，她就学会了任意摆布宠爱她的哥哥们。[35] 稍大一点，更没有人能管得住她了。当她母亲得知自己患了肺痨后，便在二十世纪二十年代末带着九妹来北平，把她托付给了沈从文。从这时起直到她结婚，超过十五年的时间里她一直黏着哥哥，像是他的小附件，也是他的开心果。他们在一起玩耍，就像小时候一样，从一家馆子吃到另一家馆子，而且经常赊账。兆和回忆道：

> 小九花钱的点子层出不穷，沈从文的月薪一星期就花光

了，让我独自操心该怎么应付厨司务和保姆薪水。我小时候，朱干干每顿都让我吃好几大碗饭，把我喂得胖胖的。我跟沈从文结婚后就没胖过，一直瘦得皮包骨。

兆和嫁给沈从文后，小九也成了她的小附件："她老是挟着本英文书，可从来不读。在学校读书的时候，对学习、上课都漠不关心。她一来，就把她哥哥的生活搅得大乱，也把我搞得很惨。"

将小九带入他们的家庭，并不是沈从文给张兆和出的唯一难题。他有收藏癖好，虽然没有收藏昂贵的字画，或是青铜器玉器，而是"小东小西"，"不大费钱"，是"人家不要的"。在他的小说《主妇》里，他设法解释自己为什么冲动地购买收藏了数以百计的小罐小碗、瓶子和漆盒。碧碧的丈夫说："一个人都得有点嗜好，一有嗜好，总就容易积久成癖，欲罢不能。"[36] 私底下，这位收藏家承认自己"糊涂起来了"；他的精神显得"有点懒惰"，"有点自弃"。那些收藏的小玩意成了"压他性灵的沙袋"。[37] 但他相信自己的爱好"别有深意"，他是在"追想一件遗忘在记忆后的东西"。[38]

对于作家沈从文而言，追求朦胧的事物或过往历史的隐约印象，是他最大的乐趣，也令他感伤唏嘘。他喜欢这种求索。收藏使他得到一些安慰，也提供给他一条通往过去的可能途径，但二十多年来，他一直认识不清自己这么做的真实目的。还有他的写作，那可能是一种更高贵的精神追求，而且几乎耗尽了他的精神。他写于二十世纪三十年代初的小说和自传体文字，清晰地显示出他耗费的心力和内心的魔障。

一九三四年，沈从文回湘西探亲，当时他新婚刚刚四个月，他在途中写了许多信给兆和，在这些信中也流露出这种求索的精神。（在这些信中，他称呼兆和"三三"，因为她是张家的三女儿。[39] 他称自

己"二哥"，他是家里的第二个儿子。）第一封信是从桃源发出的：[40]

　　　　　在桃源　　一九三四年一月十二日

三三：

　　我已到了桃源，车子很舒服。曾姓朋友送我到了地，我们便一同住在一个卖酒曲子的人家，且到河边去看船，见到一些船，选定了一只新的，言定十五块钱，晚上就要上船的。我现在还留在卖酒曲人家，看朋友同人说野话……

　　在路上我看到个贴子很有趣：

　　立招字人钟汉福，家住白洋河文昌阁大松树下右边，今因走失贤媳一枚，年十三岁，名曰金翠，短脸大口，一齿凸出，去向不明。若有人寻找弄回者，赏光洋二元，大树为证，决不吃言。谨白。

　　三三，我一个字不改写下来给你瞧瞧，这人若多读些书，一定是个大作家。[41]

　　　　　小船上的信　　一九三四年一月十三日

　　船在慢慢的上滩，我背船坐在被盖里，用自来水笔来给你写封长信……

　　这种时节两边岸上还是绿树青山，水则透明如无物，小船用两个人拉着，便在这种清水里向上滑行……舵手抿起个嘴唇微笑，我问他："姓什么？""姓刘。""在这条河里划了几年船？""我今年五十三，十六岁就划船。"来，三三，请你为我算算这个数目。这人厉害得很，四百里的河道，涨水干涸河道的变迁，他无不明明白白。他知道这河里有多少滩，多少潭。看那样子，若许我来形容形容，他还可以说知道这河中有多少石头！[42]

一九三四年一月十六日

下午六点五十分

我小船停了，停到鸭窠围……吊脚楼尤其使人惊讶，高矗两岸，真是奇迹。两山深翠，惟吊脚楼屋瓦为白色，河中长潭则湾泊木筏二十来个，颜色浅黄。地方有小羊叫，有妇女锐声喊"二老"，"小牛子"，且听到远处有鞭炮声，与小锣声……

可惜天气太冷了，船停泊时我总无法上岸去看看。我欢喜那些在半天上的楼房。这里木料不值钱，水涨落时距离又太大，故楼房无不离岸卅丈以上，[43]从河边望去，使人神往之至。我还听到了唱小曲声音，我估计得出，那些声音同灯光所在处，不是木筏上的簰头在取乐，就是有副爷们船主在喝酒。妇人手上必定还戴得有镀金戒子。多动人的画图！提到这些时候我是很忧郁的，因为我认识他们的哀乐，看他们也依然在那里把每个日子打发下去，我不知道怎么样总有点忧郁……

远处狗又在叫了，且有人说"再来，过了年再来！"一定是在送客，一定是那些吊脚楼人家送水手下河。

风大得很，我手脚皆冷透了，我的心却很暖和。但我不明白为什么原因，心里总柔软得很。我要傍近你，方不至于难过。我仿佛还是十多年前的我，孤孤单单，一身以外别无长物，搭坐一只装载军服的船只上行，对于自己前途毫无把握，我希望的只是一个四元一月的录事职务，但别人不让我有这种机会。我想看点书，身边无一本书。想上岸，又无一个钱……

夜又太长，水手们爱玩牌的，皆蹲坐在舱板上小油灯下玩牌，便也镶拢去看他们。这就是我，这就是我！三三，一个人一生最美丽的日子，十五岁到廿岁，便恰好全是在那么情形中过去了，你想想看，是怎么活下来的！万想不到的是，今天我又居然到这条河里，这样小船上，来回想温习一切的过去！更想不到的是我今天却在这样小船上，想着远远的一个温和美丽的脸儿，且这个黑脸的人儿，在另一处又如何悬念着我！我的命运真太可玩味了……

现在已八点半了，各处还可听到人说话，这河中好像热闹得很。我还听到远远的有鼓声，也许是人还愿。风很猛，船中也冰冷的。但一个人心中倘若有个爱人，心中暖得很，全身就冻得结冰也不碍事的！这风吹得厉害，明天恐要大雪。羊还在叫，我觉得希奇，好好的一听，原来对河也有一只羊叫着，它们是相互应和叫着的。我还听到唱曲子的声音，一个年纪极轻的女子喉咙，使我感动得很。我极力想去听明白那个曲子，却始终听不明白。我懂许多曲子。想起这些人的哀乐，我有点忧郁。因这曲子我还记起了我独自到锦州，住在一个旅馆中的情形，在那旅馆中我听到一个女人唱大鼓书，给赶骡车的客人过夜，唱了半夜。我一个人便躺在一个大炕上听窗外唱曲子的声音，同别人笑语声。这也是二哥！那时节你大概在暨南读书，每天早上还得起床来做晨操！命运真使人惘然。爱我，因为只有你使我能够快乐！

二哥

十六下八点五十 [44]

下一封信描述了沈从文在河上的最后一段旅程。由于不断出现急流，船主只好加雇了一名纤手来帮忙。他是个老人："白须满腮，牙齿已脱，却如古罗马人那么健壮"。沈从文很惊讶地发现他像托尔斯泰，"眉毛那么浓，鼻子那么大，胡子那么长"。他继续写道：

> （但）这人秀气一些，因为生长在水边，也许比那一个（托尔斯泰）同时还干净些。他如今又蹲在一个石头上了。看他那数钱神气，人那么老了，还那么出力气，为一百钱大声的嚷了许久，我有个疑问在心："这人为什么而活下去？他想不想过为什么活下去这件事？"[45]

次日，沈从文仍在思考这个问题。他告诉兆和：

> （我）站在船后舱看了许久水，我心中忽然好像澈悟了一些，同时又好像从这条河中得到了许多智慧。三三，的的确确，得到了许多智慧，不是知识……我心中似乎毫无什么渣滓，透明烛照，对河水，对夕阳，对拉船人同船，皆那么爱着，十分温暖的爱着！我们平时不是读历史吗？一本历史书除了告我们些另一时代最笨的人相斫相杀以外有些什么？但真的历史却是一条河。从那日夜长流千古不变的水里石头和沙子，腐了的草木，破烂的船板，使我触着平时我们所疏忽了若干年代若干人类的哀乐！……我先前一时不还提到过这些人可怜的生，无所为的生吗？不，三三，我错了。这些人不需我们来可怜，我们应当来尊敬来爱。[46]

沈从文爱这条河：他爱水上和河边人的生活，与这条河紧密相连的生活，这条河是人生的隐喻，隐喻中包含着悖论——它是永恒的无常。他对兆和说："我仿佛还是十多年前的我。"但他知道他自己已经改变了。他的理想和期望如今都已迥异。而且现在他全心爱着一个黑脸的美人；他赢得了这个女子和自己的世界。这些变化自然会令他高兴，但这高兴并不单纯。生命中的种种可能和巧合帮助他创出这片天地，也是这种巧合抹去了他和妻子之间的天差地别，否则他们不可能在一起。他告诉兆和，当他听到一个女人给赶骡车的人唱大鼓书，唱得动人心弦的时候，兆和却在暨南住校读书。他想象着兆和起床梳洗的情形；又幻想着学校里每天晨操的规律生活。一九三四年，沈从文还在为年轻的新娘着迷。他相信爱能够遮盖甚至超越他俩的差距。所以最不确定的时候，他对兆和说："爱我，因为只有你使我能够快乐！"

沈从文的快乐常常出自想象，但也并非全属杜撰。他甚至还没有到家，就在信中告诉妻子："我一到地见到了有点亲戚关系的人，他们第一句话，必问及你！我真想凡是有人问到你，就答复他们'在口袋里！'"[47] 这一组信中的最后一封是从泸溪发出的，离凤凰还有步行两天半的路程。他写道：

> 明天就到廿了，日子说快也快，说慢又慢。我今天同昨天在路上看到许多白塔，许多就河边石上捶衣的妇人，而且还看到河边悬崖洞中的房屋，以及架空的碾子。三三，我已到了"柏子"的小河，而且快要走到"翠翠"的家乡了！[48] 日中太阳既好，景致又复柔和不少，我念你的心也由热情而变成温柔的爱。我信中尽喊着你，有上万句话，有无数的字眼儿，一大堆微笑，一大堆吻，皆为你而储蓄在心上！我到家中见到一切人时，我一定因为想念着你，问答之间将有些痴话使人不能了解。也许别人问我："你在北京好！"我会说："我三三脸黑黑

的，所以北京也很好！”不是这么说也还会有别的话可说，总而言之则免不了授人一点点开玩笑的机会。母亲年老了，这老人家看到我有那么一个乖而温柔的三三，同时若让这老人家知道我们如何要好，她还会更高兴的。我在辰州（沅陵）时，云六（沈从文大哥）说：“妈还说‘晓得从文怎么样就会选到一个屋里人？同他一样的既不成，同他两样的，更不好。’可是如今可来了，好了，原来也还有既不同样也不异样的人！”家中人看到我们很好，他们的快乐是你想不出的。他们皆很爱你，你却还不曾见过他们！

三三，昨天晚上同今晚上星子新月皆很美，在船上看天空尤可观，我不管冻到什么样子，还是看了许久星子。你若今夜或每夜皆看到天上那颗大星子，我们就可以从这一粒星子的微光上，仿佛更近了一些。因为每夜这一粒星子，必有一时同你眼睛一样，被我瞅着不旁瞬的。三三，在你那方面，这星子也将成为我的眼睛的！

你的二哥

十九下九时[49]

这就是沈从文消除自己和妻子之间差距的方法。他把兆和装进口袋；他让星星和家人都成为他的帮手；他还塑造出了一个自我，来给自己做伴。[50]

一九三四年沈从文湘行期间，兆和写给他的信，我们只见到一封。这封信也颇浪漫，但是她的语气冷静得多：

亲爱的二哥：

你走了两天，便像过了许多日子似的。天气不好。你走后，大风也刮起来了，像是欺负人，发了狂似的到处粗暴地吼。这时候，夜间十点钟，听着树枝干间的怪声，想到你也许正下车，也许正过江，也许正紧随着一个挑行李的脚夫，默默地走那必须走的三里路。长沙的风是不是也会这么不怜悯地吼，把我二哥的身子吹成一块冰？为这风，我很发愁，就因为自己这时坐在温暖的屋子里，有了风，还把心吹得冰冷。我不知道二哥是怎么支持的。我告诉你我很发愁，那一点也不假，白日里，因为念着你，我用心用意地看了一堆稿子。到晚来，刮了这鬼风，就什么也做不下去了。有时想着十天以后，十天以后你到了家，想象着一家人的欢乐，也像沾了一些温暖，但那已是十天以后的事了，目前的十个日子真难挨！这样想来，不预先打电回家，倒是顶好的办法了。路那么长，交通那么不便，写一封信也要十天半月才得到，写信时同收信时的情形早不同了……（你）也许正同哥哥弟弟在屋檐下晒太阳，也许正陪妈坐在房里，多半是陪着妈。房里有一盘红红的炭火，且照例老人家的炉火边正煨着一罐桂圆红枣，发出温甜的香味。你同妈说着白话，说东说西，有时还伸手摸摸妈妈衣服是不是穿得太薄。忽然，你三弟走进房来，送给你这个信。接到信，无疑地，你会快乐，但拆开信一看，愁呀冷呀的那么一大套，不是全然同你们的调子不谐和了吗？我很想写："二哥，我快乐极了，同九丫头跳呀蹦呀的闹了半天，因为算着你今天准可到家，晚上我们各人吃了三碗饭。"使你们更快乐。但那个信留到十天以后再写吧，你接到此信时，只想到我们当你看信也正在为你们高兴，就行了。

三三

九日晚^[51]

即使在最浪漫的时刻，兆和还是努力自持。她以此来控制自己飘忽的思绪，免得说出什么不确实的话来。如果她放纵自己，顺着"我……同九丫头跳呀蹦呀的闹了半天"写下去，她的丈夫肯定会更高兴。倒不是因为这样就和他的快乐调子"谐和"了，而是因为接着写下去，这场戏可以被描写得趣味盎然。沈从文当然不会要求她强颜欢笑，但是看到她有了个好点子却没有好好发挥，或许还是会有些遗憾吧。沈从文的遗憾在于兆和过于务实，但同时，他又很佩服兆和这一点，因为他自己的生命是非常飘忽的。在小说《主妇》中，碧碧的丈夫形容她就像葡萄一样，"紧紧的植根泥土里"，"那么生活贴于实际"。他认识到生物不能在天空生存，所以决定向她学习，"我因此得贴近地面"。[52]

现实生活中，沈从文在某些方面从来赶不上妻子。婚姻使他们双方更加独立，不肯受对方的影响。一九三七年，情况变得更加糟糕，当时他们已经有了两个儿子，很多共同的朋友，他们也分享对书籍的兴趣，但是在其他方面没有什么共同点。那年七月，卢沟桥事变爆发，中国对日本全面宣战。一个月后，沈从文和他的几个朋友一起离开北平，兆和与两个儿子都没有同行。沈从文一行人花了将近一年时间才到达中国西南省份云南的省城昆明。日军攻入北方城市后，数十名作家、学者、科学家及老师发现他们无法在那样的氛围下工作，于是纷纷启程前往昆明。

沈从文在北平登上火车时，并不知道终点将在何处，也不知道人生的下一个阶段会是什么样子。结婚以来，他创作了大量作品，不过大部分是散文。在一九三六年，他的《湘行散记》出版，该书以两年前他在返乡之旅中写给兆和的信为素材写成，他自己对此书相当满意。这一时期沈创作的小说不多，却花了很多时间来编辑整理自己以前的小说作品，并参与了天津《大公报》文艺副刊的编辑。当上父亲后，他变得实际多了。

让他决定离开北平的诸多理由中，其中一个可能是有杨振声同行。杨振声是他最亲密的朋友，每当心情低落或是缺钱的时候，沈从文总会向杨振声求援。杨振声也是小说家，又是北京大学的教授；一九三七年八月初，他正忙于筹划将中国三所最有名的高校——北京大学、清华大学和南开大学——合并成为"联合大学"的事宜，合并计划中联大将在北平西南方向一千五百公里的湖南长沙成立。[53] 可能是杨振声劝说沈从文和他一道离开，一旦沈从文不能以写作谋生的话，他有把握为沈从文在学校中找到一个教席。兆和及两个孩子则一直等到次年秋天，才和沈从文重聚。

在分离期间，兆和给沈从文写了很多信；沈从文给她的信则少得多。当时她二十七岁，但是已经觉得"什么都无兴味，人老了"。她在这些信中的口气让人觉得有些刺耳。她最担心的还是沈从文，不过这种担忧和一九三四年沈从文回乡时不同，那时她担心的是沈从文是否会在漫长旅途中受冻挨饿，她在当时信件中表达出的这些牵念如今已完全改变了。现在她担心的是丈夫是否会成为同行者的负担。她得知沈从文打算把同伴带到沅陵，住在沈的大哥家中，于是在信中写道：

　　来信说，等杨小姐等到时，就同他们到沅陵家中住下，这在减轻杨先生担负上讲，自是合理的，但你是否顾虑到两点：一、历次据大姊来信谈，沅陵宅中居住外客颇多，前此九妹欲还乡，你们犹言不可，此次你带大批人马前去，是否应先写信通知一下大哥同三哥，勿给他们太多不便，不至事到临头，你把这一批人无处安插！二、你现经济来源完全枯绝，虽然杨家为人日常食用不需你筹办，但你手头无一钱，作主人实非易易，难道回去累着哥哥、兄弟么？这也许是我们的过虑，你也许全已想过，但我看你平时计划什么，往往所见不远，往往顾此失彼，因此会轻诺寡信，不但事无结果，往往招致罪尤，这在你过去生活，正不乏这样的例，我不能不为你担忧……

　　说到我们此后生活问题，你所见较大较远方面，我都一一同意，但就较近较切身的眼前生活而言，虽然暂时可无问题，但若果真你的工作明年不能继续，我希望你要早一点想办法才好。固然，凌宴池答应你可以有你一年的饭吃，[54] 我这里要合肥家里接济总也不会遭拒绝，但我们就能安于此吗？我希望的是能不求人最好，即或是自家爸，你应该知道我的苦衷，假如我自己母亲活着，想想看，现在还待我开口求助吗？你懂得我这点心情，你写信到合肥时，无论是给大姊或宗弟，请不要提到要爸爸帮助我的话，到不得已时等我自己写信，这话由你口中说出去，我不愿意。[55]

兆和从来不向娘家要钱。她大姐给沈从文寄过几次钱，不过从沈从文的信中看不出来，这些钱是元和的私人积蓄，还是她父亲或凌家出的钱。兆和之前的信中曾经写道："你晓得我家那位令堂的脾气的，为什么给爸爸找气受？再说，自己能挨总想挨过去不求人好。"[56] 兆和在张家姐妹中最为朴素，她远离那些奢侈浮华的事物和不劳而获的生活，因为她相信简朴是美好的，而自力更生是体贴的行为——因为能够减轻他人的负担。她对丈夫说：

　　你平常总怪我太刻苦自己，因小失大，现在该知道我不错了。家里谁都不懂节俭，事情要我问，我不省怎么办!？就以现在说，再省再省也迟了。你那边能自己供应，能办到不借钱更好，万不得已也只能以极小度借贷，杨先生钱亦不多，而况他用处较广，由他给杨小姐信可知。你万万不可再向他借了……

我不喜欢打肿了脸装胖子外面光辉，你有你的本色，不是绅士而冒充绅士总不免勉强，就我们情形能过怎样日子就过怎样日子。我情愿躬持井臼，自己操作不以为苦，只要我们能够适应自己的环境就好了。这一战以后，更不许可我们在不必要的上面有所奢求有所浪费。我们的精力，一面要节省，一面要对新中国尽量贡献，应一扫以前的习惯，切实从内里面做起，不在表面上讲求。不许你再逼我穿高跟鞋烫头发了，不许你用因怕我把一双手弄粗糙为理由而不叫我洗东西做事了，吃的东西无所谓好坏，穿的用的无所谓讲究不讲究，能够活下去已是造化。[57]

很难想象兆和身上还有什么需要改正的坏习惯。很久以前，她的保姆就告诉她腌豇豆和坛子鸡一样的可口，而且吃腌豇豆是更有骨气的表现。兆和也相信这个说法，因为那是她分内的东西——不需要向旁人乞求或是去别处夺取。朱干干还教导她节俭是一种美德。在写给丈夫的家书中，兆和提到：朱干干认为沈从文寄到北平的信都用"快信"未免"可惜"。[58]兆和同意这种说法，她说事实上平信往往比快信到得更快些。沈从文的这种看似无谓的行为可能别有用意——因为他内心迫不及待。也许他也了解寄快信是没有好处的，但就是无法遏制这种急切心情。这一点，兆和在信里并没有察觉。

沈从文真的能逼着兆和穿"高跟鞋""烫头发"吗？他能逼兆和做任何她不想做的事情吗？沈从文唯一能对兆和做的，无非是发挥想象力，把兆和想象成一位完美的女性——使她成为他的黑天使、他的缪斯。哪怕是这一点，兆和还试图反抗，但是这样的赞美实在令人陶醉，所以有时候连她也会无力拒绝。沈从文猜中了兆和的心思，没有多久他就发现，比起与他日夜厮守来，兆和更喜欢他从千百里之外写信给她。在一九三四年他的湘西之行中，他曾经拿这个发现跟兆和开玩笑，说兆和应该"残忍"一些，"尽挤我写几年信"，然后再答应他的求婚。不过到了一九三七年，他已没了这种心情。他再次上路，而这一次却不知道何时才能回家。他的妻子和孩子待在沦陷区，她明明可以与他同行，但是他再三要求，她还是不情不愿。"你似乎还不大明白你自己"，他写道：

> 因此对我竟好像仅仅为迁就事实，所以支吾游移。对共同过日子似乎并无多大兴味，因此正当兵荒马乱年头，他人求在一处生活还不可得，你却在能够聚首机会中，轻轻的放过许多机会。说老实话，你爱我，与其说爱我为人，还不如说爱我写信。总乐于离得远远的，宁让我着急，生气，不受用，可不大愿意同来过一点平静的生活。你认为平静是对你的疏忽，全不料到平静等于我的休息，可以准备精力作一点永久事业。[59]

沈从文关于兆和的感觉也许是对的。她写给沈从文的信中总是很多推托之辞，即使到了日军已经站稳脚跟，中日双方也都作出打持久战准备的关头，沈从文问她为什么还滞留北京，兆和依旧回避他的问题。她在信中抱怨颇多，不过抱怨的不是厨子、女仆、经济拮据或是食物短缺。照看两个孩子很累，但是也带给她不少乐趣。她的一切抱怨看起来都是针对丈夫的。沈从文在信中问兆和，是否在分开后，真的觉得"一切简单得多，生活也就快乐得多"。他还说："即或是因为北平有个关心你，你也同情他的人，只因为这种事不来，故意留在北平，我也不妒忌，不生气，"因为"一个好端端的人也会发疟疾，害伤寒病，何况被人爱或爱人？"[60]

在两封长信中，[61] 沈从文鼓励兆和说，如果真有这种机缘，就不要错过。他说："不拘谁爱你或你爱谁，只要是使你得到幸福，我不滥用任何名分妨碍你的幸福。我觉得爱你，但不必需因此拘束你。"他还表示，他已经预料到自己也会有这样的命运：

> 我这人原来就是悲剧性格的人物，近人情时极近人情，天真时透底天真，糊涂时无可救药的糊涂，悲观时莫名其妙的悲观。想到的事情，所有的观念，有时实在不可解。分析起来大致有数点原因：一是遗传上或许有疯狂的因子；二是年纪小时就过度生活在幻想里；三是看书太杂，生活变动太大；四是鼻破血出，失血过多，用脑太过。综合结果，似乎竟成了一种周期的郁结。[62]

对于沈从文这封悲伤的信，兆和的回信简短轻快："来信说那种废话，什么自由不自由的，我不爱听，以后不许你讲。你又不同得余[63]，脑筋里想那些，完全由于太优裕的缘故，以后再写那样话我不回你信了。"[64] 兆和并不想去爱别人或被别人爱上，她希望的是丈夫对她的终生倾慕。这是她仅有的虚荣心。

兆和还很关心沈从文的写作，关注他是否全力以赴，会不会停下手中的笔。"你不适宜于写评论文章"，她告诉他：

> （你）想得细，但不周密，见到别人之短，却看不到一己之病，说得多，做得少，所以你写的短评杂论，就以我这不通之人看来，都觉不妥之处太多。以前你还听我的建议，略加修改，近一二年你写小文章简直不叫我看了，你觉得我是"不可与谈"的人，我还有什么可说！不过我觉得你的长处，不在这

方面，你放弃了你可以美丽动人小说的精力，把来支离破碎，写这种一撅一撅不痛不痒讽世讥人的短文，未免太可惜。本来可以成功无缝天衣的材料，把来撕得一丝丝一缕缕，看了叫人心疼。我说得太直了，希望你不要见怪。[65]

兆和认为追求那些浮华的东西就是奢侈浪费，雕琢做作更是道德堕落的明证。同样，她觉得机智的"短文"会毁掉作家的天赋才华。她认为这些短文是"琐琐外表的事情"，不希望丈夫把精力用在创作这样的东西上。她对从文说："你有你本来面目，干净的，纯朴的，罩任何种面具都不会合式。你本来是个好人，可惜的给各种不合适的花样给 Spoil 了。"[66]

仅仅看这些信，很难相信兆和比她的丈夫年轻八岁，而他还曾经是兆和的老师。同样让人难以想象的是，两人中兆和才是出身名门，从小被家中成群的仆人、家庭教师环绕，锦衣玉食；而沈从文却是"乡下人"，兆和是他的"甜酒"。兆和从她的家庭得到庇护，受到了系统而良好的教育，因此被培养出对正直操守的坚持和信念。这种信念是她们四姐妹共同拥有的。所以即使面对丈夫，她也不怕得罪对方，直言他应该如何正确使用自己的才能。她希望沈从文能够保持自己的素朴面貌，因为外加的任何面具都不适合他。

沈从文最"美丽动人的小说"所描写的都是湘西。但即使他所写的都是他所熟悉的人事和地方，什么"花样"都不要，他仍然是个巧匠。兆和注意到了这一点，却没有任何评论。她只是默默阅读，希望读到更多：

　　　　　　　　　一九三八年四月十三日　沅陵[67]
　　早四点

三姐：

天尚未亮，隐约中可见到一些山树的轮廓，和一片白雾。不知何处人家，丧事经营，敲打了一整夜锣鼓，声音单调而疲乏，一定当真疲乏了。和尚同孝子，守夜客人和打杂帮工，在摇摇欲坠的烛光中，用鼓声唱呗声振奋自己，耳朵中也听到鸡声，且估计到厨房中八宝饭早点莲子羹，热腾腾的在蒸笼里等待着。这鼓声大约一千年前就那么响着，千年来一成不变。

杜鹃各处叫得很急促，很悲，清而悲。这鸟也古怪，必半夜黄昏方呼朋唤侣。就其声音之大，可知同伴相距之远，与数量之稀。北方也有，不过叫声不同罢了。形体颜色都不怎么好看，麻麻的，飞时急而乱，如逃亡，姿势顶不雅观。就只声音清远悲酸。

我们准备五点半就过江，还得叫城门，叫渡船，叫……所谓内地旅行便如此。"鸡声茅店月，人迹板桥霜。"写的就正是这种早发见闻。渡江时水上光景异常动人。竹雀八哥尚在睡梦中——在睡梦中闻城里鼓角，说不定还做梦，梦到被大鸟所逐，恶犬所捕，或和黄鸟要好！一切鸟都成双，就只黄鸟常常单身从林端飞出，叫声也表示它的孤单。啄木鸟也孤单，这孤单却正说明立场在各自工作求食，与黄鸟孤芳自赏性格不同。

大家都起床了，只待上路。得下山，从一个出窑子的街（尤家巷）过身，说不得过路时还有狗叫，那些无顾客姑娘们，尚以为是别的主顾出门……出城时即可见到一片江水，流了多久的江水！稍迟一点过渡，还可看到由对河回来的年轻女子，陪了过往客人睡了一晚，客人准备上路，女人准备回家。好几次在渡船上见到这种女子，默默的站在船中，不知想些什么……谁待得她最好？谁负了心？谁欺她骗她？……唉，人生。每个女子就是一个大海，深度宽泛，无边无岸。这小地方据说就有五百正规女子，经营这种事业。这些人倘若能写，会有多少可写的！

鸡叫得较促，夫役来了，过二十分钟我就在渡船边了。小虎这时节也许已经醒了，你小屋中灯已亮，小龙也许正在叫姆妈，翻了个身。[68] 这纸上应该有杜鹃声，鼓角声，鸡声，以及楼下大哥大嫂安排物件话语声。同时且应当有另外一种声音，宝贝。

吻两个孩子。

四弟 [69]

五时过十分 [70]

一直等到一九三八年八月底，兆和才下定决心。一九三八年夏，因为战事激烈，两条取道武汉和长沙的陆路都已经不能通行。剩下的最安全的路是乘船走水路——或许是乘英国公司经营的船只——先从天津到香港，然后经海路到越南，再换乘火车到昆明。沈从文已经将全部所需文件办妥寄到香港，兆和取到后就可以取道越南乘火车进入中国的国统区。尽管如此，兆和仍然还在犹豫。这一次沈从文真的炸了，他写信道："我很希望依然能够从从容容同你谈点人事天气……但是办不到。"还说："你究竟是什么意思，是打算来，打算不来？是要我，是不要我？因为到了应当上路时节还不上路，你不能不使人疑惑有点别的原因。"[71]

在那个时候，兆和要带着两个孩子从北方长途跋涉到西南方，已经比之前难度更大——也需要花更多钱。究竟是什么促使她在最后下定行动的决心？她希望借此行动解除丈夫的疑虑吗？如今从西南寄来的信件必须经由香港才能抵达，兆和是否会担心不久之后她和从文之间的通信会中断？或者她最终还是被沈从文打动，相信两人相聚，共同抚养孩子长大，比她独自面对一切要好？

几年之后，沈从文会发现兆和是个不太善于行动的人；她宁愿"迁就"身边的环境，不管环境会变得多坏，也不喜欢勇敢地去尝试改变。[72] 成家后，有了孩子，她的惰性更强了。她告诉沈从文孩子太小，上路会很不方便，而且她很舍不得扔下家里的书信、书籍。但是她姐姐允和在一年前，却带着两个小孩、一个年长的婆婆、两个保姆及十四件行李到了四川。兆和最终在八月二十五日写信告诉丈夫，说自己已经准备动身了，这个时候，她也应该看出，如果再拖延下去，就得听任日本人来决定她的命运了。所以她同意了丈夫的意见，然后又将行程推后了一个月，那是为了等待海上的风浪平息。

兆和与两个儿子——龙朱（龙龙）、虎雏（虎虎）——直到十一月才抵达昆明。沈从文看到孩子长大了这许多，不禁大吃一惊。当沈从文在一九三七年夏离开北平时，龙龙两岁半，虎虎才两个月大。沈从文从昆明写了一封信，向湖南的哥哥作详细报告："小龙（龙龙）精神特别好，已不必人照料，惟太会闹，无人管住，完全成一野孩子。""小虎（虎虎）蛮而精壮，大声说话，大步走路，东西吃毕嚷着'还要'，使一家人多了许多生气！"[73] 小虎在多年后写道："我俩不顾国难当头，不考虑家中有无稳定收入，身子照样拼命长，胃口特别好。"他们的父亲常说："天上有轰炸机、驱逐机，你是家里的消化机。"[74]

一九三九年春，日军飞机开始轰炸昆明。兆和决定带着孩子们迁居到郊区小县城呈贡。她决定搬到此处，是因为当地有一所为难童开办的学校，离她的家不远，她可以在那里当老师。最先听闻有学校这回事的是她的妹妹充和。充和知道兆和在昆明过得不开心，所以鼓励姐姐去呈贡应聘。一年前，兆和还在北平时，沈从文就曾在信中鼓励她去做点自己感兴趣的事情。他建议兆和从事翻译工作，因为兆和在大学里面修过英文，而且成绩很好。他说："不拘译本什么书都好，就因为我比你还更知道你，过去你读书用心，养成一种细致头脑，孩子只能消磨你的精力，却无从消磨你的幻想或思想。"但是兆和并不领情，她回应道："你说读书，现在还说译书，完全是梦话。一来我自己无时间无闲情，再说译那东西给谁看？谁还看那个？"[75]

兆和对妹妹建议的反应就完全两样了。她把家搬到呈贡，每天往返步行二十多里去学校上课，一路经过的都是麦田，还有黄色的油菜花和木香花在道旁延伸。兆和喜欢教书，而且为终于能够自立而开心不已。孩子们都知道怎么照顾自己。龙龙每天早上步行去学校，"下乡遇警报时即放炮三声，"沈从文写道，"于是……向家中跑，约跑一里路，越陌度阡，如一猴子，大人亦难追及。"虎虎"当兆和往学校教书时，即一人在家中作主人，坐矮凳上用饭。"[76]

沈从文其时受聘于昆明的西南联合大学。这所大学于一九三七年秋由北京大学、清华大学、南开大学联合组成，校址先是临时设在长沙，后于一九三八年春西迁至昆明。[77]沈从文在西南联大教授中国现代文学。到了周末，他会踏上漫长的回家路程："拎着包袱挤上小火车，被尖声尖气叫唤的车头拖着晃一个钟头，再跨上一匹秀气的云南小马颠十里，才到呈贡县南门。"[78]

沈从文在呈贡租住的房子是当地一位地主在很久以前修建的，花了十二年才最后完工："椽子柱子亏老爹上山一根一根找来！"沈从文第一次到呈贡时，他雇来照看马的马夫提醒他注意那所房子的细部：

> 那些窗棂子雕的菜蔬瓜果，蛤蟆和兔子，样子全不相同，是一个木匠主事，用他的斧头凿子作成功的！还有那些大门和

门闩，扣门锁门定打的大铁老鸹祥，那些承柱子的雕花石鼓，那些搬不出房门的大木床，哪一样不是我们县里第一！往年老当家的在世时，看过房子的人翘起大拇指说："老爹，呈贡县唯有你这栋房子顶顶好！"老爹就笑起来说："好哪样！你说的好。"[79]

在这位马夫口中，这房子以前的主人脾气古怪。房子完工之后，他还让大部分房间空着。然后他雇了四个木工给自己做棺材，花了整整一年时间。他的"阴宅"完工后，他也死了。

沈从文去看房子的时候，是一位老太太在里面照料。她是怪老头的二弟媳，大家叫她"二奶奶"。老主人去世后，他的二弟把全族人都迁入这所房子，可是后来他娶了个小妾，和原配夫人合不来。最后他和小妾搬回老屋居住，让他的夫人照管新房子。这些年，家族里的年轻后辈纷纷离开，家道也已渐渐中落。到了一九二三年，"土匪看中了这房子，来住了几天，挑去了两担首饰银器，十几担现银元宝，十几担烟土"。这些故事，是在回城途中，马夫告诉沈从文的。

关于沈家在这所老屋中的生活，他的次子这样写道：

> 兄弟俩不但消化力强，对精神消费也永无满足。逼得妈妈搜索枯肠，使出浑身解数应付。于是我们听熟了她小时朱干奶奶用合肥土话哄她的童谣；又胡乱学几句妙趣横生的吴语小调，是在苏州念中学时，女同学一本正经教她的，英文歌是对大进行超前教育。我舌头不灵活，旁听而已。妈妈看过几出京戏，不得不一一挖出来轻声唱念，怕邻居听到……昆曲真莫名其妙，妈妈跟充和四姨、宗和大舅他们到一块，就爱清唱这种高雅艺术，我们兄弟以丑化篡改为乐……对于我跟大贪得无厌的精神需求，妈妈计穷时，如果爸爸在家，就能毫不费力为她解围。[80]

沈从文用了两个装美孚油桶的木箱,在上面架起了一块画板,以此作为"全家文化活动中心"。虎虎写道:"妈妈在上边改作业,哥哥在上面练字。爸爸下乡来,常趴在上面写个不停。"这也是全家聚集在一起休息的地方。"家里这盏如豆灯火,常挂在比较稳的墙上。"[81] 在这种时候,沈从文有时会唱起歌来,他"总共只会一首":"黄河黄河,出自昆仑山,流经蒙古地,转过长城关! 一二一!一二一!"这是他在湖南当小兵时学会的。家人笑他,"他得意,从不扫兴"。他会说:"不好听? 我来学故事吧!"沈从文会说打老虎、猎野猪、捉大蟒的故事,形容这些野兽的威严骄傲,模仿它们的叫声,还会学"十几种鸟雀争鸣,自己总比听者更陶醉"。

据他的儿子们说,沈从文的故事永不枯竭。"刚讲完一个就说:'这个还不出奇,再学一个……'"然后他又会讲起一些刚烈女性的故事,其中一个是从《杜十娘怒沉百宝箱》转换而来的"豆豉娘怒沉百宝箱";另一个是"酱油娘棒打薄情郎"。为了撩拨他的两个小听众——两个"消化机"——的兴奋点,他会在故事里加上一些"美味道具",比如:

> 妈妈读大学时候不肯理我,见到我就跑。有一天她到书店,喏,这样子左手夹两本洋书,右手拎一盒鸡蛋糕,头发后边短短的像男孩子,前边长长的拖到这里,快遮起眼睛了,呱的甩上去,要算神气呐。好,进了书店,忽然一抬头,看到柜台后边萧克木先生,戴个黑边眼镜,像我像极了。好,以为碰到沈从文了,即刻呱! 丢下鸡蛋糕,扯起脚就跑![82]

他的小儿子还记得,自己对于兆和扔下的那盒鸡蛋糕念念不忘:"后来呢?"父亲笑着说:"跑了嘛,就完了。"虎虎写道:"这故事，叫我太不放心了"，所以再追问："那后来呢?"

沈从文还和儿子们玩一种复杂的游戏，叫做"打股骂曹"，典故出自传统戏曲《击鼓骂曹》。[83]"鼓"就是儿子们"股"（大腿）上"肉厚处"。[84]

> （爸爸）连串拍打复杂节奏，摇头晃脑，哼着抽象含糊的骂曹檄文。大概手感很好，总骂不完。大等不及，自动挤在旁边："爸爸该打我了! 该打我了!"

沈从文有很多不太顺心的事。他在当时中国最好的大学里任教，但是他知道联合大学的一些教员强烈反对他担任这份工作。他先是在声望稍逊的西南联大师范学院担任讲师，后来又被该院与北京大学文学院合聘为教授。他得到这一职务，可能是朋友杨振声出了力，杨当时是联大的常务委员，北大文学院的教授。和胡适一样，他一直认为沈从文凭借其创作上的成就，就有资格在学界立足，不过学校中并非人人都有这样的想法。中国有悠久的科举取士传统，从来都是以国家授予的功名或学位来判定一个人学识的价值，沈从文被看不起，应该部分与这种传统有关。不过这还不是全部原因，瞧不起沈从文的是一群吹毛求疵的人，他们用更高的标准衡量沈从文——那是他们自己衡量学术水平的尺度。其中一人叫刘文典，他对汉代阐述政治理论和宇宙观的精妙著作《淮南子》和清代小说《红楼梦》颇有研究。他曾经说："陈寅恪才是真正的教授，他该拿四百个大洋月薪，我该拿四十个大洋，朱自清只值四个大洋，沈从文，四个大洋都多了。"[85]

在此之外，沈从文还能感受到来自兆和的压力。在一封信中，兆和曾指出沈从文对于语助词"其""常用错"。然后她就从最近沈从文给她的信中举出一个错误的例子，并给出正确用法的例句。她还说道："我怕你写信给别人也会写错，故而相告，你莫又讥笑我是文法大家啊！"[86]兆和喜欢编辑丈夫的作品。她承认沈从文很怕她读自己的稿子，因为她"没法子不动手改"。他会说："你把我的风格搞没了。等你弄完，这些文章就不是我的了——不是沈从文的了。"[87]

从沈从文在昆明期间所写的散文来看，他还从兆和那里感受到另一种压力。不管这种压力是否出自他的想象，它总是一种更阴暗、更严重的力量。当兆和沉默温柔或是微笑时，他就越发感觉到压力的存在。他写道：

> 然而这个笑又像平时，是了解与宽容、亲切和同情的象征，这时对我却成为一种排斥的力量，陷我到完全孤立无助情境中。在我面前的是一颗稀有素朴善良的心。十年来从我性情上的必然，所加于她的各种挫折，任何情形下，还都不会将她那个出自内心代表真诚的微笑夺去。生命的健全与完整，不仅表现于对人性情对事责任感上，且同时表现于体力精力饱满与兴趣活泼上。岁月加于她的限制，竟若毫无作用。家事及孩子们的麻烦，反而更激起她的温柔母性的扩大。温习到她这些得天独厚长处时，我竟真像是有点不平。[88]

这段文字出自一篇名为《绿魇》的文章，他写了三篇关于他们在云南乡间生活的小说，篇名都带有"魇"字，这是其中的第一篇。在这些小说或"自传式反省"中，他称呼兆和"主妇"，孩子们出现时一律叫"龙龙"和"虎虎"，别人称呼他为"沈先生"，只有兆和这个角色没有名字。也许他想要让读者知道这是七年前小说《主妇》的续篇。在云南乡间，这位主妇成了他的良知，和他的竞争对手，不过到了此时，他的对手让他感到有点"不平"。面对着她的完美无缺，他只能说："我用的是脑子。我觉得很累。"在故事中，他告诉她："我需要一点音乐，来洗洗我这个脑子，也休息休息它，……还可以缚住我的幻想……"他甚至说道："音乐……比家庭中的你和孩子重要！"兆和听了心平气和——他很少这样直白——而且兆和也绝不嫉妒，因为她是"健全"讲道理的人。沈从文在脑子里编出了兆和的反应：她向他指出他老是用想象来吓唬自己、击败自己，所以才会那么累。当然，她是正确的。他说："我如一个离奇星云被一个新数学家从第几度空间公式所捉住一样，简直完全输给主妇了。"[89]

内部的交战在《黑魔》中持续，在这个故事中，虎虎的眼睛引起父亲的注意：

小虎虎果然正睁起一双大眼睛，向虚空看得很远。海上复杂和星空壮丽，既影响我一生，也会影响他将来命运，为这双美丽眼睛，我不免稍稍有点忧愁。因此为他说了个佛经上驹那罗王子的故事：

"……那王子一双极好看的眼睛，瞎了又亮了。就和你眼睛一样，黑亮亮的，看什么都清清楚楚；白天看日头不眨眼，夜间在这种灯光下还看得见屋顶上小疟蚊。为的是作人正直而有信仰，始终相信善。他的爸爸就把那个紫金钵盂，拿到全国各处去。全国各地年青美丽女孩子，听说王子瞎了眼睛，为同情他受的委屈，都流了眼泪。接了大半钵这样清洁眼泪，带回来一洗，那双眼睛就依旧亮光光的了！"

主妇笑着不作声，清明目光中仿佛流注一种温柔回答："从前故事上说，王子眼睛被恶人弄瞎后，要用美貌女孩子纯洁眼泪来洗，才可重见光明。现在的人呢，要从勇敢正直的眼光中得救。"[90]

沈从文接着写道：

> 我因此补充说："小弟，一个人从美丽温柔眼光中，也能
> 得救！譬如说……"孩子的心被故事完全征服了，张大着眼
> 睛，对他母亲十分温驯的望着："妈妈，你的眼睛也亮得很，
> 比我的还亮！"

沈从文相信女性的眼光和勇敢、正直的品性一样，有着救人的
力量。兆和则不敢苟同这种看法。他们的不同源自于不同的信仰。
兆和的家庭和在苏州的童年时光帮助她塑造了自己的信仰。而沈从
文的信仰来源很难说清：也许是来自他敏感的心灵；也许是极端的
热情和天真，他早年的游历，湘西的风景和刚烈的地方性格。他永远
不会放弃自己的信仰，但是一看到妻子的目光，他总是显得慌张而满
心戒备，同样的目光，在他们的儿子看来，却是充满爱意和温暖的。

丈夫去世多年之后，兆和开始怀疑他对自己的想象，沈从文总
是把她想象成沉着自信的人。她说直到她在战时入校从教，才赢得
了丈夫的充分尊重。她觉得女性都应该工作、独立："否则丈夫就老
觉得你不如他。"在沈从文眼中，妻子品德高尚，充满生命意志，这
已足以造就她的伟大。她所关心的职业和独立，并不会影响到他对
她的评价。"主妇"在他的世界中就是皇后和女神，他在她身边总是
会有些心绪不宁。

兆和觉得，在他们两人的关系中，她也会和他一样感到慌乱不
安，而且沈从文也不像他自己想的那样微不足道。事实上，她觉得
自己在云南的生活有时也会和沈从文一样烦乱。她说，除了战争之
外，沈从文是引起这种烦乱的主要原因。有段时间，兆和相信丈夫
爱上了别人，一个他二十世纪三十年代在北平教过的女生，此人战

时也到了昆明。兆和并不是唯一一个怀疑此事的人，沈从文的许多熟人都觉得可能确有其事，因为常常在昆明看见沈从文和那位女士在一起。在这一时期，他还写了短篇小说《看虹录》，[91] 有些人觉得小说本身就是他出轨的证据。不过小说中的女主角应该是个综合产物，作者把他认识的几个人拼在一起，创造出书中叙述者的情人形象。而且沈从文不让兆和读这篇小说，后来这篇小说也几乎失传。

兆和继续和丈夫一起分担照顾小九妹的重任。小九妹在一九三八年到了昆明，几乎与兆和同时到达。战争期间，小九妹的生活和以前没什么不同。她喜欢在城中闲逛，吃馆子，上电影院。过了没多久，沈从文就被妹妹搞得筋疲力尽。兆和说："昆明的朋友告诉我，沈从文因为太累，又老是流鼻血，脸色都发白了，还日以继夜地工作，让妹妹过她爱过的日子。"最后，沈从文把妹妹送到呈贡，和他的家人一起待在乡间。这对九妹来说更安全，也可以减少花费。尽管兆和在做了母亲之后，和九妹的关系恶化了，她还是接纳了她。"龙龙一出生，小九妹就妒忌他，"兆和回忆道，"因为得她哥哥宠的人多了一个。"

尽管到了呈贡，小九妹还是一个捣蛋鬼，她总想偷偷溜回昆明。如果兆和与沈从文拒绝给她车费，她就步行。她还常常把橱柜里的东西偷得一干二净，把兆和为家人储备的东西散发给住在洞里的乞丐们。如果不能待在城里花哥哥的钱，小九妹宁愿和乞丐待在一起消磨时光。她要不就穿着华丽，要不就满身爬满了虱子。没有人弄得清楚她的想法和行为。

大约是在二十世纪四十年代初期，沈从文决定将小九妹送往沅陵，他的大哥大嫂住在那里。他们更有权威性，而且愿意对九妹严加管教，不过他们也失败了。小九妹常常突然失踪个好几天，最后她的监护人只好把她锁在楼上的房间里。有一次，她试图从二楼的窗户爬出逃跑，摔断了一条腿，这次事件都没有阻止她继续逃跑。后来她终于取得成功，几个月后她才重新露面。那时她已经和一个泥水匠结婚，还怀上了他的孩子。他的大哥对她说："带上你的东西滚出去，你爱怎么过就怎么过，我再不认你这个妹妹了。"小九妹刚开始和泥水匠还"过得不错"，一共生了三个孩子。但是到二十世纪五十年代末的荒年，她因饥饿而死。

一九四五年，战争结束了，兆和跟孩子们在西南还待了近一年的时间。美军撤离后，她买到了他们留下的牛油和水果罐头。"我用咖啡罐来烤蛋糕，"兆和回忆道，"孩子们乐疯了。那段日子不好过，可我喜欢，我尤其喜欢变出法子来逗孩子开心。"

沈从文比家人早半年回到北平，北京大学聘请他为中国文学教授，于是他住进中老胡同的一个大院中的学校教师宿舍，同院还住着二十几家人。沈从文重新开始收藏文物，"这时他家里除漆盒书籍外，充满青花瓷器。又大量收集宋明旧纸"。[92] 趁着妻子还没有回来，他买了大量东西。

兆和与两个男孩很费了一番周折才回到北平，先是坐火车从昆明到上海，然后从上海坐船经青岛到天津，最后再乘火车从天津到北平。"火车又脏又挤又慢，"小儿子回忆道，"沿途景色灰黄单调，唯一难忘印象是沿线无数大小驻军碉堡。"兆和在孩子们的内衣上缝制了小口袋，每个口袋里缝入两块洋钱，还有一张写着他们父亲北平地址的纸条。她听说八路军会扒铁路，截火车，怕和孩子们失散，所以做了这些准备。[93]

他们在途中并没有遇上什么危险。很快，全家人又团聚了，渐渐习惯了城市生活的新节奏。虎雏写道：

虽说团聚了，像在（呈贡）龙街全家围坐忘情谈笑的机会总也等不来。爸爸很忙，没空逗我玩，这不能在乎，我大了，爸爸也有点不同了……

　　日子一长我注意到，爸爸在欣赏一棵大树、一片芍药花，凝视一件瓷器、一座古建筑时，会低声自言自语："啧！这才美呐！"就跟躺在（云南）杨家大院后山坡看云彩一样，但现在经常接着轻轻叹息。他深爱一切美好东西，又往往想到它们无可奈何的毁灭。[94]

虎虎经常跟父亲一道去逛古玩店、古董摊。沈从文喜欢欣赏它们胜过购买它们，而他买东西的时候，不会在乎瓶子或小碗上是否有裂纹或缺口。虎虎说："我对这些没兴趣，但不放弃一同上街机会，跑遍了城南城北和几个小市，路上总有话说。"外出时，沈从文会告诉儿子他自己二十年代在北平时，和一位年轻作家的交往，指给儿子看当时他和这位女性及她的情侣胡也频合住的公寓。胡也频因"宣传赤化"，在一九三一年被枪决。女友丁玲而今"在那边"。虎虎写道："'那边'，就是八路，敢情他们是共产党。"沈从文为这对情侣写了三部作品，而且从来没有忘记三人之间的情感。他的儿子写道：

　　其实，爸爸的老少朋友，即使被当时社会所不容，所践踏，所抛弃，他也从不讳言同这些人的交往。朋友可以有完全不同信念，走不同的方向，令他倾心难忘的，总是这些人生命和性格中，爸爸看到的美好的部分。[95]

回到北平的头两年里，沈家总是高朋满座。很多年轻人上门请教写作问题，沈从文从不在乎他们是不是大学生，对所有的人一视同仁。尽管他对朋友同样如此，但是他身边的世界正在发生变化，而他熟悉的人正在表明立场，分边站队。一九四八年夏天，他受邀到颐和园东北角的园子里度假，短暂地从北平的政治风暴中脱离出来。北平市长本来计划将这个"园中园"作为消夏别墅，但因为内战爆发在即，所以这里的房子都还空着。杨振声认识这位市长，获准进入园中消夏，他就把自己的几个老朋友及他们的家人一起带去了，其中包括沈从文张兆和夫妇。兆和要照顾生病的弟媳，所以没待多久就回了北平城。在短短不到两周的时间里，他们一个在城里，一个在郊区，相隔四十公里，沈从文给兆和写了好几封信。他在第一封信中写道：

> 写这个信时，完全是像情书那么高兴中充满了慈爱而琐琐碎碎的来写的。你可不明白，我一定要单独时，才会把你一切加以消化，成为一种信仰，一种人格，一种力量！至于在一处，你的命令可把我头脑弄昏了，近来命令稍多，真的圣母可是沉默的。虽然我知道是一种爱，但在需要上量似乎稍多了一点，结果反而把头脑变钝了许多。[96]

在这封信中，沈从文看起来对婚姻更有信心了，也不再那么担心妻子的评判。他现在已经知道怎么和她相处，他叫她"圣母"、"小妈妈"来讨好她，而且试图提出抗议，不过语气是温柔诙谐的。他对妻子的爱意更浓了，他写道：

> 离你一远，你似乎就更近在我身边来了。因为慢慢的靠近来的，是一种混同在印象记忆里品格上的粹美，倒不是别的……
>
> 小妈妈，生命本身就是一种奇迹，而你却是奇迹中的奇迹。我满意生命中拥有那么多温柔动人的画像！更感动的是在

云南乡下八年，你充满勇气和精力来接受生活的情形，世界上哪还有更动人的电影或小说，如此一场一景都是光彩鲜丽，而背景又如何朴素！小妈妈，我近来更幸福的是从你脸上看到了真正开心的笑，对我完全理解的一致。这是一种新的起始，让我们把生命好好追究一下，来重新安排，一定要把这爱和人格扩大到工作上去，我要写一个《主妇》来纪念这种更新的起始……

不必为我的"倦"担心。我总能用幽默自解的！如可以和龙龙去西单办办家务，买点牛肉来也好，经得起上桌子。我想试试看在这种分别中来年青年青，每天为你写个信……[97]

这封信的语气让人想到十四年前的沈从文，当时他是个沉醉在爱情中的年轻人，满怀着新鲜的激情，给新婚三个月的妻子写信。现在他的文字依然抒情，但是在与兆和共同经历战争，生养了两个孩子之后，文字背后的爱意更多了，而且现在他承认妻子的笑容就是笑容，不是别有含义。他称她为"一种奇迹"，说她在"朴素"的背景下，创造了"光彩鲜丽"的场景。

战争末期，兆和又成了沈从文的"缪斯"。沈从文迫不及待地要重新开始，像在二十世纪三十年代初期那样写作。他感受到了写作的冲动。在第二封信中，他告诉她那天自己和次子的对话：

小虎虎说："爸爸，人家说什么你是中国托尔斯太。世界上读书人中十个中就有一个知道托尔斯太，你的名字可不知道，我想你不及他。"

我说："是的，我不如这个人。我因为结了婚，有个好太太，接着你们又来了，接着战争也来了，这十多年我都为生活不曾写什么东西，成绩不大好，比不上。"

"那要赶赶才行。"

"是的，一定要努力。我正商量姆妈，要好好的来写些，写个一二十本。"

"怎么，一写就那么多?"（或者是因为礼貌关系，不像在你面前时说我吹牛。）

"肯写就那么多也不难。不过要写得好，难。"[98]

这"一二十本"书，沈从文连一本也没有完成，他也没有重新写另一篇《主妇》。他有对写作的渴望，但是不可抗拒的力量阻挠了他。

一九四八年秋，国民党已经失去了满洲和北方大部分省份。到了十二月，共产党包围了北平，围城长达两个月。总的来说，围城带来的压力是心理上的。兆和的儿子们记得当时炮弹经常错过目标，本来是打向弹药库的，却落在了住宅区。不过孩子们总是唯恐天下不乱，他们两兄弟也不例外。他们帮忙挖壕沟，储藏食物和煤油："北平要打一仗，我和伙伴们兴奋不已。"[99]

多数人不确定共产革命最终会带来什么。兆头看上去不太好，但是即使有机会逃跑，大家也实在不想再次上路。"中国人能对中国人怎么样?"他们会这样说服自己，然后静观其变。十二月七日，沈从文以《益世报》文学副刊编辑的身份，给一位作者写信：

　　吉六先生：你文章因刊物停顿，无从安排，敬寄还……一切终得变……人近中年，情绪凝固，又或因性情内向，缺少社交适应能力，用笔方式，二十年三十年统统由一个"思"字出发，此时却必需用（政治上的）"信"字起步，或不容易扭转，过不多久，即未被迫搁笔，亦终得把笔搁下。这是我们一代若干人必然结果。如生命正当青春，弹性大，适应力强，人格观念又尚未凝定成型，能从新观点学习用笔，为一进步原则而服务，必更容易促进公平而合理的新社会早日来临。[100]

　　共产党的军队还没有进入北平前，沈从文就已预见到了自己未来的命运。不过，他还不知道自己和许多同类们，在最终的下场到来之前，还会经历什么样的风浪。在一九四八年三月，他已经隐隐感觉到在新社会里自己将有怎样的命运，新的政权将对他提出什么要求。在一份当月创刊的共产党刊物中，有两篇文章严厉批判了他。一篇称他为"地主阶级的弄臣"、"清客文丐"以及"奴才主义者"；另一篇则说他的作品颓废色情，是"桃红色文艺"。后一篇批评文章的作者是资深的革命作家郭沫若，兆和及其姐妹们在乐益女中读书时还演过他的戏剧。[101]

　　这些文字想必刺痛了沈从文，但从那年夏天他写给兆和的信来看，他并没有因此而陷入消沉。他对妻儿的爱依然浓烈，写作的渴望也十分强烈，相形之下，与审美无关的文学批评对他的影响不大。在十一月的一次文艺界座谈会上，他仍然能够坚持自己的立场，认为文学作品应该为创造者主宰，"由一个'思'字起步"，不应该受到任何外在信仰的影响。[102]但是十二月发生了一些事，首先是共产党军队的围城，沈从文想必明白，一旦围城结束，他的文学生命也将走到尽头。在十二月七日的信中，他说自己即使"未被迫搁笔，亦终得把笔搁下"。接着，北京大学的学生开始在校内贴他的大字报。这些举动对沈从文的打击更大，因为其中有些学生是他教过的，而且还相当欣赏他们。

　　到一九四九年一月，沈从文明显病了。他的次子写道：

　　枪炮声日渐稀疏，终于沉寂。

爸爸心中的频频爆炸，才刚开始，逐渐陷进一种孤立下沉无可攀援的绝望境界。

"清算的时候来了！"

他觉得受到监视，压低声音说话，担心隔墙有耳；很多人参预，一张巨网正按计划收紧，逼他毁灭。

他的儿子说，没有人能帮助父亲从混乱中解脱出来，因为混乱根源都在他的脑子里：他长时间独坐叹息，或自言自语："生命脆弱得很。善良的生命真脆弱……"他的家人都很"迟钝"，无法理解是什么困扰着他，这一点又增加了他的忧虑。但"在全国正有几百万人殊死搏斗的时刻"，虎虎解释道，"一个游离于两大对手之外的文人病了，事情实在微不足道。"不过，朋友还是上门探望，带来安慰的话语和"围城中难得的"食品。兆和对他很耐心，也相当忠心，她独自接待所有的客人，强作欢颜，不过"明显憔悴了"。[103]

国民党北平部队总司令最终将这座城市和平地转交给了共产党。入城仪式五天前，在清华大学教书的几个朋友邀请沈从文去他们那里住了几天。清华园在城西北十九公里处，位于郊区，比较清静。沈从文在那里休养了两个月，兆和好像没去探望过他。他们仍然互相通信，他的信几乎全是"呓语狂言"。[104]他在信中说："我用什么来感谢你？我很累，实在想休息了，只是为了你，在挣扎下去。"兆和则说："这一阵我为你情绪不安宁心情也异常紧张，你能兴致勃勃的回来，则对我也是一种解放。"她还劝说沈从文放松心情，多和朋友聊天，或和朋友的孩子玩耍："文章固不必写，信也是少写为是。"

有一次，沈从文收到兆和的信，次日他在信上逐段加上批语：

清华园住下还不坏吧？毓棠、梦家、广田想必都已见到，多听人家谈谈也好，免得流于空想。

（我头脑已完全不用了，有什么空想。）……

这种身心两方面健康的恢复，别人无能为力，只有你自己的意志力才能恢复它。这应该不太难，你试试看吧。

（我"意志"是什么？我写的全是要不得的，这是人家说的。我写了些什么我也就不知道。）

天气好，清华园住下来想极舒适。城里略觉沉闷，[105] 孩子们都不让我出门。

（给我不太痛苦的休息，不用醒，就好了，我说的全无人明白。没有一个朋友肯明白敢明白我并不疯。……）

你应该理一次发，洗一个澡，问问瑞芝看。

（这有什么用？）

有信也可交瑞芝托便人带城，我极希望能知道你这三天来的心情和对事事物物的看法。希望你能有一个乐观的看法。

（小妈妈，我有什么悲观？做完了事，能休息，自己就休息了，很自然！若勉强附和，奴颜苟安，这么乐观有什么用？让人乐观去，我也不悲观。）……

棉毛内衣一件是你的，中和弟二三日内回校，你换了衣服托他带城来洗。[106]

（衣洗不洗有什么关系？再清洁一点，对我就相宜了？我应当离婚了，免得累她和孩子。

小妈妈，你不用来信，我可有可无，凡事都这样，因为明白生命不过如此，一切和我都已游离。这里大家招待我，如活祭……）[107]

次日，这封写满丈夫批语的信被寄回给了兆和，她读信时想必很痛苦。信里有些话显得颇冷酷，还提到了离婚。同日兆和又写了一封信，这封信充满情感，但是并未涉及沈从文昨日所写的内容。她主要是想让他知道，朋友们对他俩的帮助，让她多么感动。兆和说他们激励了她，使她对自己和沈从文能够渡过难关更加有信心。但是她也说道：

> 王逊提起另一个人，你一向认为是朋友而不把你当朋友的，想到这正是叫你心伤的地方，说到你人太老实，我忍不住就淌下眼泪来了。我第一次在客人面前落了泪，过后想想很难为情。王逊走后我哭了一阵，但心里很舒畅。[108]

这"另一个人"可能是指丁玲。一九二四年到一九二五年，作家丁玲和她的情人胡也频与沈从文在北平同住。在那时候，他们三人亲密逾常。他们在同一空间里阅读写作，分享微薄的收入，帮助彼此发表零星的文字。一九三一年国民党枪杀胡也频后，丁玲投身左翼活动。她加入了共产党，开始写革命小说，编辑共产党刊物，帮助党培养新秀。一九三三年她被国民党绑架，遭软禁三年，一九三六年她逃到解放区，抗战期间抵达延安。一九四九年，丁玲在胜利者的阵营中身居高位——经历过延安时期并与农民一起讨论过土地改革的作家屈指可数，她正是其中之一。丁玲刚刚出版了一本描写农民和地主之间斗争的小说，被任命为文学刊物主编。现在，她和其他共产党作家一起成了沈从文的评判者——尽管在二十世纪三十年代，胡也频被处决后，沈从文在她最孤单绝望的时候陪伴过她；一九三三年她失踪后，也是沈从文坚持写了一批关于她的文章，提醒人们不要忘记她。[109]

读了兆和信中对人际关系脆弱的感叹后，沈从文反过来安慰兆和。他写道："莫再提不把我们当朋友的人，我们应当明白城市中人的规矩，这有规矩的，由于不懂，才如此的。"信中还有一段附笔："小妈妈，你的爱，你的对我一切善意，都无从挽救我不受损害。这是夙命。我终得牺牲。"[110]

回家后不久，沈从文就试图自杀。他喝下煤油，又割腕割喉。兆和的一个堂弟当时恰好作客沈家，发现沈从文陷入半昏迷状态，而且非常惊恐，不停地说"我是湖南人……我是凤凰人……"[111]

在试图自杀前不久，沈从文曾希望能见见丁玲。此时离他们上一次见面已经十三年了。虽然沈从文全家对丁玲心存疑虑，但是对他们的重逢仍然颇感兴奋。他们相信这两个人曾经分享过一段秘密的生涯，一段内心的生活，那是旁人无法介入和了解的；正因为他们彼此相知，所以如今只有丁玲才"能够开导他"。沈从文带着虎虎一起去见老朋友。虎虎后来写道："原来这么近！爸爸攥着我手，一路沉默。我明白他的激动和期待。"然而丁玲没有向沈从文提供任何帮助："只如同被一位相识首长客气地接见……那暖融融大房间里的冷漠气氛，嵌在我记忆里永远无法抹去。"[112]

丈夫自杀前，兆和已开始采取步骤，以免生活沦落为一出通俗剧。她明白社会规范和人际关系都已经变了。有时候，感受到朋友的疏远，她也和沈从文一样深受伤害，但是她相信自己可以适应，并且能对新社会有所贡献。所以，有位地方干部建议她"跟上时代"，"接受必要的革命教育"时，兆和接受意见。她申请进入华北大学，该校的办校宗旨就是提供这种教育。几星期后，她的申请被批准了。[113]

在丈夫病重的时候，兆和为什么会采取这一举动，有很多不同的揣测，毕竟当时连共产党都不能完全肯定自己已经在内战中获得最后胜利。兆和此举是否纯粹出自现实考虑？如果中国真的进入社会主义社会，她这么做就可以为全家打下一个基础。兆和总是担心自己无法学以致用或没有自己的事业，她是否感到接受思想改造后，新社会可以提供给她更好的机会？还是她被社会主义的美好前景所吸引？她所受的学校教育，不管是在乐益女中还是南京，都是非常政治化的。那时，每到国难事件爆发，就会引发启蒙民众的风潮；在讨论国家建设问题时，连体育都牵扯在内，被视为强国之途。兆和在大学里是个好学生，也擅长运动。[114] 当她的姐妹们沉迷于艺术时，她却在接受训练，为参加学校年度运动会的全能项目作准备。兆和在一九三〇年的日记中记道"强烈的欺凌，贫富阶级的不平"使她愤怒，但是她还没有准备好"做出一桩惊人的事来"。到了一九四九年，她是否感到自己已经准备好了？

兆和两个十来岁的儿子支持她的决定："妈妈成为穿列宁服的干部！真带劲！"[115] 龙龙和虎虎显然更欣赏母亲的道路。如果他们接受了父亲的逻辑，那么他们将何以自处？沈从文的绝望已经拖垮了全家。他们爱他，但是当着他的面，听他的叹息，看着他沮丧恐惧，谁都受不了。虎虎写道：

> 他在最不应该病的时候倒下，得的又是最不合适的病。它成了全家的心病，沉重得抬不起头来。我们母子总想弄清来龙去脉，常冥思苦想，一起讨论，不得要领。[116]

因为沈从文贸然自杀，兆和推迟了去华北大学的计划，直到丈夫从医院回家，忧郁症有了好转迹象，她才开始进修。他们的儿子住在家里以便照看父亲。沈从文康复的很慢，音乐成为他的伴侣，普契尼（Puccini）和威尔第（Verdi）成了他的医生。他告诉兆和："书本上的真理，和一切充满明知和善意的语言，总不容易直接浸入我头脑中。"而"压迫和冷漠"也不能完全压倒他，即使是自我分析也不能改造他。但一接触到"好的音乐"，他就"完全投降认输"。因为"它是唯一用过程来说教，而不以是非说教的改造人的工程师"。沈从文常坐在收音机旁，有时候音乐会使他落泪。他会随手写下一些诗，然后立刻撕毁。电台播音结束之后很久，他还会守在收音机旁。[117]

秋季开学时，北京大学取消了他的课程。一九四九年冬天，沈从文有了新的职务：在北京的历史博物馆为文物贴标签。他的次子记得那"黑沉沉"的库房，里面"不准生火"，"（到了冬天，用来擦文物积垢的）黑抹布冻成硬疙瘩……（爸爸）有时拿手绢把眼睛以下扎起来，透过蒙蒙尘雾，我觉得这打扮挺像大盗杰西（Jesse James），就是不够英俊，太文弱"[118]。

沈从文在博物馆的工作很少需要思考，这一点正合他意。这份工作还让他得以接触他所喜爱的文物，当他还是军队中的一名小兵时，曾替湖南一位军队首领的私人收藏做编目工作，那时他就养成了这方面的爱好。但是最重要的是，这份工作让他有事可做，而且这份工作既有用又安全，不会引起别人的注意。所以，人们终于忘记了沈从文，这也正是他所想要的。古代中国文学家谈到隐逸之道时，指出被召而不出仕固然很难，但是已经出名，要再隐姓埋名，则更是难事。五世纪（南齐）作家孔稚珪认为那些"乍回迹以心染"的人是骗子，他描写其中一人道："及其鸣驺入谷，鹤书赴陇，形驰魄散，志变神动，尔乃眉轩席次，袂耸筵上，焚芰制而裂荷衣，抗尘容而走俗状"。[119]

忧郁症已痊愈了多年之后，沈从文在一封写给兆和的信中说，重读《湘行散记》，觉得作者（即沈从文自己）还是一个不错的作家：

> 听他隐姓埋名，真不是个办法。但是用什么办法就会让他再来舞动手中一支笔？简直是一种谜，不大好猜。可惜可惜！

这正犹如我们对曹子建一样，怀疑"怎么不多写几首好诗"一样，不大明白他当时思想情况，生活情况，更重要还是社会情况。看看曹子建集传，还可以知道当时有许多人望风承旨，把他攻击得不成个样子，他就带着几个老弱残丁，迁来徙去，终于死去。曹雪芹则干脆穷死。都只四十多岁！《湘行散记》作者真是幸运，年逾半百，犹精神健壮，家有一乌金墨玉之宝，遐迩知名（这里犹有人大大道及）！[120] 或者文必穷而后工，因不穷而埋没无闻？又或另有他故。[121]

在信中，沈从文用第三人称，即"《湘行散记》的作者"来指称自己，并且将这个作者列入曹子建、曹雪芹以降的文学传统中，这两个人都是他们那个时代最有名的作家，曹子建是三世纪（三国时魏国）的诗人，曹雪芹是十八世纪（清代）小说家。他们生前都孤单抑郁，年纪轻轻就潦倒而死，但是《湘行散记》的作者"真是幸运"，他有一个"乌金墨玉之宝"——他的妻子，而且他比前两人更善于隐姓埋名。如果世人不再知道他是谁，那并不是因为他没有为写作呕心沥血，也不是因为他已经失去了成为优秀作家的素质，而是"另有他故"。是"风"或者说政治气候，使得写作充满危险，"艺术"本身也成了问题。沈从文看不出同时代的人如何辨别什么是"美"，什么是"艺术"，他在信中告诉兆和："我实在不懂'艺术'"，"（我）懂的不知应当叫什么。"

沈从文很有可能是在借这种说法批评自己的妻子，虽然他将妻子视为自己之"宝"。兆和一直鼓励沈从文重新开始写作，于是他反问道：她觉得有什么东西可以促使他重新拿起已经放下的笔？沈从文脱离文学世界已经很久了，与之同时，兆和反倒成了《人民文学》的编辑，换句话说，在社会主义社会中她成了评判文学价值的人。当沈从文出外接受再教育或因公出差时，他们通过信件激烈地争论一些文学艺术问题。一些写于一九五一年到一九五七年之间的信被保存了下来。这一时期，沈从文在四川和上海待过很长一段时间，他重访了妻子在苏州的故居和自己在湘西的老家。他频繁地写信，兆和也是一样，只要有时间就写，有时候她还把同时代人的作品寄给沈从文看。一九五六年十月二十九日，沈从文从上海寄信给兆和，写道：

> 三姐：
>
> 　　谢谢寄来的文章。读过后我觉得虽通俗到家，却没有什么意义。里面说的很多都是错的，有些且近于胡扯。一涉及文物，更是蜻蜓点水，不着边际！……（我）觉得几个编辑都不大负责任。这种错误不下三十处的文章，是有趣还是有意教育读者？[122]

沈从文根据自己在文物研究上的发现，写了一篇散文，寄给某家画报，当然，他心里清楚这文章跟他们的"要求是不大合的"：

> 　　（画报上）所要求的……，因为随便抄抄故宫说明，还不容易？但另外说点中肯窍的话，他们却不大知道，以为多余，删去了。这也是我白热心的必然结果……也无怪乎好些刊物都毫无有性格有生气的好文章，为的全是照例无一句错话，同时也照例无一点精彩的文章。聪明有远见的编者得改进看稿作风，不要再错下去，才是办法！

我们没有看到兆和的回信。但是从近一年后她写给他的一封信中，我们可以得知兆和作为一名编辑的某些观点：

你最好能多看几篇现在作家的新小说，知道一点创作情况和水平。有些文艺界右派分子异口同声说解放后没有好作品，都是公式化概念化的，我虽然读过作品不多，我的工作使我有机会看到一些好稿子，有些作品水平实在不低，可以借鉴。[123]

三天后，兆和的口气稍有变化。她承认，毕竟好的作品是很难得的，而编辑的问题在于他们必须找到一些东西来发表。她说大多数作家被动员去"搞运动"，所以根本没法写作。而即使他们写了，"有意义而又非常吸引人"的作品仍然很少，就算有少量"艺术性较高的作品"，又会被挑出"（政治）问题重重"。[124]

沈从文接到此信时，正在青岛休养，身边是一群文化部系统内的作家和艺术家。看沈从文对这些人的描述，就可以明白为什么兆和会觉得组稿困难，而从仅有的一些稿件中挑选出值得发表的，也并非易事。沈从文写道：

（大多数人）好像对书都兴趣不大，对写作简直更不会有什么兴趣，那么好天气，却四个人十分兴奋紧张的坐在麻将牌边玩了又玩，从不叫累！每天都有人玩，也轮流换人，也可能有始终不让座的。试想想，真是不可解。大致有些人照习惯极少考虑到生命使用的意义。[125]

青岛的这些人和沈从文在湘西见到的人可不一样，那些沅河流域的水手和纤夫、"吊脚楼"里的女子，他们"依然在那里把每个日子打发下去"，却激起他写作的情感。他一点也不喜欢青岛的这帮人，也没有任何想写他们的欲望。他们没有打动他。这是他放弃写作的另一个原因。他的素材消失了。

有好些年，兆和都误解了丈夫辍笔的原因，她以为沈从文"在创作上已信心不大"。她觉得是批评家的批评吓得沈不敢出声："因此（你）举足彷徨无所适从。写呢？不写？究竟为什么感到困难？不能说没有困难，……重要在于能排除困难，从创作实践中一步步来提高，不写，空发议论是留不下好作品来的。"兆和还指责丈夫"看法不够全面"，她的意思是沈从文没有把国家的目标放在首位，政治觉悟不足：

> （你还）带着过多的个人情绪，这些个人情绪妨碍你看到许多值得人欢欣鼓舞的东西，惹不起你不能自己的要想表现我们社会生活的激情。[126]

兆和同样不能理解的是，为什么在多年前，他们收入那么微薄，常常感到经济压力，沈从文还被流鼻血的老毛病所折磨着，但是他却能没日没夜地写作。"如今，"她写道，"党那样关心创作，给作家各方面的帮助鼓励，安排创作条件，你（却）能写而不写……"

沈从文并非完全停止写作。在二十世纪五十年代和六十年代，他写了很多研究古代漆器、丝绸图案、唐宋铜镜和明朝织锦的书。他还发表文章，谈论建筑、装饰艺术和民间艺术，并完成了一部多卷本的中国服饰史。[127] 当他定准自己的位置，找到恰当的题材，同时不受到别的拘束时，他就还是跟以往一样写作。但是一九四九年之后，他只有一个写信的对象，那就是兆和。他们选择了不同的道路，以不同的方式工作，但是他还是可以向她倾诉一切，不论她是否能够了解，或是否同情。

在一次去湖南的途中，沈从文再次向兆和描写了凤凰的情形：

马路一直修到城边。城中破破烂烂处相当多，实在也太旧了。整个看来却非常富于画意，是北宋画。

今天就要得从我生长的小房子前和做顽童时一切地方走走了。好奇怪，城中认识我的人怕不会到十个人。有好几位小时在一处的，闻在背货种菜，即见到也不知说什么好了。地方在印象中极熟，如今真正看来倒反而十分生疏。

地方给人印象"奇怪"，因为许多都像变了又像不变，许多小孩子骑着"高跷"在路上碰撞，正是我过去最喜欢玩的。酸萝卜小摊子还到处是。许多老太婆还是那么缩颈敛手的坐在小摊子边，十分亲切的和人谈天，穷虽穷，生命却十分自足。[128]

七天后，他从长沙写信：

在凤凰挂了挂祖父母、父母及诸亲故墓，大嫂背了个小竹笼，装了点腊肉橘子，同行的还有二青年干部，正值细毛毛雨，各戴上一个斗篷，一切很像是屠格涅夫传记小说上描写，因为在坟上远望，正看到新公路上汽车奔驰……

本地有个石莲阁，好风景外还有个好塑像白衣观音，含笑如活，现在主要建筑已全部拆去，被改建为新医院，本地人不忍观音打毁，因之抬到一个合作社牛栏中放下。如牛栏扩大，大致就保不住了。几个教员一定要陪我去看看，就去看看，正和耶稣圣母一样……

小客店总是楼房如随时可以倒下，走动时必轧轧发响，薄板壁隔成小间小间，彼此虽隔断什么都可听到。被盖十来斤重……早上摇铃到处喊"客人起床"催客上路。好的是照古风有热水洗脸洗脚，毫不含糊。街上总是成群小狗、小鸭、小孩子……

最好还是河面种种，真动人。回来路过泸溪渡时，正值十多个大木筏浮江而下，十多只大船也摇橹下驶，江山如画，好美丽……到常德时，还过麻阳街探探乡亲，几个老麻阳婆守在一个狗肉专馆前摆烟酒小摊，那专馆却有四十三只狗腿挂在屋梁上，柜前陈列六七个酒坛，可惜看不见武松、浪里白条一流人来到铺中大宴……车过桃花源时停了停，有个水溪合作社小铺子，三五张茶桌也还坐了些黄发垂髫怡然自乐的人物。铺前小摊子边却有个穿干部服外加围裙的中年人物，在和人买卖香烟。唯一有点古空气的是一坛酒，但也是从常德来的烧酒！桃花源已非世外。[129]

沈从文失去了很多私人的东西。在文化大革命期间，解放前的作家几乎全都被游街示众，遭受到政治迫害和凌辱，沈从文却逃过一劫。他被下放到湖北乡下的"五七干校"待了三年，但是在那里他并不需要干重体力活。兆和也被下放到那里，她到得更早，所以待的时间更长。兆和在湖北的大部分时间是负责看守厕所，防止有人偷粪便。跟她刚刚去时分配的把粪便挑到菜田去的工作相比，这任务轻松多了。一九七二年，他们夫妇一起回到北京。

因为父母的阶级背景，龙龙和虎虎都不能上大学。龙龙先是在一家工厂工作，后来在苗圃种花。虎虎小时候，父亲曾担心他以后会受苦，不过事实上并没有。虎虎可能会说，有一阵子，他确实如同盲人一样，看不见父亲的痛苦，但是后来他的"视力"恢复了，不是借助年轻女孩眼泪的力量，而是借助了父亲的爱。他本来学的是机械，不过一九八八年父亲去世后，他就在母亲兆和的帮助下，负责编辑父亲的作品。

回到北京后，有段时间，兆和与沈从文不得不分别住在两处小房内。那时，沈从文到兆和处吃饭，然后回到位于一公里外的单人房间。我们不知道当时他是否还给兆和写信。

他们的数次分居，有时也是出于自愿，这并不会太多地影响到他们的婚姻或带给他们过多痛苦。一起吃顿饭、写封信，有的时候会比分享同一空间更让他们亲密。张兆和与沈从文各自生活在自己的独立世界中。他们或许会用同样的词语来形容他们的需要，但事实上他们需要的东西却是完全不同的。

兆和觉得，她的生命的目标就是一个任务，一个重大的任务，她必须去征服、克服——或许是为了改正错误，或许是为了改善事物。直到八十多岁，她还记得小时候别人怎样拿她和兄弟姐妹们比较。她不像姐妹们那样有大家闺秀气质，不那么纤细文雅，连保姆们都能感觉得到这种差别。她觉得有些微的压抑，但是父母和兄弟姐妹们都没有打压过她。这种压力是她自己给自己施加的，她想象着别人会怎么看待她，同时倔强的个性又使她从不将感受告诉别人，也从不抱怨。当她长成一位少女时，她仍然不清楚人生的目标，但并不再急于寻找到答案。她的家庭是温暖的港湾，所读的学校也很不错，她也不喜欢冒险。然后她结婚了，从此她的生活和丈夫的交织在了一起。兆和从来不觉得当主妇是件轻松的事，不过，她爱孩子们，并且尽心照看整个家庭。她对朋友很富同情心，对各种与她两样的人也保持着宽广的胸襟。可是她的内心仍然有着忧虑，直到共产革命使她得到机会，挣脱周遭环境的束缚，向外追求人生的目标。整个社会的规则变化，使得她可以突破过去女性的固定角色。

对于沈从文而言，生命的意义来自深思默想。他认为自己是个"乡下人"，但其实他的生活早就不是乡下人的生活了；他不可能像那些纤夫一样，从不问"为什么而活下去"！沈从文的小说和散文都是他沉思的产物。当他不能再为自己写作、用他觉得有意义的方式写作时，他就放下了笔。在一九六一年，毛泽东和周恩来都曾当面鼓励他再作尝试，他花了三个月时间，想写一个关于兆和的堂兄张鼎和的故事。[130] 鼎和是早期共产党员，兆和一九三二年住在北平时，他们来往密切。一九三六年鼎和被国民党枪决，他因此成了共产党的烈士。沈从文一生都没能写完这个故事，并销毁了写出的部分。这种行为应该让兆和感到受了挫折。

在一九九五年，沈从文过世后七年，兆和整理出版了他们的通信。在《后记》中，她写道：

> 六十多年过去了，面对书桌上这几组文字，校阅后，我不知道是在梦中还是在翻阅别人的故事。经历荒诞离奇，但又极为平实……从文同我相处，这一生，究竟是幸福还是不幸？得不到回答。我不理解他，不完全理解他。后来逐渐有了些理解，但是，真正懂得他的为人，懂得他一生承受的重压，是在整理编选他遗稿的现在……
>
> 太晚了！为什么在他的有生之年，不能发掘他，理解他，从各方面去帮助他，反而有那么多的矛盾得不到解决！悔之晚矣。[131]

注　释

[1] 沈从文给张兆和的情书中，有时称她 ××。

[2] 沈从文、张兆和：《从文家书》（以下简称《家书》），第38—39页。这本选集还收录了张兆和在1930年7月的几篇日记。

[3] 在凤凰的童年，见沈从文：《我读一本小书》，《从文散文选》（以下简称《散文选》），第7—20页。《我读一本小书》是一篇优美的

散文，原收录于《从文自传》，该书主要是沈从文对凤凰生活的回忆。

[4] 沈从文：《我上许多课》，《散文选》，第40页。

[5] 沈从文：《一个转机》，《散文选》，第122—123页。

[6] 沈从文和胡适，参见金介甫：《沈从文史诗》，第145页，又见沈从文与张兆和《家书》中收录的兆和日记，第16页。

[7] 兆和的朋友王小姐写信给兆和，附上了沈从文给自己的信。王小姐在信中请兆和说明自己对沈从文的态度究竟如何。兆和把沈从文和王小姐的信都抄在日记里，见《家书》，第5—6页。

[8] 关于胡适：见《家书》，第6页。

[9] 王小姐和兆和：见王小姐的信，见《家书》，第9页。

[10] 即允和。

[11] 兆和1930年7月4日日记，见《家书》，第11—12页。

[12] 兆和与胡适：见兆和1930年7月8日日记，见《家书》，第14—16页。

[13] 胡适的信：抄录在兆和日记中，见《家书》，第22—23页。

[14] 见《家书》，第16页。

[15] 沈从文的信：抄录于兆和的日记，见《家书》，第18—19页。

[16] 允和与兆和：见兆和1930年7月12日日记，见《家书》，第20页。

[17] 胡适的信：抄录于兆和的日记，见《家书》，第22—23页。

[18] 见兆和1930年7月14日日记，见《家书》，第23—24页。

[19] 见兆和1930年7月14日日记，《家书》，第24页。

[20] 朱干干：见《家书》，第20页。

[21]《风尘三侠》是郭沫若根据明代戏曲《红拂记》改编而成的现代戏剧。

[22] 允和谈兆和：见允和口述，叶稚珊记录的文章《乐益》，

刊于《水》第九期（1998 年 12 月）。

　　[23]　沈从文与张兆和：《家书》，第 39—41 页。

　　[24]　同上书，第 18、22 页。

　　[25]　同上书，第 41 页。

　　[26]　《主妇》：沈从文：《沈从文文集》（以下简称《文集》）第六卷，第 325 页。

　　[27]　同上书，第 329 页。

　　[28]　兆和的长相：见张允和在《张家旧事》中的描述，第 154—155 页。

　　[29]　见张兆和的散文《我到苏州来》，刊于《水》第五期（1997 年 6 月）。

　　[30]　弄坏娃娃：参见允和日记，1984 年 10 月 23 日。

　　[31]　沈从文：《文集》第六卷，第 331 页。

　　[32]　见张允和：《最后的闺秀》，第 46 页。

　　[33]　沈从文：《主妇》，《文集》第六卷，第 331—332 页。

　　[34]　关于当戒指：金介甫对这段逸事的描述和兆和所说的有所出入，见《沈从文史诗》，第 317—318 页。张充和对此也有自己的说法，参见她的《我三姐夫，沈二哥》，刊于《海内外》第 28 期。这篇文章还写到兆和新婚时的一些逸事。

　　[35]　九妹儿时，见金介甫：《沈从文史诗》，第 28 页。

　　[36]　沈从文：《文集》第六卷，第 327 页。

　　[37]　同上书，第 333 页。

　　[38]　同上书，第 328 页。

　　[39]　1931 年他写的一篇同名小说《三三》中的主角也叫三三。

　　[40]　五世纪的东晋诗人陶潜在《桃花源诗》的诗序《桃花源记》里说了一个故事：在公元前二二一年左右，有一群人为了逃避秦朝的

暴政，在桃源隐居。此后桃源或桃花源就成为想象中的世外乐土。

[41] 1934 年 1 月 12 日信：《家书》，第 47—48 页。

[42] 1934 年 1 月 13 日信：《家书》，第 49 页。

[43] 三十丈相当于一百米。

[44] 1934 年 1 月 16 日信：《家书》，第 47—54 页。

[45] 1934 年 1 月 18 日信：《家书》，第 59 页。

[46] 1934 年 1 月 18 日信：《家书》，第 62 页。

[47] 1934 年 1 月 18 日信：《家书》，第 61 页。

[48] 柏子是沈从文 1928 年的短篇小说《柏子》中的主角。翠翠是他的小说《边城》的女主角。

[49] 1934 年 1 月 19 日信：《家书》，第 63—65 页。

[50] 以上文字及意念借自 Wallace Stevens 的诗歌 "The World as Meditation"。

[51] 1934 年 1 月 9 日信：《家书》第 45—46 页。

[52] 沈从文：《文集》第六卷，第 334 页。

[53] 关于"联大"：John Israel, Lianda，第 13—14、19 页。

[54] 凌宴池是元和密友凌海霞的哥哥。他是位成功的上海银行家，在某种程度上，他是张家的守护神。抗战时他帮助允和及其一家迁往武汉，又替元和出了结婚费用。他还是位收藏家，品味高雅。和充和一样，他也喜欢书法。

[55] 沈从文与张兆和：《家书》，第 92—93 页。

[56] 同上书，第 78 页。

[57] 同上书，第 78—79 页。

[58] 关于"快信"：《家书》，第 76 页。

[59] 沈从文与张兆和：《家书》，第 124 页。

[60] 同上书，第 81—82 页。

[61] 两封长信：分别写于 1937 年 11 月 6 日、1938 年 8 月 19 日，《家书》，第 80—83、120—126 页。

[62] 沈从文与张兆和：《家书》，第 82—83 页。

[63] 沈从文的弟弟沈荃字叠余，简称为得余。（译注）

[64] 兆和回信：《家书》，第 94 页。

[65] 兆和对沈从文创作的意见：见《家书》，第 92、77 页。

[66] 沈从文与张兆和：《家书》，第 79 页。

[67] 沈从文写这封信时，刚刚和朋友一起准备离开哥哥的家，启程前往昆明。

[68] 小虎是他们的次子，小龙是长子。他们也被叫做虎虎和龙龙。

[69] 沈从文是家中的第二个儿子，所以常常自称"二哥"或"二弟"。但包括姐妹在内的话，他又行四，所以有时自称"四弟"。

[70] 1938 年 4 月 13 日信，见《家书》，第 114—115 页。

[71] 见《家书》，第 120 页。

[72] 同上书，第 124、89、127 页。

[73] 沈从文给云六大哥的信：引自沈虎雏的散文《团聚》，见沈从文：《无从驯服的斑马》附录，第 175—211 页。《团聚》是篇优美动人的散文，沈从文的次子虎雏在此文中描写了他眼中父母及全家团聚后的生活情景。

[74] 沈虎雏的散文《团聚》，见沈从文：《无从驯服的斑马》附录，第 176 页。

[75] 沈从文劝兆和译书：《家书》，第 107、95 页。

[76] 龙龙和虎虎：沈从文：《无法驯服的斑马》附录，第 177 页。

[77] 联大迁往昆明：John Israel, *Lianda*，第 13—60 页。

[78] 见沈从文：《无法驯服的斑马》附录，第 176 页。

[79] 见沈从文：《绿魇》，《文集》第十卷，第 92—93 页。战

时，沈从文写了三篇带自传色彩的小说，《绿魇》是其中之一。沈从文在文中描写了他在呈贡租住的房子。充和与从文夫妇在这里同住了一年，因此我向她查证了文中的描述是否与事实相符。充和说，沈从文描写的就是他们住的房子，和事实一般无二。

[80] 见沈从文：《无法驯服的斑马》附录，第 178 页。

[81] 沈虎雏的散文《团聚》，沈从文：《无法驯服的斑马》附录，第 178—180 页。

[82] 同上书，第 180—181 页。

[83] 这是一出西皮戏，西皮调多用鼓、锣、板等乐器。《打鼓骂曹》取材自《三国演义》，写魏丞相曹操命令名士祢衡当鼓吏，为客人表演击鼓。曹操让祢衡击鼓娱乐宾客，是想借此羞辱他。祢衡了解曹操的用心，所以当他击鼓时，边打边长歌骂曹，以此进行反击。（见《戏典》第一卷，第 254—266 页）

[84] 见沈从文：《无法驯服的斑马》附录，第 184 页。

[85] John Israel, *Lianda*，第 143—144 页。

[86] 关于"其"这个字：《家书》，第 105、92 页。

[87] 资料来自对兆和的访谈。

[88] 沈从文：《文集》第十卷，第 105 页。

[89] 沈从文与"主妇"：《文集》第十卷，第 105—106 页。

[90] 沈从文：《文集》第十卷，第 116—117 页。

[91]《看虹录》：《沈从文全集》第十卷，第 327—342 页。金介甫《沈从文史诗》中讨论了这篇短篇小说，参见第 441—442 页。

[92] 张充和：《我三姐夫，沈二哥》，刊于《海内外》第二十八期；凌宇在《沈从文传》中也引述了这段文字，见第 439—440 页。

[93] 见沈从文：《无法驯服的斑马》附录，第 181—183 页。

[94] 沈从文：《无法驯服的斑马》附录，第 183—185 页。沈从文

在云南躺在屋后山上冥想的情景，见沈从文：《文集》第十卷，第83—89页。

[95] 沈从文和丁玲的关系：见沈从文：《无法驯服的斑马》附录，第185—186页。

[96] 沈从文与张兆和：《家书》，第132页。

[97] 沈从文与张兆和：《家书》，第134页。

[98] 沈从文与张兆和：《家书》，第137—138页。

[99] 北平"围城"时期：见沈从文：《无法驯服的斑马》附录，第189页。

[100] 沈从文：《无法驯服的斑马》附录，第189页。

[101] 对沈从文的批评，见金介甫：《沈从文史诗》，第449—450；凌宇：《沈从文传》，第419页。

[102] 沈从文坚持自己的立场，见金介甫：《沈从文史诗》，第449—450页。

[103] 沈从文发病之初，见沈从文：《无法驯服的斑马》附录，第193—194页。

[104] 沈从文与张兆和：《家书》，第148—149页。

[105] 这日是1949年1月31日，共产党军队进城的日子。

[106] 张中和是兆和五叔的儿子。

[107] 沈从文与张兆和：《家书》，第151—153页。

[108]《家书》第155页。

[109] 关于丁玲：见Spence，《天安门》(*The Gate of heavenly Peace*)，第217—219、250、240—241页。又见金介甫：《沈从文史诗》，第202—205页。

[110]《家书》，第157页。

[111] 沈从文自杀，见沈从文：《无法驯服的斑马》附录，第

198 页。

[112] 沈从文拜访丁玲，见沈从文：《无法驯服的斑马》附录，第 196 页。

[113] 兆和接受再教育：见金介甫：《沈从文史诗》，第 267 页，Spence，《天安门》(The Gate of heavenly Peace)，第 324 页；凌宇：《沈从文传》，第 423—425 页。

[114] 见张允和：《最后的闺秀》，第 50 页。

[115] 见沈从文：《无法驯服的斑马》附录，第 197 页。

[116] 同上书，第 201 页。

[117] 沈从文与音乐，见沈从文与张兆和：《家书》，第 160—164 页；又见沈从文：《无法驯服的斑马》附录，第 199 页。

[118] 见沈从文：《无法驯服的斑马》附录，第 201 页。

[119] 孔稚珪：《北山移文》，载于《古文观止》，第 293—297 页。

[120] 这里指湖南，沈从文写此信时在长沙。

[121]《家书》第 255 页。

[122] 同上书，第 235 页。

[123] 同上书，第 286 页。

[124] 同上书，第 289 页。

[125] 同上书，第 287 页。

[126] 兆和对丈夫的评价：《家书》，第 315 页。

[127] 沈从文在物质文化研究方面的著作，见金介甫：《沈从文史诗》，第 270—271、431—435 页。

[128] 沈从文再回凤凰：《家书》，第 257 页。

[129]《家书》，第 259—260 页。

[130] 张鼎和的事迹见本书第七章，第 95 页。

[131]《后记》：见沈从文与张兆和：《家书》，第 319 页。

第十三章　充和

　　当充和还是七八岁的孩子时，她的姐姐们就知道这个妹妹和她们不同。她们有大都市年轻人的优势：可以经常上戏院，很早就知道摩登都市是什么样子，也知道现代化的特色何在。她们的知识面比较广，知识的种类更丰富，她们口中的词汇更为流行，还可以一起讨论科学和政治。但是她们承认小妹妹的学问根基更扎实，也更有自信。就连充和写的诗歌也更新颖且富于原创性，而姐姐们诗歌中的用词甚至情感，都是从背过的诗里照搬过来的。她们虽然还是孩子，但是都有艺术鉴赏的直觉，所以公认充和的诗才更好。

　　充和的姐姐们认为，妹妹的独特个性，来自于她所受的与众不同的教育——有几位老师每日对她悉心教诲，她自己也相当努力地去达致老师们的期望。不过充和童年时远离自己的兄弟姐妹，几乎总是独处，只有在特殊时期才有几个同伴，这些情形必然会影响到她的工作方式、思维方式和她宁静的气质。充和早年的生活习惯于沉思默想，没有竞争的压力，也不需要作论证和分析。三岁前，她就学会了背唐诗，然后又读了几种启蒙书，为继续攻读"四书"打下基础。不过，十岁之前，老师们和祖母识修都不为她讲解词义。"小时候，我只把读过的字句记在心里，"她说，"等时候到了，意义自然浮现。"七八岁时，充和开始学作对子，然后就学习写诗。她的老师们读了她的诗，稍作修改，但是不作评判也不加解释。这是她学习的第一阶段。充和每天要学习相当长时间，她也很少有分心的事。所有这些让她养成了学者的习气，也让她有时间自在幻想。后来，她这样描写那段时光：

> 在我的窗子外面是个小小的院子，院子里一丛芭蕉，一个小小的花台，花台上只剩下一些百合花，很有条理的生长着……对面也是堵高墙，墙的高处有个楼窗，那是三楼的梯口的一个窗子，二楼的梯口的窗子不开在这一边。所以看上去只有一个小小的窗子在这面，在高大的墙上似乎很不合适。窗子上有许多极精细的格子，格子上糊着纸，多年也没有人去换它……里面是乌漆墨黑的，即上面我始终没有上去过，即使二楼也没有人住，只堆着些皮箱、木箱。我有时也混在他们中上去看拿东西，收东西。可是三楼都不曾去过，大人们平常也不上去，只是在过年时，结好三四个人上去拿挂灯，拿铜器、瓷器，桌围椅披以及一切过年用的东西。我要去也没份儿，说那边上有大仙爷爷，不能去。[1]

狐仙在张家出入，已经有很长一段时间了。充和的母亲一次短期回合肥，曾经在镜中见到一个狐仙。她的祖母在佛堂里设了一个狐仙的香案，每晚为狐仙上三支香，似乎这样也就很让狐仙满足了。充和写道："他们从不胡闹，有时开开玩笑也是善意的。"孩子时的充和并不害怕狐仙，反倒是书房对面高墙上的裂缝让她害怕。

那些裂缝让墙看起来愁眉苦脸："我好像有许多不能告诉人的悲哀在那缝里面，它深深的黑黑的，张开它那忧郁的口，成天向我叫着烦闷。"[2]

在那些日子里，充和最亲密的朋友是失明的小尼姑长生。[3] 她常常把自己的梦讲给充和听，那些梦"既新奇又古怪。她说她常见她的妈妈，妈妈坐在七宝莲花上"。这两个女孩会进行交易，以声换色：长生唱佛经给充和听，作为回报，充和把她带到城墙上去"看风景"。充和写道："我便告诉她……太阳这时正照在塔尖上，护城河中行过的小船，船上有孩子，孩子赤着脚，正在啃一块西瓜皮。"这一切带给长生无穷乐趣。长生还会要求充和告诉她事物的颜色：云彩、天空、充和的衣服。充和说："她得到回答，全觉得满意。"有一次，充和问她的朋友是否曾见过这些颜色，长生回答：没有，从没见过！那还问什么呢？她的回答是：

> 我本来是没有见过，不过我会把各种颜色都分得一点不错。只要你一提到红的，我再也不会想到紫的。我也时常会发急，譬如你说你的衣服是紫的，我伸手来摸，假如你骗了我，我也摸不出。又像我的引磬，柄是黑紫檀的，磬是黄铜的，谁要把它们各涂上另外的颜色，我也不会知道的。颜色虽同我没有什么大关系，可是我要知道，我希望多晓得两种颜色比多诵两卷经还热切。

此后，无论何时，只要长生问起关于颜色的事，充和总是知无不言，使用一切可以用得上的东西帮助她感知世界。后来充和写道："现在假如我能描写一点颜色的美丽，还全是出于那时候的一点练习。"

长生最喜欢的东西是充和送给她的一把团扇。充和告诉她，在扇面上，画着一座远山，几朵浮云，潺潺流水和一棵老松；树下有一童子，旁边立着位老人，这位老人是来访之客，他正在和童子交谈。在画面上方，题着一首诗："松下问童子，言师采药去。只在此山中，云深不知处。"长生拿扇子给别人看时，喜欢让人猜谜。她会问：扇子上有几个人？当别人回答两个时，长生会说是三个："还有一个在云彩里面呢。"这也是充和喜欢长生的另一个方面：她对事物的真实性——似乎存在或不存在——十分关注；而且她所追寻的东西是她看不见的，那纯粹是一种内心的活动。充和觉得她的朋友，虽然处于完全的黑暗之中，却把握到了"玩"的最高境界。

除了长生对她的影响，另一种潜移默化来自充和的祖母。祖母自己就很像一个出家人，因此充和几乎与外面的世界隔绝。一九二七年，当合肥的上空突然出现飞机时，她以为那是脱了线的巨大的风筝："可是一会儿它又回来，竟如真的老鹰一般，在天空盘旋三四周。"当天，她正跟着朱先生学《论语》。

> 先生脸上有点失色。我又跑到窗口去看。先生命令式的惊慌说："快躲进来，那是飞机。昨天我在王兴运（茶馆）听到消息，这是北军的飞机，恐怕有丢炸弹的危险。听，它老是不走。"[4]

飞机是山东军阀张宗昌派来的。[5] 一年前，张宗昌目睹国民党军队的势力一步步侵入他们这些地方军阀的势力范围，心情十分不安。但在一九二七年春天，局势暂时缓和下来。国民革命军总司令蒋介石的注意力被别的事情吸引了，他认为当务之急是发动突然袭击，剿灭上海的共产党员和工会的同情者。在他消灭军阀、统一全国的战役中，这些人原本是他的盟友。蒋介石清党后不久，张宗昌将军队开入安徽，围攻合肥。围城战持续了两个月，在此期间，合肥人民目睹了张宗昌奇特的作战方式。除了正规军，张宗昌还雇用了白俄雇佣军和战机协同作战。他这么做，如果不是疯了，就是希望以此震慑地方居民。充和写道：

> 我家的长工贺三告诉我刚才老鹰生了许多古怪的蛋。有点丢在泥田里勃噎一下没有响动，可是在硬迳的土地上就炸了一个大坑。在五里河还炸死一个女人，一个临月的女人，孩子都炸出来了，腿都飞到不知什么地方去了。

这女人的儿子是充和的朋友，这小朋友是仆人的儿子，喜欢做风筝，也喜欢放风筝。

充和小时候，除了仆人的儿子，不准和其他男孩子一起玩耍。她记得另一个男孩，叫"大宝"，是张妈的孩子。张妈是充和的祖母雇来帮助充和的保姆钟妈做事的。有时候，这个小男孩会从乡下来城里看望妈妈，住上一夜。大宝比充和小一点，也许正因如此，他是充和的伙伴中最爱闹的一个。他笑起来咯咯的，把充和当成男孩，和她打打闹闹。可有一天，大宝突然长成了大人，虽然他才十四岁，但是看起来不像男孩，而像个成年人了。那是个新年，他到城里来给妈妈与充和的祖母拜年。他见到充和，也给她磕了个头，结果让充和生气又伤心。充和想到的是我们"不该长大了"，成长结束了他们的友谊。[6]

充和说，她和堂表兄弟之间根本不可能发展友谊。只有他们来访时，她才能见到他们。彼此之间很友善，但是交谈甚少。仆人的孩子则不同，她可以和他们一起冒险，也可以和他们争吵，这些都没问题。不过一等他们长到十四五岁，就会出现一道鲜明的鸿沟：大小姐是大小姐，仆人的孩子是仆人的孩子。

　　充和还有一个玩伴，是她的远亲。这个女孩的父亲与充和祖母同辈，也就是说，这个朋友比充和高一辈。其实两人实际年龄只相差一岁。这种情形在中国大家庭里并不罕见。女孩读的是当地的公立学校，家庭教师们每十天给充和放一次假，那女孩就在假日来看她。

　　女孩的父亲是在山东工作时认识她母亲的。当时他家中已经有了妻室，她母亲是师范学校的毕业生；她和她的同学们可能是山东省第一批接受西式教育的女生。当她嫁给女孩的父亲时，并不知道对方在老家已有家室。等到他带她回乡时，他们已经是四口之家了。作母亲的得知自己丈夫的过去后，受到刺激发疯了，而丈夫也离开她，回到乡下原来的家中。疯女人的母亲一道来了合肥，只好由她负责照看发疯的女儿和两个外孙女。许多年来，她一直帮人洗洗衣裳、缝缝补补来维持家用，收入极其微薄，幸亏还有善心人的帮助可以托赖。充和的祖母识修在合肥家产丰厚，她为这家人提供了一个栖身之所。这是一间小小的竹屋，离她们自己的住宅只隔着一条街。每到了收房租的日子，识修的管家会跳过这一家。识修早就交代过他，不要收那些贫困人家的租金。

　　充和说，她这个朋友的母亲处境特别悲惨。这个女人发疯后，只要见到男人就投怀送抱，任何人只要愿意，就可以和她发生关系。她还经常自己送上门去。老母亲一旦感觉女儿又要犯病了，就央求朋友和邻居帮忙，把女儿捆起来。即使在这样尴尬的处境中，充和的朋友还是像正常的孩子一样成长起来。她先是念本地小学，亲友们还希望她能够继续读中学，将来能寻得一份职业。如果不是出生于士绅家庭，这个女孩可能根本没有这种机会。

　　充和在合肥就这么几个朋友。当她回到苏州自己的家中后，她和外部世界的关系并没有太多改变。她现在有了更多的行动自由，也可以结交更多朋友了，不过她仍然喜欢独处。她在乐益女中上了一年学，虽然这学校是她父亲毕生的心血，也是她父亲的骄傲，可是充和在里面却不太习惯。她的历史和文学老师不能教给她什么新东西。她怕上生物课，特别是解剖课。（在祖母家中，厨房在后院，与生活区隔得很远。）不过她最不喜欢的还是各种纪念日——比如说，孙中山的诞辰纪念日和忌日、中华民国建国日等。每到这些日子，学生们就得到礼堂集合，站在孙中山像前默哀几分钟。接着是恭读总理遗嘱，和许多的演讲。充和回忆道："红旗白旗轮番挥舞，加上冗长的演说，把我的头都搞晕了。"

充和对党义课也很没兴趣。中华民国时期，在各个中学的课程安排中，讲解孙中山的三民主义的党义课都是必修课程。充和喜欢地理课，主要是因为可以画地图，不过她分不清南北。她参加了课外活动，但这是迫于别人施加的压力。她说："在这方面，我和姐姐们不一样。她们喜欢登台演出，面对观众；我却习惯不受人打扰，做自己的事。"

虽然充和很会表演，却始终不喜欢登台。每次演出之后，她都觉得好像大病了一场。那些舞台下的钩心斗角也让她觉得筋疲力尽，比如谁唱哪个角色，演出哪一出戏，都要引起争斗。比这更麻烦的是礼俗问题，例如有一次在苏州，她扮演《惊梦》中的女主角，和姐姐元和演对手戏。那之后不久，一位著名的男演员——可能是当时昆曲界顶尖的小生——邀请充和与他在上海演出同样的对手戏。充和什么角色都愿意演，但就是不想演这一个，因为她不愿意让观众拿元和的演出和这位昆曲名家的演出作对比，她觉得这太不公平。她花了很大的力气才协调好此事，当问题终于解决，表演本身的乐趣也所剩无几了。

充和的姐姐元和、允和都喜欢出风头，喜欢得到展现才艺的机会。不过充和却宁愿和朋友待在家里，或是参加曲会。她说："我喜欢昆曲音乐，喜欢和志同道合的曲友同乐。"姐姐们学习戏曲时，一开始就有专业老师的教导，因此老师会培养她们参加舞台演出，充和则是通过书本学习昆曲的，她说：

> 我跟着养祖母住在合肥老宅，楼上的大库房里，有一间是养祖父母的私人藏书室。我从没见过养祖父，只知道凡是应考要用到的书，他都没兴趣，只喜欢读佛经和小说——读书人大都认为那是不足观的小道。这些书不能放在大书房里，大书房只能放十三经、二十四史以及清代经学的总汇《皇清经解》——都是大书。[7]

> 小时候，我可以去楼上书室随便翻阅书籍。不管我找什么戏曲小说来看，祖母从不加阻挠，其实作品里十之八九都有艳史，香艳的场面和对话比比皆是。我读的第一部长篇是（清代传奇剧本）《桃花扇》，接着读了《牡丹亭》和一些古典小说。我很爱读这些作品，但不知道这些剧是可以唱的，直到回到苏州，父亲带我去戏园看昆曲，我才发现许多曲本我都读过。我常在很长的戏里一下就认出我读过的一幕，或在一个唱段里认出我熟悉的词句。这种熟悉的、似曾相识的感觉引我入了昆曲的门。

充和在大学里的学习，也与此相似。如果上的是《诗经》、《左传》或其他经籍、古史，老师讲到的章节，她大多可以通过记忆背诵出来。她觉得这让学习变得轻松自如。在早期教育中，充和的老师们有不同的教学方法和兴趣，这也是充和的优势所在。中过举人的左先生喜欢诗词；他鼓励充和写诗并教给她写作技巧。也因为他取过功名，所以他的教学方法是教人应付科举考试的。朱先生教充和的时间最长，充和从他那里受益也最大，他更偏好经史。过去的老师在教书时，几乎从来不提儒家之外的各类学说。因为这类学说不会出现在科举考试之中，而且被视为"异端"。朱先生却不理这一套，他自己选择教材，使充和对那些自己原本毫无兴趣的深奥内容大感兴味。他的教学方法是思辨性的。随着充和年龄的增长，朱先生又在教学中加入同音字和语法等内容。充和说，朱先生所讲的内容后来让她受益匪浅，在一九三四年她参加北京大学的入学考试时帮了大忙。

考北大前一年的九月，充和就到了北平，参加姐姐兆和的婚礼，之后她决定留在北平，但也没有什么特别的缘由。家人和朋友都劝她参加第二年夏天的大学入学考试，她自己也觉得不妨一试。兆和提供了住所，充和就开始在北大旁听，几个月后，她搬进了自己的公寓。

充和并没有花太多时间来准备入学考试。考试内容包括四个领域——国文，历史，数学和英语，其中的前两门，从她六岁开始，合肥的家庭老师们就已经为她打好了基础。她在父亲的学校中学了一年英语，然后在上海中学里又学了一年，她觉得这门语言并不难掌握。至于数学则不大一样，在课堂里她学不会，所以很多人都试图提供帮助——她的兄弟，以及兄弟的朋友们，她的姐姐和姐姐的老师们，大学同学，甚至有西方留学归来的高学历人士。结果没人取得成功。她就是搞不掂数学。十六岁以前，她从来没接触过数学，突然之间，她就要面对证明题和代数方程式。她看不出学数学意义何在，也不明白该从何入手。充和又是个很顽固的人，在准备考试的几个月里，她几乎没把数学放在心上，更别提采取什么补救措施了。那一年，有数千名学生从全国各地来到北平，争夺全国最好的五所学校那几百个录取名额。考试的当天，家人为充和准备了圆规和曲尺。"我没用，"她说，"因为我简直连题目都看不懂。"

她数学考了个无可争议的零分，但同时她的国文却得了个满分，这种结果给考试委员会惹了不少麻烦。委员会中的资深学者希望北大能录取这样的学生，但是考试规则明确规定了，考生如果有一门课是零分，就不能被录取。于是考试委员会向批改充和数学卷子的助教施压，要求他重新审核试卷，看看能不能给她几分。助教重改了试卷，还是只能给零分。最后，委员会只好自己想办法，强行让充和通过。（几年后，充和跟改卷子的老师结识并成了朋友。他们常常拿一九三四年夏的那场考试来开玩笑，争论其中的是非曲直，两个人都觉得自己是胜利的一方，并为此沾沾自喜。）

至于国文考了满分，充和觉得没什么大不了的。她既无须写诗，也不必评点古文，只要回答几个文法问题，标点几页古文而已，这对她来说真是小菜一碟。国文考试还有一项内容，是以《我的中学生活》为题写一篇白话文，充和几乎没有什么中学生活，她在两所学校里都只待了很短的时间，所以没什么印象深刻的事情，于是她决定虚构一篇。这些虚构的内容却让阅卷老师大为欣赏，给了她满分。

充和进入北大的过程如此特别，以至于当地报纸在大学新闻栏中做了专题报道。不过报道中称这位学生的名字为"张旋"，那是充和报考时用的假名。她不想让别人从真名联想到姐姐兆和以及姐夫沈从文。因为当时沈从文已经是著名作家，招考的老师中很多人和沈从文相识，或者是读过他的作品，充和担心自己和沈从文的关系会让他们对她偏心。同时，这一举动也是充和的自我防护及保护家庭的措施，以防万一考试失败，不致让家人和自己蒙羞。她弟弟宗和有个朋友在宁夏当校长，这个人为"张旋"开了一张高中文凭。

除了充和之外，北大中文系当年只录取了一个女生，不过考入理学院、法学院和教育系的女生却不少。在沈从文追求张兆和的过程中出演过角色的胡适，此时是北大中文系的主任。充和离开学校之后，他才知道兆和与充和之间的关系，不过他曾数次赞赏充和的学问，并在充和打算离校时劝说她不要放弃。充和在北大这所名校就读的收获，并不如想象中的大，虽然这里不乏名师：胡适和钱穆教思想史，冯友兰教哲学，闻一多教古代文学，刘文典教六朝和唐宋诗。充和说自己学习成绩不够理想，部分也因为自己没有好好利用那段时间。不过总的来说，当时的学生都无法静心向学。很多学生参加了激进的政治活动。充和回忆道："有好多我不了解的活动，像政治集会、共产党读书会等。"

充和宁愿将时间花在学习戏曲上。清华大学就在北大旁边，有位专业昆曲老师每周一次在那里开设非正式的昆曲课，师生都可以去听。充和与在清华读书的弟弟宗和定期去上课。充和说，在所有兄弟姐妹中，她与宗和最亲密。他们相差仅一岁，而且都喜欢昆曲，也都只参加小型演出，大多出于自娱自乐。一九三六年初，充和因病突然离开北平，宗和则留在北平完成了学业，但是那年夏天一毕业，他就写信给在苏州的充和，邀请她去青岛，和他及他一位朋友同度假期。他在回忆录中写道：

> 好像是（我到了青岛的）第二天，我们在码头上很顺利的就接到由上海来的四姊。她住在我们隔壁，有了三个人，我们这避暑团就热闹一点了。
>
> 是个曲迷在上海时就打听到以前替我们拍曲子的沈传芷也在青岛，替人拍曲，且抄有他的地址和电话号码……我们马上打了个电话找他，他果然马上就赶来了。于是我们就谈到青岛曲界的情形……

在青岛昆曲界，最有名的业余票友大多是官员及他们的亲眷。他们从沈老师那里打听到宗和、充和到青岛的消息，立刻发信邀请他们参加当晚的曲会。主人派了辆汽车去接他们，宗和记道："四姐打扮得漂漂亮亮的。"后来，他们才知道，自己给主人家的第一印象可不好。

> 尤其是四姊，她还搽了口红，而事先传芷又说我们刚从上海唱了戏来的。他们还以为我们是戏子。及至四姊唱完了，大家拍手，她又站起来拱拱手。这一点他们的印象最坏了，心想到底是戏子，怎么女人还拱手？其实苏州唱曲子的老规矩大家都拱手，也不以为怪了。[8]

不过误会并未持续太久。曲友们后来知道，苏州来的两位客人和他们一样，只是昆曲的业余爱好者，因此大家就相处自如了。充和姐弟俩在那里待了一个多月。

在业余曲友、票友的圈子里，大家都很平等，商人可以和大学校长一起演奏，年长的学者也能接受年轻女性在审美、艺术方面的观点。即使是孩子，只要有音乐才华，也能与父母一道参加曲会。抗战期间，充和在中国西南的朋友当中，有一位弹琵琶的高手。这位李先生是来自上海的精明商人。每隔几个星期，他就从缅甸腊戌装一卡车的货——这些货物可能来自仰光，在滇缅公路上颠簸一千一百多公里的路程，三天后才能到达昆明。他把货物倒卖给当地的批发商，赚得大笔利润后，便到充和、兆和、龙龙、虎虎他们所在的小镇呈贡来，在那里设宴款待曲界的朋友，大家一起欢聚几天，然后他再乘着空卡车回到缅甸。这群人大多是作曲家、乐评家、音乐史家，身份最特殊的一位是中苏航空公司的总经理。只要他到昆明公干，就会来参加曲会。充和说："我们这乐团很不错，因为大家水准相当。"

在周末，来这儿的又是另外一群人了。那是联大师生组成的曲社，从昆明来到呈贡聚会。他们当中包括了联大校长、资历或深或浅的教员，以及一些助教等等。他们大多并非音乐家，主要是来放松一下，躲开城中的政治氛围。由于学界中人领的是国家发的薪水，对于很多政治问题，他们都不便表达明确的立场，即使是那些影响学校的政策，他们也难以参与其中，待在政治氛围浓厚的昆明城里，让他们很不自在。只有在呈贡，他们才能无拘无束地高谈阔论。

呈贡小镇上住着好几位文艺界的杰出人物，但是来访客人更喜欢在充和、兆和的住处逗留。兆和的丈夫沈从文第一次看到这房子，就决定租下靠近前花园的三间房给自己的家人住，对面两间租下给一位画家朋友住，画家楼上的六个小房间给充和及其他想找房子的亲友住。楼上的六间房子中有一个是佛堂，边上连着极小的半间房，充和搬进了这间佛堂。这房间很僻静，在整所房子的后部，又是楼上，但是很快这里就成了一个聚会场所。充和会吹笛子，所以弹琵琶、弹古筝的人都喜欢上她那儿去，音乐爱好者也就接踵而至。诗人和书法家们也喜欢聚在充和的房间里。他们喜欢这里的氛围；也喜欢充和的笔、墨和砚台。充和说，即使手头再紧，有些东西她还是很讲究："我不爱金银珠宝，可是笔、砚都得是最好的。"一块木板架在四个煤油桶上，就成了她的书桌，这和她姐姐全家的工作桌颇为相似。桌子后面就是供桌：供着佛祖、观世音菩萨，旁边还摆着孔子和一尊小小的耶稣像。（屋子原来的主人在求神庇佑时相当实际：反正多总比少好。）充和的房间不像以前那么安静了，不过她不介意。

充和雇了一个十七岁的苗族女孩，帮助她打扫、做饭。这个女孩已经嫁了人，来自一个小苗寨。女孩的夫家一贫如洗，还常常虐待她，丈夫又是个残废。夫家人主张她出来找工作，她运气不错，到了二奶奶家给充和帮佣。这苗族女孩与充和处得很好，她会自然地与充和坐在一处吃饭，没有一点扭捏，这一点充和相当欣赏。充和回忆道："她不会做出卑躬屈膝的样子，也没把自己看成下人，这和高干干她们很不一样。"

　　高干干和我们亲如家人，但她自认是个下人，所以从来不和我们同桌吃饭。她六十岁生日那天（正值抗战期间，我们在重庆），我们求她上桌，她不肯，只说这事她就是做不来。结果她给我们准备了一大桌菜，然后自己退到厨房里去。这可是她的生日呀!

高干干还会坚持吃掉馊了的食物，以免浪费；为了节约，她还会去肉贩那里，买表面已有白色黏液的肉来吃。这个苗族女孩却总是充和吃什么，她就吃什么。充和让她去市场买食物时，她回来时却带着从别人田里拔来的菜，她说这些菜是自然生长的，所以什么人都能吃，不单属于种菜人。充和还教她和另一个女人认字：

　　兆和请的女工李嫂是个年轻的寡妇，她学认字学得比较快。苗族女孩往往要花几小时才记住几个字，但一旦学会就再也忘不了了。李嫂比较聪明伶俐，不到半小时就能学十几个字，但只要有什么事不顺心，譬如说她的小男孩惹了她，或是想到自己年轻守寡，命运坎坷，这一来，她刚学的东西就突然忘了个精光，只得从头再来过。

　　住在二奶奶家，这个苗族女孩基本上是个自由人。于是，充和与住在楼上的两位年轻女性都认为她可以摆脱婚姻，重新开始。三个人开始计划助她逃跑。她们觉得最好是让她逃到像昆明那样的大城市去，因为大城市里比较好藏身，而她的夫家是乡下人，恐怕也不大愿意为了找她跑到大城市里去。呈贡离火车站挺远，但还是可以步行去的。雇一匹小马也行，就像沈从文常常做的那样。不过这样会牵涉更多的人进来，引起不必要的注意——她们可不想冒这个险。苗族女孩离开呈贡时，只有几个主事人知道，连兆和都全不知情。女孩悄悄地上路了，充和的两个同屋在半路上接应她，然后三人步行到了车站。不久之后，充和听说这女孩和一个司机结了婚，就住在昆明。

　　搬往呈贡之前，充和在昆明住了近一年时间。她跑到大西南来，是因为沈从文帮她在这里找了份工作。沈从文没有进入联大之前，在一个三个人组成的教科书编选委员会里工作，教育部任命他主持编选文学部分之后，他推荐了妻妹充和编选其中的散曲章节。教育部给充和下了聘书，充和也接受了。用一般的标准很难衡量充和的学历，她上过北大，但是没有拿到学位：一九三六年她生了病，医生诊断为肺结核，所以她被迫退学。康复后，她在南京《中央日报》当了一段时期的副刊编辑。随后战争开始了。在充和回到苏州直至战争开始前的短暂岁月中，她的才学显然已经有口皆碑了。

　　充和在教科书编选委员会的工作时间不太长，一年后，教育部就取消了这个项目。充和并没有太失望，她当然需要工作，因为和姐姐们不同，她是单身，必须自食其力。不过暂时没有工作，她也能够应付。失业期间，她可以依靠合肥田产的收入度日，等待下一个就业机会。这笔田产是她的祖母很久以前为她安排下的，钱的数目并不大，但是足以保障充和的生活，让她不必仓皇求职或是匆匆嫁人。

很多人就在这时拜倒在充和的石榴裙下。其中一个是卞之琳，[9] 他是诗人兼翻译家，翻译过魏尔仑（Paul Verlaine）、瓦雷里（Paul Valéry）、叶芝（W.B.Yeats）、奥登（W.H.Auden）等英法诗人的作品。卞之琳当时在昆明的西南联大教文学翻译，是沈从文的密友；他把乔伊斯和弗洛伊德的著作介绍给了沈从文，这些作品给沈从文带来灵感，使他在战时尝试一种全新的写作风格。以"魔"为名的系列小说运用意识流的手法，正是这一时期的代表作。

卞之琳最近刚刚过世，享年九十岁，他一生都爱恋着充和，这件事尽人皆知。他写了很多信给充和，即使他已经知道充和不会选择他，甚至在充和嫁了人之后，他仍然坚持写那些信。他还收集充和的诗歌、小说，并在她不知情的情况下，拿到香港出版。连还是个小男孩的虎虎都知道卞之琳的为情所困。有次虎虎对父母说，他做了个梦，梦见四姨坐了条"大船"从远方回来，"诗人舅舅在堤上，拍拍手，口说好好"。[10]

卞之琳从北平迁徙到昆明后，诗写得不多。北平是个很特别的都市，在那里他可以读到最新时事，同时也能发思古之幽情。他离开北平，也离开了那里的民众。到昆明之后，即使是魏尔仑和瓦雷里也很难对他的创作有所帮助。充和没有被卞之琳和他的诗歌所吸引。她觉得卞之琳的诗歌"缺乏深度"，人也"不够深沉"，"有点爱卖弄"。卞之琳的学生和朋友说他是沉默寡言的人，"戴着高度的近视眼镜"，"清癯的面颊又常常不加修剪"。充和觉得他的外表——包括眼镜在内——都有些装腔作势。充和对别人的评价常常是这样的与众不同，让人吃惊。

充和对刘文典的看法就是这方面的一个例子。刘文典是充和念北大时的古典文学老师。也正是这个刘文典，说沈从文的月薪只应该拿四块钱。一般人大都了解刘文典的口出狂言，不过是他自命不凡的表现，充和却觉得他的话很好笑。刘文典后来因为吸食鸦片成瘾，被联大解聘，大多数人都觉得这是他自视过高的报应，充和却不这么认为。她会说，刘文典是个喜欢逾矩的人，他的生活方式夸张，常发怪论。他轻视充和的姐夫沈从文，不过并不止他一个，所有用白话写作的人他都看不起，包括胡适在内。充和相信刘文典强烈的主观判断中没什么恶意。她说刘文典甚至连自己都看不顺眼，那么其他人又何必跟他较真呢？她回忆，在战时，刘文典和自己的妻子分处两地，妻子留在北平，"师母不时寄钱给刘老师，命他把钱用于醇酒妇人，还说：'无妻妾相随，何其不便！望善自排遣，及时作乐可也。'"充和并不觉得刘妻的这种做法是曲意逢迎或头脑发昏："刘先生说，这是伉俪情深的表现，我相信他的说法。再说，他鸦片瘾极重，哪里还能纵情酒色？"[11]

　　大家怎会想到，充和口中和记忆中的刘文典是这个样子？这个人给了沈从文多么大的伤害！不过，虽然充和很喜欢姐夫沈从文，她还是觉得刘文典并无恶意。她本人个性也跟刘有些相似：她诚实得吓人（别人都叫她"铁口张"），也喜欢满口俏皮话。她祖母大概在她儿时就发现了她这种天性，因此教育她不能尖酸刻薄。对于天性喜欢讽刺的人来说，这可不容易做到，何况充和还是个逻辑思辨力很强的人。她这种女性当然不会对卞之琳假以辞色，卞之琳自居诗人，言必称瓦雷里、魏尔仑，同时又是她的仰慕者，也难怪充和总是对他颇有微讽。相反，刘文典虽然有鸦片瘾，形容枯槁，却能赢得充和的尊敬。因为刘文典也生性促狭，而且上至诸子百家、两晋（四世纪）诗歌，下至《红楼梦》，都能侃侃而谈，见解独到。

　　充和的追求者中，还有一个不修边幅的人，充和叫他"书呆子"，他是允和朋友戴婕的哥哥。这位方先生是研究甲骨文和金文的专家，也就是说，他研究的是三千年前的古老文字。当充和在北平读书时，他常常到充和的住处看望她，充和回忆道：

> 每次他来，都有意和我一起吃饭或聊聊天，但因为太害
> 羞，结果总是一事无成。他总是带着本书，我请他坐，他不坐；
> 请他喝茶，他也不要，就在我房里站着读书，然后告辞。结果
> 我俩常各踞一方，他埋头苦读，我练习书法，几乎不交一语。

方先生也给充和写信，不过用的全是甲骨文，学问大如充和者
也没法明白："他一写就是好几张信纸，我相信一定写得很有文采，
可是我看不懂。"充和离开北平后，方先生写信给她的姐夫沈从文说
有"凤去台空"之感。充和倒是没有批评这个人做作。

对充和表示好感的并不止以上几位，但是充和不想和圈子里的
任何人谈恋爱。她并不是害怕爱情的风险，只是担心失败的爱情反
而会破坏友谊。何况，也没有人能真正打动她。她喜欢保持单身女
性的身份，有机动性，自由自在，不必在意社会对已婚女性的期
待。她母亲和姐姐们在这个年纪的烦恼，她统统没有：没有黏附她
的"小附件"，没有"主妇"的烦恼；日常生活中也没有那么多繁琐
平庸的东西。充和不怕独处——她童年时就已经习惯于此了。她也
不觉得非要结婚不可，这方面的社会压力对她没有什么作用。她之
所以能够独来独往，自己决定生活目标，并不完全是因为性格关系。
如果没有战争，或者如果她早生五十年，事情会变得全然不同。

一九四〇年间，重庆政府又给了她一份工作，这次是为教育部
新建立的礼乐馆服务。蒋介石亲自下令教育部建立这一部门，帮助
政府重新订正礼乐。从三千多年前的周朝开始，中国人就相信礼乐
是维护社会秩序的手段，礼坏乐崩意味着社会将有动乱不安。中国
人还相信礼乐是有教育功效的。孔子就用《礼经》和《乐经》来教导

学生学习正确的言行和艺术。

直到清朝灭亡，历代政府一直承担着在朝堂中维护礼制的责任。一个王朝的权威性和合法性都有赖于礼制的建立，所以有为明君都会认真处理与此相关的事务。君主当然不会，也不可能亲自来制定细则，礼制所涉及的范围广泛，涉及到君王和皇室成员、官员、子民，甚至是国外使节的关系，所以他所遵循的礼节必须有例可循、于理有据。因此，统治者从小就必须在教师的指导下学习礼学经典。遇到特殊情况时，他仍然必须广泛征询意见，和礼部官员以及他信任的学者专家商讨具体对策。

蒋介石命令教育部集合一批专家，协助他完成礼乐的制定。在他心目中，这个专家组大概就是一个类似礼部的中央行政部门，不过规模小很多而已。他这一想法是在一九三九年十一月孙中山诞辰纪念会后形成的。在纪念会上演奏了哀乐，蒋介石认为这是极大的失礼，因为按照传统，哀礼以三年为期，而此时孙中山已经逝世十四年了。在这个新成立的部门里，充和的职责是从五世纪的《乐志》中挑选出适合公共大典使用的乐章来，请作曲家配曲。可以想象，这份工作很对充和的胃口；她过去就很难忍受各种典礼，现在可以对它们加以改良了。比方说，在迎接外宾时，她决定使用《诗经·小雅》中的《鹿鸣》：

> 呦呦鹿鸣，
> 食野之苹。
> 我有嘉宾，
> 鼓瑟吹笙。
> 吹笙鼓簧，
> 承筐是将。

人之好我，

示我周行。[12]

充和花了几个月的时间，编选出二十四篇适合的乐章，用最好的书法精心誊写了两份。但是这些乐章的音乐部分早已不传，所以教育部批准了充和编选的篇目后，充和与同事们立即举办活动，征求当代作曲家来为这些篇章谱曲。因为他们部门缺乏人手，应征的稿件又太多，这一部分的工作又花了两年时间才完成。充和誊写的两份稿件中，有一份呈送到蒋介石处。蒋介石非常喜欢读这份文稿，可惜的是，在他赴印度访问时文稿遗失了，从此下落不明。

充和在重庆的住处，就在办公室所在那一栋楼里。在战时的重庆，她的生活算得上相当舒适，比允和安稳得多。后者在一年内，带着小女儿搬了六次家。充和与她敬重的一些学者一起工作，她的朋友圈很广，包括商人、工程师、音乐家和小说家、职业官员和兼任官职的学者——他们都爱好艺术，而且非常明白他们当时处于强权统治（不管是哪些人碰巧掌握了强权）下的处境。他们中的有些人将自己比作跑龙套的——掌旗的或是马前卒，不起眼的小角色。充和觉得，正因为具有自知之明，所以这些人特别喜爱艺术——为了艺术鞠躬尽瘁。

许多人都是充和在昆曲活动中结识的。观看演出之后，他们会赠诗给她，这是他们自我介绍的方式。即使充和可能已经读过他们的作品，对他们有所了解，他们所赠的诗歌仍有助于建立一种关系，如果她愿意与赠诗者相互唱和，那么两人才算得上正式的文字之交。

充和这段时间结交的人中，有两个名人：章士钊和沈尹默。章士钊出生于一八八一年，流亡重庆时已经六十多岁了。[13] 他年轻时在苏格兰研读法律和逻辑学。二十世纪初他曾撰文鼓吹实施宪政，可是后来又坚决反对中国实施民主。他办过几个政论杂志，主持过几届内阁。他曾经和革命党人、军阀、帮会、共产党激进分子共事，但显然内心并无矛盾之感。他还是著名的政论家和逻辑学家，曾写过一本弗洛伊德传。

沈尹默比章士钊小两岁，当二十世纪二十年代两人都在北京时，他们的政治立场有时完全对立。[14] 例如在一九二五年，章士钊在执政的段祺瑞政府中任教育总长，当时北京女子师范大学学生罢课反对新校长。章士钊立场强硬，使得学生的手段越来越激烈，最后章士钊派出警察镇压学生运动，学生则放火焚毁了他的家。沈尹默当时是北京女师大的教师，他始终和学生站在一起。这两人在重庆再次见面时，也许还谈论过一九二五年的风潮，不过应该已经尽弃前嫌了。离开北京后，两人都换了不少工作，并不是因为他们不知疲倦，而是政治气候的不断变化，迫使他们过着漂泊不定的生活。现在他们在重庆相聚，这里是他们最后的避难所，他们有太多可以交谈的事情：书法、诗歌、戏剧、或者是前晚一起观看的演出。沈尹默在重庆写过一首诗，比较他自己和章士钊的书法，这也可以看做是对两人关系的描写："两家鸡鹜且休论，一卷聊堪付子孙。各有短长无可讳，君须得魄我得魂。"[15]

这些饱学之士之间的关系，以及他们与充和之间的关系大抵类此。他们先是发现彼此有相似之处，然后开始相交。文人之间的这种结交固然源于双方共同拥有的文学气质，不过除此之外，他们还有更多血脉相通的地方。他们在学识上水平相当，大部分人所经历的求学之路也极为相似：很早就开始接受教育，长时间跟随塾师独自学习，少有分心旁骛之举。当他们苦学有成之后，就连娱乐也成为文人雅趣。外人可能无法分享他们的乐趣，但并非因为受到他们刻意的排挤。文人学者雅集时不拘小节，也没有什么规矩，只有在进行他们喜欢的赛诗、联句等一类活动时，才会遵循某些游戏规则。拘泥形迹，在他们看来是不脱市侩气息的行径。

学者兼书法家沈尹默后来成为了充和的老师。在他的笔下，自己的童年和青年时代勤奋好学，心无旁骛。沈尹默没有进过正规学校，五岁时他就跟着一位七十岁的老先生学诗，稍长几岁，又开始认真学习书法。他的父亲和祖父在书法上的造诣都相当精深，虽然他从未见过祖父，但从小就熟悉了祖父的遗墨。十二三岁时，他偶然听见父亲的话，认识到自己所临摹的书法不值得继续学习。多年后，他写道："从此以后，把家中有的碑帖取来细看，并不时抽空去临写。"[16]

十五岁时，他的书法已小有名气，足以应付前来求字的人。他记得，有一次父亲交给他三十把折扇，要求他在上面写字。这次经历使他认识到执笔时手臂不稳和"不能悬着写字的苦痛"，不过，这件事仍然没能促使他从头开始练字。十年后，他遇见一位朋友，那人一见面就告诉他，在某友人处看见他的诗歌，"诗很好，字则其俗在骨。"[17] 这些话终于让沈尹默下决心痛改前非，重新学习执笔的正确方法，从"指实掌虚"、[18] 肘腕悬空这些基本功练起。沈写道：

[每天清早] 用方尺大的毛边纸，临写汉碑，每纸写一个大字，用淡墨写，一张一张地丢在地上，写完一百张，下面的纸已经干透了，再拿起来临写四个字，以后再随便在这写过的纸上练习行草，如是不间断者两年多。

充和一认识沈尹默，马上向他请教书法。沈尹默说他不会给个人上课，但是愿意让充和看他写字，她若愿意拿出作品来，他也愿意阅读并修改它们。他们没有正式的约定，每隔几个月，充和就坐一小时的公共汽车，或是搭运送煤油的卡车，来到歌乐山的沈尹默宅中。从一九四一年起，日军逐渐加强对重庆的空袭，许多政府机关都迁到了歌乐山区。在山区相对安全，也更安静一些。充和第一次来访时，沈尹默让她写了几个字，然后他给出了"明人学晋人书"的评语。[19]到今天，充和还不知道这句话到底是褒是贬。

沈尹默习惯早起临帖练字，一练就是好几个小时。随后，他的大部分时间是为别人写字，向他索字的人源源不断，包括友人和仰慕者。他还写诗，时人对他的诗歌的评价是技巧完美而不失"秀逸"。沈尹默认为几乎所有题材都可以入诗——病房、人力车、鸽子、耕牛等等——他写旧诗、新诗都能得心应手。据他自己的记载，在十四岁时，他觉得自己记忆力差，急得几近崩溃。为了弥补这一缺陷，他苦读唐诗，直到他能做到不需强记，也能背诵。[20]

在沈尹默与充和相识相交的过程中，他写了很多诗给充和，充和也将自己的许多诗给他看，听取他对这些诗作该如何修订的建议。她视沈尹默为自己的第二个恩师，以前在合肥的朱谟钦是第一个。当她刚刚遇见沈尹默时，并未存心要拜师，但是自从在沈的书房中看他写字之后，充和就明白自己理应见贤思齐。

一开始，沈尹默客气地称呼充和"充和女史"，后来又改口称她"充和女弟"。在他的影响下，充和将小时候养成的习惯扩而大之：早上早起，临帖练字至少三个小时，如果有时间还要练更长时间。她现在已经八十八岁，依然保持这一习惯。她运笔写字的手臂和少女的一样强壮。

充和说，沈尹默的工作习惯和汉晋时期的书法大师相似。例如张芝，据说他常常在池塘边练字，墨汁将池水都染黑了。五百年后，另一个书法家写道："余……无间临池之志。"[21]张芝的工作习惯就这样传下来，一直延续到沈尹默的时代。沈尹默曾经在文中阐释其中的道理：

> 我们知道，字的起源，本来是由于仰观俯察，取法于星云、山川、草木、兽蹄、鸟迹各种形象而成的。因此，虽然字的造形是在纸上的，但是它的神情意趣，却与纸墨以外的，自然环境中的一切动态有自相契合之处。所以有人看见挑担的彼此争路、船工撑上水船、乐伎的舞蹈、草蛇、灰线，甚至于听见了江流汹涌的响声，都会使善于写字的人，得到很大的帮助。[22]

因此，要把握书法家孙虔礼所说的"鸿飞"之姿、"鸾舞蛇惊之态"、"绝岸颓峰之势"，[23] 就要像张芝那样勤加练习，直到把池水染黑。只有通过苦练，手中的毛笔才能将自然的奥妙体现出来，而这样的收获是玄妙无比，只可意会却难于言传。公元五世纪的一位学者王僧虔写道："必使心忘于笔，手忘于书，心手达情，书不忘想。"[24]

充和在重庆期间，写出了她最好的诗词作品。不知道这些诗作是受了战争的影响，还是师从沈尹默研习书法的结果。其中有两首是以桃花鱼为题材的。桃花鱼是一种栖息在淡水中的水母，在嘉陵江沿岸的岩石间可以找到这种鱼。它比生活在海中的水母小，外形像透明的降落伞，如"有星状花纹的玻璃"。

桃花鱼一

记取武陵溪畔路，[25] 春风何限根芽。人间装点自由他，愿为波底蝶，随意到天涯。

描就春痕无著处，最怜泡影身家。试将飞盖约残花，轻绡都是泪，和雾落平沙。

桃花鱼二

散尽悬珠千点泪，恍如梦印平沙。轻裾不碍夕阳斜，相逢
仍薄影，灿灿映飞霞。

海上风光输海底，此心浩荡无涯。肯将雾縠拽萍芽，最难
沧海意，递与路旁花。[26]

在第一首词中，虽然叙述者是充和虚构出来的 —— 一个渺小
的、微不足道的生灵，但是在一开始就发出了狂放之语。这是许多
大家都习用的手法。中国最大胆犀利的思想家当属庄子，《庄子》一
书开篇便说北冥有鱼，其名曰鲲。"鲲"的本意是小鱼，化而为鸟，
其名曰鹏："鹏之背，不知其几千里也；怒而飞，其翼若垂天之
云。"[27] 充和的桃花鱼自始至终都没有变成庞然大物，不过在精神方
面却是高高在上的。在《桃花鱼》的第二首的结尾处，它自负地
说："最难沧海意，递与路旁花。"

这渺小的生物有一颗"浩荡无涯"的心，同时，它也清楚自己
几近无物，游离在现实与梦幻之间，但是这也是值得吟咏的："描就
春痕无着处，最怜泡影身家。"充和在作品中追求的是轻灵透明的境
界，身体似有若无，觉得自己悬在半空之中没有着落。充和将此称
为"凌空"。桃花鱼就是"凌空"的具体表现，它只是一抹春痕；虽
然已经意识到了自己的局限所在和最终的死亡，但是它还没有面临
形灭的结局："轻绡都是泪，和雾落平沙。"

在充和心目中，桃花鱼有多重意义：它是"凌空"的隐喻，由
于它出现在桃花盛开的时候，所以它也隐喻着春天；此外，桃花鱼
也暗喻着战争期间，许多牺牲在重庆沙洲上的跳伞者。

充和喜欢的其他艺术形式也和"悬"有关。书法家写字时手腕
要轻悬在书桌上方，掌虚指实，运笔自如：可以快而不急，也可以

慢而不滞。[28] 掌握了运笔的缓急轻重，捕捉到"鸾舞"之姿和"龙腾"之态以后，书法家方可以到达"悬"的境界——"心忘于笔，手忘于书"。昆曲其实也一样。最好的演员在唱、做之际，也是把自己悬隔起来，保持距离，在"悬"的状态下，让自己的技巧来独立探索角色的动机、心情和行为举止。充和觉得，昆曲舞台上最难的技巧，就是要将没有演出来的东西展露无遗。就像一个优秀的剧作家不需要依靠煽情的对话来制造戏剧张力，优秀的演员也要懂得含蓄。换句话说，她必须"能动而不动"，这也是一种"悬隔"，悬在显隐之间，这种境界只有技艺精深的演员才能达到。

这些都是充和喜欢玩味的事，但是战争让她忧心忡忡：她目睹了外甥女的死亡，看到了朋友、手足的苦难。美学要转换成现实并非易事，有时，一点小事也会让她心情不宁。有一次，学者章士钊赠她一首诗，将她比作东汉末年的才女蔡文姬。诗中有两句让她很不开心："文姬流落于谁事，十八胡笳只自怜。"前辈学者的诗中有惋惜她流落他乡的意思，却冒犯了充和的感情，因此她说，这是"拟于不伦"。

章士钊觉得充和与蔡文姬有可比之处，自有他的道理。文姬有学识，有文学天赋和思辨能力，她也精通音律。文姬年纪轻轻就守寡，后来被胡兵掳掠到北方，被南匈奴左贤王纳为王妃，在帐篷里居住了二十年，生下了两个儿子。当时掌握中国实权的人曹操，是文姬父亲的老友。曹操非常同情文姬的遭遇，因此派遣使节北上，用一袋金币将文姬从匈奴手中赎回。回到故乡后，文姬嫁给了曹操手下的一名屯田都尉。后来，这人因犯法被判死刑，文姬去向恩人曹操求情，曹操答应了她的要求，但是要求她满足自己的一个私人愿望作为回报。曹操说："闻夫人家先多坟籍，犹能忆识之不?"文姬尽其所能，将所有尚能记忆的家藏图书记下，送给曹操，一共有四百多篇。

充和了解为什么章士钊会拿她和蔡文姬相比，但是读到"文姬流落于谁事"的时候，对"流落"两字始终不能释然。她指出，文姬是被掳掠到北方，不得不在异乡过着异族的生活；她自己却是因为战争才离开家乡，而且即使在最坏的情况下，她也能自食其力，尽自己的所能生活。

在战争期间，充和愁思不断，但并不自伤自怜。她的忧伤源于认识到自己离开了过去那个熟悉的世界，而且再也回不去了。尽管如此，她还是幻想在战争结束后，能够回到祖母留给自己的土地上，修建一个庄园。她知道园中应该种几棵树，园子是否会坐落在溪水旁。她想象着，这个园子里只接待学者文人和喜欢艺术的朋友。他们随时可以来做客，爱待多久就待多久。他们可以独自工作，也可以结成工作组；他们可以和人分享厨房，也可以不这么做，反正一切都可以随意。然而，还乡的日子真正到来时，她却写道：

> 三月嘉陵春似酒，
> 一篙碧透玻璃。
> 片帆欲挂柳依依，
> 华年为客尽，
> 归去更乡思。[29]

"归去更乡思"，是因为她预料到，故乡的一切都已今非昔比，那个她一直称为"家"的地方，只怕已经认不出来了。充和觉得，在远方思恋关山阻隔的家乡，也比回到故乡，看到人物皆非、为之黯然神伤来得好。

她回到苏州父母家中，看到了旧日世界的一些遗迹——"断

槛"、"颓廊"——依然可见。[30] 回想当年:"旧日歌声竞绕梁,旧时
笙管逞新腔";如今已是"干戈未损好春光,霓裳蠹尽翻新样"。这
是充和在一九四七年返回苏州参加昆曲曲会后写的。那时她还抱有
一丝希望,以为旧时风物或许还有可能重现。

一九四七年,充和在北京大学教授书法和昆曲,当时她借住在
姐姐兆和朴素的家中,房子在中老胡同,不大,充和住了一个小房
间。那年九月,通过姐夫她与傅汉思相识,次年结婚。

傅汉思出身于德国的犹太人知识分子家庭,战时成为流亡者。
一九三五年他的家庭离开德国,当时他十八岁。他们在英国待了一
阵子,然后在美国加州定居。汉思获得了西班牙文学的学位,不过
他同时也精通德、法、英、意大利文学。他到中国来,是为着寻求
一番奇遇,也是来挑战一种更难的语言。到中国后几个月,他就认
识了沈从文,那时他的中文应该已经说得比较流利了,因为他常常
与沈从文大谈中国的艺术和建筑,而沈从文不会说英语或任何欧洲
语言。充和的英语水平也有限,所以两人之间的交流应该是用中文
进行。他们结婚是在一九四八年十一月二十一日,其时共产党军队
已经进逼北平。街道上一片萧条,大部分店铺都关了门。多年后,
汉思说那个婚礼是简单的基督教式婚礼,但是也遵循了某些中国的
惯例:"新郎新娘在结婚证书上签章,表示我们坚定的信心。"牧师
没有要求他们发表誓言。婚礼后,大家吃了蛋糕。兆和的儿子虎虎
说:"四姨,我希望你们天天结婚,让我天天有蛋糕吃。"[31]

没有人会去问充和为什么嫁给汉思。这里没有什么秘密可言,
但是否要道出个中原委,却要看充和的意思。这一结合确实有些奇
怪:一个国学修养和传统艺术十分精深的女性居然决定嫁给一个西
方人、一个外人,然后离开中国,到一个全然陌生的、与她喜爱的
世界毫无联系的地方去定居。她并没有受到强迫,为什么终于选择

了文姬的道路？（多年后，充和回忆起章士钊诗歌中的预言，不由得自嘲道："他说对了。我是嫁了个胡人。"）她自食其力，从来没有觉得有必要结婚。她有很多志趣相投的朋友，有那么多的兄弟姐妹。当充和决定嫁给汉思时，允和刚刚从美国回来；元和要在几个月后才会决定去台湾；兆和与五个弟弟都坚定地要留在大陆。为什么她却要远走他乡？是她凭直觉感受到了什么？

充和结婚时，还不知道姐夫沈从文正处于精神崩溃的边缘。而她的老师沈尹默那时住在上海，靠卖字维生。他的厄运自此将慢慢展开，到他生命的最后几年，一九六六年到一九七一年间达到顶点。文化大革命开始时，他撕毁了所有的作品，那些都是他自认值得保存的佳作。他还撕毁了自己收藏的碑帖、明清卷轴，连同他自己作品的碎片浸泡在水中，直到化为纸浆，再放在竹篮中，倒进附近的垃圾场中。他把自己的艺术结晶全部抹灭，免得惹祸。但是当地的激进分子还是没有放过他，他受了五年的迫害，直到他去世为止。

一九四七年的时候，充和还没有预见到这些事情。她不可能预见到留在大陆的亲友将会遭遇什么。虽然战后从重庆返乡，觉得眼前的世界让她失望，她还是觉得自己喜欢的那个世界风韵犹存，她还有重建家园的美梦。但是后来规划的新世界对她来说却是黯淡的、陌生的，容不下她喜欢的那些东西，甚至连梦想着那些东西的空间都没有。她觉得，应该让那些"弹性大，适应力强"的人去接受社会主义革命。她知道如果留在中国，她将不得不中止工作。在这方面，她承认自己和姐夫沈从文相似，和姐姐兆和倒不大相同。和沈从文一样，充和从小就没有受过外界信念的影响，她在合肥自己的小天地里成长，从来没有人鼓励她要树立救中国、救全世界的崇高理想。她从祖母那里学到了慈悲，也知道了一切该有的为善之道。

一九四九年一月，充和在上海登上戈顿将军号（General Gordon）客轮前往美国，随身携带的只有几件换洗衣物，一方朋友赠送的古砚和几支她最喜欢的毛笔，一盒历史悠久的古墨——大约有五百年历史了（抗日战争爆发时，充和曾经将这些墨保存进上海的银行保险箱内，经过炮轰、猛烈的战火、八年的沦陷，它依然保存完好）。这些书法用品和换洗衣物一齐装在一只小箱子里。其他的东西，书籍、宣纸、她收藏的明清卷轴都用邮寄寄到美国。除了明清卷轴，其他东西都安然抵达。

充和就靠着这点东西，开始了新的生活，他们先在加州的柏克莱（Berkeley）安家，后来搬到康涅狄格州的北港口（North Haven，Conneticut）。年迈的师长和老朋友常来拜访，其中有些人已经三四十年不见了。不过一旦重聚，他们还是以步韵联句为消遣，互相唱和。允和、兆和获准出国后，也曾到美国和充和、汉思相聚了好一阵子。虽然在分离的岁月里，她们天各一方，但是再聚首时，却觉得一切和从前一样。

从中国回来后，汉思就攻读中国文学，后来应聘耶鲁大学，教授中国诗词。充和在耶鲁大学美术学院教授中国书法多年。她从来没有放弃为自己营造一个世界的想法。在规划中，这个世界的规模比她以前所想象的合肥庄园要小很多，就是她在北港住宅后面的一片小园地。她在一侧种了牡丹和玫瑰，在平台四周种上长葱、葫芦、黄瓜，长葱旁边栽了一棵梨树。她还在后面种了一片竹林，远离汽车的喧嚣，在那里她放了一张长木椅。对她的私人天堂，她写道：

游倦仍归天一方，
坐枝松鼠点头忙。
松球满地任君取，
但借清阴一霎凉。[32]

充和并不太遗憾没有能实现宏大理想，她在另一首诗中写道：

> 当年选胜到山涯，
> 今日随缘遣岁华。
> 雅俗但求生意足，
> 邻翁来赏隔篱瓜。[33]

在北港，充和仍然有着归乡之梦。离开故国三十年后，一九七九年返乡前夕，她却又踌躇起来：

> 愁路远，记当初。
> 眼前事事总模糊。
> 年年归梦扶清影，
> 及到归时梦待扶。[34]

她归去，又再度归来。充和现在很少离开她的小园子，但是仍旧以她最擅长的方式过着"游历"的生活：用她手中的毛笔，出入于虚无缥缈之境。

注　释

[1] 张充和：《墙缝》，刊于《秋水》第 18 期（1987 年），第 43—44 页。

[2] 狐仙和墙缝，见张充和：《墙缝》，刊于《秋水》第 18 期（1987 年），第 44—45 页。

[3] 关于失明的小尼姑，见张充和：《扇面》，《海外华人作家散

文选》，第 86—89 页。

[4] 张充和：《风筝》，《秋水》第 20 期（1988 年），第 34—36 页。

[5] 关于张宗昌：生平参见 Boorman, *Biographical Dictionary of Republican China* 第一卷，第 122—127 页。

[6] 关于大宝：充和在 1937 年根据这段经历创作了一篇小说，刊于《海外华人作家散文选》，第 89—91 页。

[7] 《皇清经解》一共一千四百多卷。

[8] 关于青岛的曲社，见张宗和：《秋灯忆语》，刊于《水》第十四期（2000 年 8 月），第 15—16 页。

[9] 卞之琳：参见 *Twentieth Century Chinese Poetry*，translated and edited by Hsu Kai-yu，第 159—160 页。

[10] 四姨坐了条大船，见沈从文：《文集》第十卷，第 116 页。

[11] 刘文典的狂言：见 Israel, *Lianda*，第 143—144 页。

[12] 见《诗经·小雅·鹿鸣》。

[13] 关于章士钊：生平参见 Boorman, *Biographical Dictionary of Repulican China* 第一卷，第 105—109 页。

[14] 章士钊和沈尹默在 1925 年左右的对立：参见 Boorman, *Biographical Dictionary of Republican China* 第一卷，第 105—109 页；又见《沈尹默论书丛稿》，第 256 页。

[15] 《沈尹默论书丛稿》，第 242—243 页。

[16] 沈尹默早年的训练：《沈尹默论书丛稿》，第 146—147 页。

[17] 此人即激进学者和早期共产党员陈独秀。

[18] 《沈尹默论书丛稿》，第 95 页。

[19] 晋是公元五世纪的朝代。中国最好的书法家是汉晋时期的人。

[20] 沈尹默写诗：《沈尹默论书丛稿》，第 255、259、249—250 页。

[21] 见孙虔礼（过庭），《孙过庭书谱解说》，第 15 页。

[22]《沈尹默论书丛稿》，第 112 页。

[23]《孙过庭书谱解说》，第 16 页。

[24] 王僧虔：见《沈尹默论书丛稿》，第 49 页。

[25] 武陵溪是通向桃花源这一人间天堂的溪流。

[26] 张充和：《桃花鱼》，第一、二首。

[27] 见《庄子集释》，第 2 页。

[28] 书法家对 "腕" 的运用：见 Chang and Frankel，*Two Chinese Treatises on Calligraphy*，第 13 页。

[29] 张充和：《战后将归》，收录于 *Peach Blossom Fish*。

[30] 张充和：《战后返苏昆曲同期》。

[31] 傅汉思：《我和沈从文初次相识》，刊于《海内外》第 28 期（1980 年 11、12 月号），第 33 页。

[32] 张充和：《小园·二》，收录于 *Peach Blossom Fish*。

[33] 同上。

[34] 张充和：《将归》。

参考书目

中文：

《中共党史人物传》，胡华等编，西安：陕西人民出版社，1983 年。

《六十种曲》，共六十册，上海：开明书店，1935 年。

孔子：《论语》。

《巴县志》，重印本，台北：学生书局，1967 年。

毛亨：《毛诗郑笺》，二十卷，重印本，上海：中华书局，1936 年。

《毛泽东年谱》，三册，逢先知主编，北京：人民出版社，1993 年。

《水》，1996 年 2 月至 2001 年 8 月（共 17 期），张允和主编。

王弼：《周易王韩注》，四部备要版，重印本，台北：中华书局，1974 年。

王尔敏：《淮军志》，台北：商务印书馆，1967 年。

《古今》，共 57 期（1942 年 3 月到 1944 年 10 月），共装订为十册，影印本，香港：龙门书店，1968 年。

《古文观止》，吴楚林、吴调候选，北京：中华书局，1959 年。

司马迁：《史记》，一百三十卷，北京：中华书局，1959 年。

《合肥文史资料》，合肥市政协文史资料研究委员会编，合肥：1985 年。

《合肥史话》，合肥：黄山书社，1985 年。

《安徽近代史》，翁飞等编，合肥：合肥人民出版社，1990 年。

《安徽现代革命史资料长编》，合肥：安徽人民出版社，1986 年。

《列子》。

朱熹：《诗经集注》，香港：广智书局，出版年不详。

李渔：《笠翁一家言》，收于《李渔全集》十五卷，重印本，台北：成文出版
　　社，1970 年。

李渔：《闲情偶寄》，二册，重印本，台北：广文书局，1991 年。

李涤生：《荀子集释》，台北：台湾学生书局，1979 年。

李鸿章：《李鸿章家书》，重印本，合肥：黄山书社，1996 年。

杜甫：《杜甫诗选》，冯至等编，北京：作家出版社，1956 年。

沈尹默：《沈尹默论书丛稿》，香港：三联书店，1981 年。

沈从文、张兆和：《从文家书》，上海：上海远东出版社，1996 年。

沈从文：《沈从文文集》，邵华强、凌宇编，十二册，香港：三联书店，1984 年。

沈从文：《沈从文散文选》，香港：时代出版，1980 年。

沈从文：《无法驯服的斑马》，北京：中国青年出版社，1996 年。

周传瑛：《昆剧生涯六十年》，上海：上海文艺出版社，1988 年。

《孟子》。

《易经》。

《近代中华妇女自叙诗文选》，李又宁编，台北：联经出版，1980 年。

《肥西淮军人物》，肥西县文史资料编辑组编，合肥：黄山书社，1991 年。

金介甫：《沈从文史诗》，台北：幼狮文化，1995 年。

侯玉山：《舞台生活八十年》，载于《文史资料选编》第二十五册，北京：北
　　京出版社，1985 年。

《春秋穀梁传注》，同治六年（1867）版，据 1927 年排印本重印，台北：台
　　湾大同书局，出版年不详。

洪升：《长生殿》，北京：人民出版社，1980 年。

凌宇：《沈从文传》，北京：北京十月文艺出版社，1988 年。

凌海霞：未出版的自传。

夏志清：《中国现代小说史》，台北：传记文学出版社，1979 年。

《孙过庭书谱解说》，北京：国际文化出版公司，1992 年。

徐凌云：《昆剧表演一得》，上海：上海文艺出版社，1959 年。

《般若心经五家注》，智旭等述撰，台北：新文丰出版，1975 年。

《国剧大成》，张伯谨编，台北：台湾中华书局，1970 年。

张允和：未刊日记，二十卷。

张允和、叶稚珊：《张家旧事》，北京：生活·读书·新知三联书店，2014 年。

张允和：《最后的闺秀》，北京：生活·读书·新知三联书店，2012 年。

张充和：《风筝》，载于《秋水》第二十期（1998 年），香港：秋水文艺出
　　版社。

张充和：《扇面》，载于《海外华人作家散文选》，香港：三联书店，1983 年。

张充和：《我三姐夫，沈二哥》，载于《海内外》第二十八期（纽约，1980 年
　　11/12 月号）

张宗和：未刊日记，收录于《水》（张家家庭刊物）。

张岱：《陶庵梦忆》，重印本，台北：金枫出版，1986 年。

张树声：《张靖达公奏议》，八卷，台北：文海出版社，出版日期不详。

《清史列传》，八十卷，重印本，台北：中华书局，1962 年。

郭沫若：《郭沫若剧作全集》，第一卷，北京：中国戏剧出版社，1982 年。

陈端生：《绣像绘图再生缘全传》，上海：上海广益书局，出版日期不详。

陆萼庭：《昆剧演出史稿》，上海：上海文艺出版社，1980 年。

章学诚：《文史通义》，八卷，台北：广文书局，1967 年。

傅汉思：《我和沈从文初次相识》，载于《海内外》第二十八期（纽约，1980
　　年 11/12 月号）。

曾国藩：《曾文正公日记》，重印本，台北：老古文化，1985 年。

乐益女中民国二十一年毕业班的纪念刊。

穆藕初：《藕初五十自叙》，收录于《上海滩与上海人丛书》，上海：古籍出版社，1989 年。

萧克非等：《刘铭传在台湾》，上海：上海社会科学出版社，1987 年。

《载典》，四卷，聆音馆主编纂，第一文化社，1976 年。

韩婴：《韩诗外传集释》，北京：中华书局，1980 年。

《礼记注疏》，郑玄注，四部备要版，重印本，上海：中华书局，1936 年。

《镇江文史资料》，第十期，镇江：1985 年。

《庐州府志》，一百卷，四册，据清光绪十一年（1885）刊本影印，台北：文成出版社，1970 年。

罗贯中：《三国演义会评本》，北京：北京大学出版社，1986 年。

谭帆：《优伶史》，上海：上海文艺出版社，1995 年。

《严惠宇纪念文集》，载于《镇江文史资料》第七十四辑，南京：江苏文史资料编辑部，1994 年。

英文：

Birch, Cyril, comp.and ed. *Anthology of Chinese Literature*.New York：Grove Press，1965.

The Book of Lieh Tzu（《列子》）.Translated by A.C.Graham.New York：Columbia University Press，1960.

The Book of Songs（《诗经》）.Translated by Arthur Waley.Reprint.New York：Grove Press，1996.

Boorman.Howard L.（包华德），ed. *Biographical Dictionary of Republican China*（《民国名人传记辞典》）.4 vols.New York：Columbia University Press, 1967.

The Cambridge History of China（《剑桥中国史》）.Edited by Denis C. Twitchett（崔瑞德）et al.Vol.11.part 2（晚清篇）.Cambridge：Cambridge University Press，1980．

Chaffee.John（贾志扬）．*The Thorny Gates of Learning in Sung China：A Social History of Examinations*（《宋代科举》）．New ed.Albany.N.Y.：SUNY Press，1995．

Chang Ch'ung-ho（张充和）．*Peach Blossom Fish* （《桃花鱼》）．Translated by Hans Frankel （傅汉思）et al.Walla Walla，Wash：Crab Quill Press，1999．

Chang Ch'ung-ho and Hans H.Frankel.trans. *Two Chinses Treatises on Calligraphy*.New Haven：Yale University Press，1995．

Chang Chung-li（张仲礼）．*The Chinese Gentry：Studies on Their Role in Nineteenth-Century Chinese Society* （《中国绅士——关于其在十九世纪中国社会中作用的研究》）．Seattle：University of Washington Press，1955．

Chiang，Siang-tseh. *The Nien Rebellion*.Seattle：University of Washington Press，1954．

Chu，Samuel C.，and Kwang-Ching Liu（刘广京、朱昌峻），eds. *Li Hung-chang and China's Early Modernization* （《李鸿章评传：中国近代化的起始》）．Armonk，N.Y.：M.E.Sharpe，1994．

Coble，Parks. "Chinese Capitalists and the Japanese." In Wartime Shanghai，edited by Wen-hsin Yeh （叶文心）．London：Routledge，1998．

Cohen.Paul A（柯文）．*Between Tradition and Modernity：Wang Tao and Reform in Late Ch'ing China* （《在传统与现代性之间：王韬与晚清改革》）．Cambridge：Harvard University Press，1974．

Eastman，Lloyd E. *Throne and Mandarins：China's Search for a Policy during the Sino-French Controversy，1880—1885*.Cambridge：Harvard University Press，1974．

Feigon，Lee. *Chen Duxiu：Founder of the Communist Party*.Princeton，

N.J.: Princeton University Press, 1983.

Fu, Poshek (傅葆石). *Passivity. Resistance, and Collaboration: Intellectual Choices in Occupied Shanghai, 1937—1945* (《消极、抗日与通敌：沦陷时期上海的思想抉择》). Stanford, Calif.: Stanford University Press, 1993.

Goodrich, L. Carrington, ed., and Chaoying Fang (房兆楹), assoc. ed. *Dictionary of Ming Biograpy, 1368—1644.* 2 vols. New York: Columbia University Press, 1976.

Hanan (韩南), Patrick. *The Invention of Li Yu.* Cambridge: Harvard University Press, 1988.

Hershatter, Gail (贺萧). *Dangerous Pleasures: Prostitution and Modernity in Twentieth-Century Shanghai* (《危险的愉悦：二十世纪上海的娼妓与现代性》). Berkeley: University of California Press, 1997.

Hsu Kai-yu (许芥昱), trans and ed. *Twentieth Century Chinese Poetry: An Anthology.* Ithaca, N.Y.: Cornell University Press, 1963.

Hummel, Arthur W. (恒慕义), ed. *Eminent Chinese of the Ch'ing Period, 1644—1912* (《清代名人传略》). 2 vols. Washington, D. C.: Government Printing Office, 1943.

I Ching. The Classic of Changes: A New Translation of the I Ching as Interpreted by Wang Bi. Translated by Richard John Lynn. New York: Columbia University Press, 1994.

The Indiana Companion to Traditional Chinese Literature. Compiled and edited by William H. Nienhauser, Jr., et al. Bloomington: Indiana University Press, 1986.

Israel, John. *Lianda: A Chinese University in War and Revolution.* Stanford, Calif.: Stanford University Press, 1998.

Keenan, Barry (秦博理). "Lungmen Academy in Shanghai and the

Expansion of Kiangsu's Educated Elite, 1865—1911." In *Education and Society in Late Imperial China, 1600—1900.* edited by Benjamin Elman and Alexander Woodside.Berkeley: University of California Press, 1994.

Kinkley, Jeffrey (金介甫). *Odyssey of Shen Congwen* (《沈从文史诗》). Stanford, Calif.: Stanford University Press, 1987.

Klein, Donald, and Anne B.Clark, eds (克莱因等编). *Biographic Dictionary of Chinese Communism, 1921—1965* (《中共人名录 (1921—1965)》).2 vols.Cambridge: Harvard University Press, 1971.

Legge, James, trans. *The Chinese Classics*.Vol.4.重印本, 台北: 文星书店, 1963 年。

Liu, Wu-chi (柳无忌), and Irving Yucheng Lo, eds. *Sunflower Splendor: Three Thousand Years of Chinese Poetry*.Garden City, N.Y.: Anchor Books, 1975.

Nivison, David (倪德卫). *The Life and Thought of Chang Hsueh-ch'eng (1738—1801)*.(《章学诚的生平与思想》) Stanford, Calif: Stanford University Press, 1966.

Owen, Stephen, ed. and trans. *An Anthology of Chinese Literature: Beginnings to 1911*.New York: W.W.Norton, 1996.

Perry, Elizabeth (裴宜理). *Rebels and Revolutionaries in North China, 1845—1945*.Stanford, Calif: Stanford University Press, 1980.

Rilke, Rainer Maria.*The Selected Poetry of Rainer Maria Rilke*.Edited and translated by Stephen Mitchell.New York: Vintage Books, 1984.

Roy, David Tod. *Kuo Mo-jo: The Early Years*.Cambridge, Mass.: Harvard University Press, 1971.

Saich, Tony, ed. *The Rise to Power of the Chinese Communist Party: Documents and Analysis*.Armonk, N.Y.: M.E.Sharpe, 1996.

Short, Philip (肖特). *Mao: A life* (《毛泽东传》).New York: Henry

Holt, 2000.

Spector, Stanley. *Li Hung-chang and the Huai Army: A Study in Nineteenth-Century Regionalism*. Seattle: University of Washington Press, 1964.

Spence, Jonathan D（史景迁）. *The Gate of Heavenly Peace: The Chinese and Their Revolution, 1895—1980*（《天安门：知识分子与中国革命》）. Reprint. New York: Penguin Books, 1982.

——. *The Search for Modern China*（《追寻现代中国》）. New York: W.W. Norton, 1990.

Waley, Arthur. *Yuan Mei, Eighteenth-Century Chinese Poet*. London: Allen and Unwin, 1956.

Yeh, Wen-hsin. *The Alienated Academy: Culture and Politics in Republican China, 1919—1937*. Cambridge, Mass: Harvard University Press, 1990.

——, ed. *Wartime Shanghai*. London and New York: Routledge, 1998.

THE FOUR SISTERS OF HOFEI

Copyright © Annping Chin , 2002, All rights Reserved.

Simplified Chinese Copyright © 2015 by SDX Joint Publishing Company.
All Rights Reserved.

本作品中文简体版权由生活·读书·新知三联书店所有。
未经许可，不得翻印。

图书在版编目（CIP）数据

合肥四姊妹／（美）金安平著；凌云岚，杨早译. —2 版 —北京：
生活·读书·新知三联书店，2015.7（2023.10 重印）
（大家雅音）
ISBN 978 - 7 - 108 - 05362 - 6

Ⅰ. 合… Ⅱ.①金…②凌…③杨… Ⅲ.①女性 -
生平事迹 - 合肥市 - 近代 Ⅳ.① K828.5

中国版本图书馆 CIP 数据核字（2015）第 118432 号

责任编辑 郑 勇 王振峰
封扉设计 蔡立国
责任印制 李思佳
出版发行 生活·讀書·新知 三联书店
　　　　　（北京市东城区美术馆东街 22 号 100010）
图　字 01- 2005- 5391
经　销 新华书店
网　址 www.sdxjpc.com
印　刷 三河市天润建兴印务有限公司
版　次 2007 年 12 月北京第 1 版
　　　　2015 年 7 月北京第 2 版
　　　　2023 年 10 月北京第 16 次印刷
开　本 635 毫米 × 965 毫米 1/16 印张 21.75
字　数 260 千字 图片 20 幅
印　数 95,001 - 99,000 册
定　价 35.00 元
（印装查询：01064002715；邮购查询：01084010542）